中国高等职业教育研究

教育研究

（2011—2020）

周建松　梁　帅　主编

ZHEJIANG UNIVERSITY PRESS
浙江大学出版社

图书在版编目（CIP）数据

中国高等职业教育研究：2011—2020 / 周建松，梁帅主编. —杭州：浙江大学出版社，2022.5
ISBN 978-7-308-22459-8

Ⅰ. ①中… Ⅱ. ①周… ②梁… Ⅲ. ①高等职业教育—教育研究—中国—2011—2020 Ⅳ. ①G718.5

中国版本图书馆 CIP 数据核字（2022）第 049985 号

中国高等职业教育研究（2011—2020）

周建松 梁 帅 主编

策划编辑	吴伟伟	
责任编辑	马一萍	
责任校对	陈逸行	
封面设计	十木米	
出版发行	浙江大学出版社	
	（杭州市天目山路 148 号 邮政编码 310007）	
	（网址：http://www.zjupress.com）	
排 版	杭州好友排版工作室	
印 刷	杭州高腾印务有限公司	
开 本	710mm×1000mm 1/16	
印 张	17.5	
字 数	348 千	
版 印 次	2022 年 5 月第 1 版 2022 年 5 月第 1 次印刷	
书 号	ISBN 978-7-308-22459-8	
定 价	78.00 元	

前 言

PREFACE

时间过得真快，一晃又十年过去了。

2011—2021 年，我国的高等职业教育发展变化很大，继国家示范性高职院校建设计划圆满收官后，高等职业教育创新发展行动计划（2015—2018 年）也圆满收官，中国特色高水平高职学校和专业建设计划（简称"双高计划"）已正式启动，本科层次职业教育在试点基础上稳步发展，具有鲜明特色的现代职业教育体系正在加速形成。

这十年，党和国家对职业教育的高度关注，为职业教育发展提供了基本遵循，指明了前进方向。《国家职业教育改革实施方案》明确了推进我国职业教育改革发展的 20 条举措，并开宗明义地指出职业教育与普通教育是两种不同类型的教育，二者具有同等重要地位，这是推动我国职业教育大发展的纲领性文件。据此，由教育部等九部委印发的《职业教育提质培优行动计划（2020—2023 年）》进一步明确了职业教育改革发展的具体任务。职业教育高质量发展正进入一个新阶段，中国特色、世界水平的现代职业教育正迈步在康庄大道上。

政策越明确，实践也越丰富，理论也越繁荣。这十年，伴随着我国高等职业教育的良好发展，高等职业教育的理论研究也非常繁荣。特别可喜的是，在高等职业教育理论研究队伍中，一大批由高职院校自主培养的、在实践中不断奋进的研究者茁壮成长。他们既有较高政策水准，又有丰富实践经验，还有丰厚理论素养和研究功力，围绕高等职业教育十年间改革实践和理论研究的热点问题，如人才培养模式改革、校企合作体制机制、师资队伍建设、课程与教学资源建设、学校治理、文化建设、信息化建设、国际化推进等都有深入的研究和思考，产生了不少真知灼见。

我所在的学校——浙江金融职业学院并不是一所历史悠久的学校，她伴随着改革开放而成长，伴随着高职教育大发展而成功。学校于 2006 年被确定为全国首批 28 所国家示范性高职院校之一,并以优秀等级通过验收;2017 年被确定为浙江省重点建设高校;2019 年被教育部确定为全国优质高等职业学校,并成功入选中国特色高水平高职学校建设单位。当前,我们正奋进在"引领改革、支撑发展、中国特色、世界水平"的道路上。

浙江金融职业学院历来高度重视人才培养工作,为我国经济金融领域培养了六万余名德才兼备的高素质专门人才,学校被誉为"金融黄埔、行长摇篮"。与此同时,学校积极拓展办学功能,科学研究、社会服务、文化传承创新、国际交流合作等工作同样取得显著成效,在高等职业教育理论研究方面更是成绩卓著,先后有一大批论著问世,并在业内产生积极影响。2011 年,我主编的《中国高等职业教育研究十年(2001—2010)》出版后反响很好;2016 年,我主编的《创新与引领:我国示范性高等职业院校建设十年(2005—2015)》,出版后评价颇多。有鉴于此,担负责任和使命,我们再次组织青年学者编撰《中国高等职业教育研究(2011—2020)》,希望以史论结合的形式,回顾并回答高职教育热点及难点问题,敬祈同行批评指正。

周建松

2022 年 3 月 1 日

目 录
CONTENTS

第一章　高等职业教育人才培养研究

人才培养,即对人才进行教育与培训的过程。党的十九大报告提出了中国发展的新的历史方位——中国特色社会主义进入了新时代,这也为我国新时代高等职业教育人才培养提出了新要求:必须与产业发展需求相适应,由"职业指导"向"职业生涯教育"转换;由"专业能力"培养向"复合能力"培养转换;由"注重技术技能人才培养"向"注重综合发展"转换。新要求准确把脉了社会经济发展中的用人需求变化,为我国新时代职业教育人才培养明确了方向、任务与路径,也明确了高等职业教育人才培养应面对的基本问题:高等职业教育的人才培养目标、高等职业教育的人才培养模式、高等职业教育的人才培养质量。

一、研究背景回顾

(一) 近十年来我国高等职业教育人才培养工作的政策演进

2010 年,国务院发布《国家中长期教育改革与发展规划纲要(2010—2020年)》,明确提出职业教育"以服务为宗旨,以就业为导向,推进教育教学改革。实行工学结合、校企合作、顶岗实习的人才培养模式"。至此,高等职业教育真正开始实行工学结合的教育模式。2011 年,《教育部关于推进高等职业教育改革创新　引领职业教育科学发展的若干意见》提出要"坚持育人为本,德育为先";同年,《教育部关于充分发挥行业指导作用　推进职业教育改革发展的意见》提出,加快建立健全政府主导、行业指导、企业参与的办学机制,推动职业教育适应经济发展方式转变和产业结构调整要求,培养大批现代化建设需要的高素质劳动者和技能型人才。2014 年,党的十八大将"立德树人"作为教育的根本任务;《国务院关于加快发展现代职业教育的决定》要求职业教育坚持以立德树人为根本。事实上,高等职业院校(简称"高职院校"或"高职")始终落实立德树人的根本任务,始终把社会主义核心价值体系、基本道德素养要求、企业优秀文化理念等融入人才培养的全过程,提升学生道德水平和科学文化素养,为学生成长和发展打下坚实基础。2015年,教育部集中发布了《教育部办公厅关于公布首批现代学徒制试点单位》《教育部关于深化职业教育教学改革　全面提高人才培养质量的若干意见》《教育部办公厅关于建立职业院校教学工作诊断与改进制度的通知》,提出要以提升学生思想道德修养、人文素养和综合职业能力为核心,全面提高人才培养质量,建立常态化的职业院校自主保障人才培养质量的机制。2019年,教育部等四部门印发《关于在院校实施"学历证书＋若干职业技能等级证书"制度试点方案》,深化复合型技术技能人才培养培训模式和评价模式改革,提高人才培养质量,畅通技术技能人才成长通道。这些政策的具体举措不同,但共同聚焦高等职业教育人才培养。

纵观十年,高等职业教育人才培养(简称"高职人才培养")定位表述,经历了从"实用型人才"到"高等技术应用型专门人才"到"高技能人才"再到"复合型技能人才""高端技能人才"的转换过程(见图1.1)。

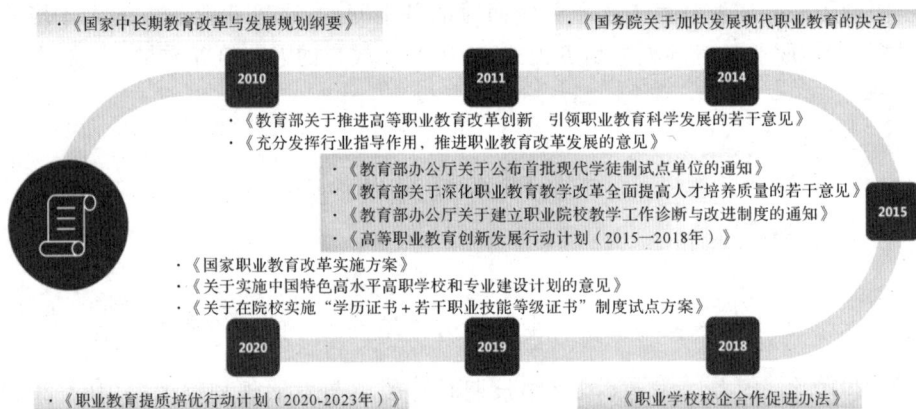

图1.1　2010—2020年高职人才培养工作的政策演进

(二) 近十年来我国高等职业教育人才培养研究的回顾

1. 学术论文研究成果统计分析

基于万方期刊论文数据库,以"高等职业教育"＋"人才培养"和"高等职业"＋"人才培养"为主题词进行精确检索,发现2010—2019年论文数量分别为1579篇和9781篇,研究成果随年份分布见表1.1。

表 1.1　2010—2019 年我国高等职业教育人才培养研究相关论文统计

年份	"高等职业教育"＋"人才培养"	"高等职业"＋"人才培养"
2010	230	997
2011	251	1116
2012	188	1012
2013	147	821
2014	176	1008
2015	151	1026
2016	128	758
2017	115	765
2018	92	629
2019	101	652
总计	1579	9781

高等职业教育问题研究始终与国家教育方针政策及时代发展同频共振,密不可分。应循表 1.1 中研究论文的年度分布来看,我国关于高等职业教育人才培养的研究成果十年来总体数量呈显著增多的态势。

2. 学位论文研究成果统计分析

与学术论文研究成果互为照见,高等职业教育人才培养也逐步成为学位论文写作的热点题材。对全国优秀学位论文数据库进行检索,以"高(等)职(业教育)"＋"人才培养"为主题词,检索到学位论文 39 篇。刘云帆(2011)的《基于软系统方法论的高等职业教育人才培养评价模式研究》突破传统思维方式,从我国高等职业院校的人才培养角度出发,对目前国内外高等职业教育已有的一些理论探索和实践进行了认真的梳理和总结,并提出了结合软系统方法论(soft system methodology,SSM),跳出"手段—目标"硬系统思维方式,采用数理统计方法对模型进行了有效性的验证,最终建立起一套行之有效的高等职业教育人才培养评估体系。刘红(2014)的《高职人才培养模式研究》契合高等职业院校大样本特征,提出了"一个核心,二个结合,三方联动"高职人才培养模式。"一个核心"是指以能力培养为核心;"两个结合"是指教学内容与岗位需求相结合,理论学习与实训实习相结合;"三方联动"是指政府、企业和学校三方形成教育合力,共同实施高等职业教育人才的培养。李燕玲(2015)在《基于可雇佣能力提升的高等职业教育人才培养模式研究》中,以可雇佣性为切入点,以改革完善高等职业教育人才培养模式为归宿,通过实证研究方法,对 414 份高职院校大学生的样本数据进行分析研究,分析高职毕业生可雇佣能力状况,进而反观高等职业教育人才培养模式存在的问题,进一步提出高职人才培养模式的改革和完善意见,尝试构建可雇佣性人才培养模式,以提升高职大学生的可雇佣能力水平,提高高等职业教育人才培养的质量。李秀绒(2018)在《教育供给侧改革背景下高等职业教育人才培养模式研究》中,通过对教育供给侧结构性改革背景下我国高等职业教育状况的分析,阐述我国高等职业教育人才培养模式在当前供给侧结构性改革背景下存在的问题;结合我国高等职业教育人才培养模式的人才培养目标、人才培养课程体系、专业设置、人才培养途径等方面的实际状况,提出在供给侧改革背景下高等职业教育人才培养模式构建的途径和建议。

3. 著作研究成果统计分析

通过中国国家数字图书馆公共目录查询系统进行著作检索,发现国内以中观层面的高等职业教育人才培养为研究对象的专著数量不多,启发性较强的著作有如下几种。

姚奇富(2012)在《产业集群视角下高职人才培养模式研究》一书中首次较系统地探讨了产业集群竞争背景下高职人才培养模式如何创新的议题,并明确提出了高职"总部—基地"办学模式,从而填补了该方面的空白。

廖益(2020)在其主编的《中高职教育职业能力培养有效衔接研究与实践》一书中指出:中等职业教育、高等职业教育(简称"中高职教育")衔接是构建现代职业教育体系的重点工程,全面贯通中高职教育的衔接通道是职业教育发展的必然要求,中高职教育衔接的关键和核心是职业能力培养的有效衔接。该书通过调研中高职教育能力培养有效衔接的现状,选择若干代表性的国家和地区进行比较研究,运用理论和实证研究建立中高职教育能力培养有效衔接的理想模型。在分析中高职教育能力培养有效衔接的职业能力与资格标准、层级划分与层级衔接的基础上,以模具设计与制造、数控技术、会计、酒店管理等专业为案例,分专业研制了中高职教育能力培养有效衔接的解决方案。最后,从体制机制、学制、政策倾斜、政府推动、校企深度融合以及培养模式等方面提出政策建议与应对策略,并整体把握有效衔接的发展趋势。

陈增红、杨秀冬(2020)主编的《高等职业教育人才培养模式》一书突出高等职业教育的特点,以系统论思想为指导,结合产教融合、人力资本等理论,总结国外发达国家在"校企合作""产教融合"等方面的先进经验,剖析国内职业院校人才培养典型案例,全面梳理我国旅游高等职业教育体制、就业体制的关联性及其形成的制度空间,详细阐述了校企合作培养酒店卓越管理人才模式的组成要素、构建途径与保障机制,提出了酒店卓越管理者胜任能力模型和教学课程与酒店管理者胜任能力之间关系的两大模型,对相关理论热点、难点问题进行了深入探讨,提出了具有前瞻性和可行性的对策和建议。

4．课题研究成果统计分析

近十年来国家对高等职业教育人才培养的日益重视，学术界也开始以专题研究的形式对其进行研究。结合国家智能制造战略发展、工匠精神的培养、创新创业等热点，学术界掀起了对高等职业教育人才培养工作的研究热潮。以全国教育科学规划课题为例，2010—2019 年立项的课题达 12 项，见表 1.2。

表 1.2　2010—2019 年关于高等职业教育人才培养的全国教育科学规划课题概览

序号	课题名称	课题类别	负责人	单位	年份
1	基于工学结合的新农村高职经贸类专业人才培养模式改革与创新研究	国家一般	张新民	湖南商务职业技术学院	2010
2	高职院校高技能人才培养的绩效评估及应对策略研究	国家一般	李小娟	温州职业技术学院	2011
3	适应"中国制造 2025"高职制造类人才培养要素优化模式研究	国家一般	蔡泽寰	襄阳职业技术学院	2015
4	基于创客空间平台的高职人才培养模式改革研究	教育部重点	李菲	襄阳职业技术学院	2015
5	全国 28 所幼儿师范高等专科学校学前教育专业人才培养与教学改革情况比较研究	教育部重点	王全民	川北幼儿师范高等专科学校	2015
6	应用技术型本科人才培养长效机制研究——基于高职院校主导的多元主体视角	国家一般	何桑	江西财经职业学院	2016
7	基于企业和毕业生信息反馈的高职人才培养质量实证研究	教育部重点	毕于民	泰山职业技术学院	2016
8	"工匠精神"融入技能型人才培养体系的路径研究	教育部重点	周剑	湖南化工职业技术学院	2017
9	中国职业教育"走出去"在赞比亚本土化人才培养模式的实践与研究	教育部重点	刘万村	哈尔滨职业技术学院	2017
10	战略性新兴产业视角下创新型人才培养模式与路径研究	国家一般	向春枝	郑州信息科技职业学院	2018

续表

序号	课题名称	课题类别	负责人	单位	年份
11	高职院校信息技术融入技术技能培养的理论及实践研究	国家一般	刘英群	清华大学	2019
12	高等职业教育现代学徒制"双轨互通、三段递进"人才培养模式研究	教育部重点	王振贵	邢台职业技术学院	2019

二、研究内容梳理

本章基于对高等职业教育人才培养方面近十年来的研究文献的系统梳理，围绕高等职业教育人才培养研究三个基本问题:高等职业教育的人才培养目标、人才培养模式等方面展开比较研究。

(一)高等职业教育的人才培养目标

高等职业教育的人才培养目标,即高职院校要"为谁培养人",直接关系到高职院校的生存及发展问题,因此在高职人才培养的研究工作中,培养目标问题是焦点,更是重要起点。

2011年,《教育部关于推进高等职业教育改革 创新引领职业教育科学发展的若干意见》首次提出,高等职业教育"以培养生产、建设、服务、管理第一线的高端技能型专门人才为主要任务",把高职的人才培养目标定位于高端技能型人才。那么什么是高端技能型人才? 为什么要培养高端技能型人才?

1. 高职人才培养目标定位的概念厘定

对于高端技能型人才的概念,学术界目前并没有达成共识。

关于人才类型,比较一致的看法是将人才分为学术型、工程型、技术型和技能型四类。目前我们国家的技术型和技能型人才都是由职业教育来培养。技术型人才即指在一线从事技术设计、技术改造、技术革新的技术人员。他们有一定的理论基础,相关专业知识面宽广,但理论水平要求比工程师低,更为强调能够综合应用各种知识解决实际问题的应变能力和实践的操作技能,综合素质高,具备人际关系能力、组织能力和实践工作经验。技能型人才也称技艺型、操作型人才,主要依靠操作技能从事具体的社会生产、服务实践活动,具备必要的专业知识。

匡瑛、石伟平(2006)认为把高职仅仅定位于高技能人才的培养,将使得技术型人才的培养落空,高职教育的培养目标定位于高技能和各类技术型人才更为合适。葛锁网(2004)认为高职教育培养的人才主体部分应集中于技术型人才,兼顾向上延伸与向下开拓,既培养一部分职业资格特征显著的工程型人才,又培养一部分高技术设备的操作者。陈寿根(2008)则认为高职院校培养技术型人才还是技能型人才不可一概而论,操作技术相对复杂,智力要求较高或需要多种复合技术的高技能人才由高职院校来培养更为恰当。2011 年,《教育部关于推进中等和高等职业教育协调发展的指导意见》文件明确提出:高等职业教育是高等教育的重要组成部分,重点培养高端技能型人才,发挥引领作用。因此,可以判断高职的培养目标是技能型人才,但不是普通的技能型人才,而是高端技能型人才。

2. 高职人才培养目标定位的基本内涵

"高端技能型人才"可以理解为高水平的技能型人才。作为高等职业教育人才培养目标的高端技能型人才这一群体,应当具有精湛的技能和较高的综合素质,经过生产劳动的磨砺,可以成为高技能人才。具体来说,主要包括三类。一是技术技能型。他们具有高超技艺和精湛技能,能够解决操作性难题,进行创造性劳动,能够指导一般技能人才工作,在技能型人才队伍中处于高端层次,主要分布在加工、制造、服务等职业领域。二是复合技能型。现代工艺技术日新月异,作为高端技能人才,他们很重要的素养不仅仅是掌握一门技术,而是了解这门技术和技能的发展,具有较高的信息处理能力,他们能够不断学习新知识和新技术,并具备良好的人际交往与沟通能力,有合作精神和意识,具有较强的现场管理能力,能够进行创造性劳动。三是知识技能型。他们既具备较高的专业理论知识水平,又具备较高的操作技能水平;他们能够将所掌握的理论知识用于指导生产实践,创造性地开展工作;他们能够适应产业升级,特别是一些新技术、新能源产业的发展需要,主要分布在高新技术产业和新兴职业领域。

3. 高职人才培养目标定位的逻辑基础

纵观我国高职人才培养目标的发展变化,培养高端技能型人才的直接动因是国家经济形势发生了巨变,产业结构调整迫在眉睫,已占高等教育半壁江山的职业教育,如果将人才培养目标长期定位于培养技术应用型人才,则不能满足产业体系的调整和经济发展的需求,更不利于建立现代职业教育体系。具体来说包括三个方面。

其一,高端技能型人才能更好满足经济发展的需要。2018 年 4 月 23 日,人力资源社会保障部副部长在介绍《关于推行终身职业技能培训制度的意见》有关情况时表示,截至 2017 年底,我国技能劳动者总量为 1.65 亿人,但其中高技能人才只有 4791 万人,占就业人员总量的 6.2%。目前,高技术人才还存在结构问题突出、人才断档等现象;从市场供需来看,技能劳动者的求人倍率一直在1.5∶1 以上,高级技工的求人倍率甚至达到 2∶1 以上,供需矛盾十分突出。尤其"中国制造 2025"发布,拥有高学历的技能人才愈发紧俏;数字化背景下,新基建成为新一轮重点领域,相关领域的核心技术人才缺口将长期存在。

其二,高端技能型人才的提出更符合高等职业教育的办学方向。过去高等职业教育一直把技术应用型人才作为培养目标,"技术型人才"与"技能型人才"虽仅有一字之差,但强调的重点不同,它们是两种不同的人才类型,技术型人才主要在生产一线从事组织管理活动,并处理操作过程中的技术问题,技能型人才则更为强调动手能力和操作技能。高端技能型人才的提出,既突出强调技能,注重培养学生动手能力、实际操作能力,又强调培养学生的综合素养、学习能力、创新精神等,应当说更为符合高等职业教育的办学方向。

其三,高端技能型人才的提出使高等职业教育培养目标的定位更加准确,更有利于建立完整的职业教育体系。"高端"主要是对技能层次的划分,高等职业教育旨在培养学生掌握高级技能,中等职业教育旨在培养学生的初级技能,它们是同一教育类型中不同层次的教育。因此,这种提法使高职和中职的人才培养目标更为清晰,更有利于实现中等职业教育与高等职业教育的衔接与沟通。

(二) 高等职业教育的人才培养模式

"人才培养模式"的概念是在 1999 年 11 月教育部召开的第一次全国高职高专教学工作会议上,在《教育部关于加强高职高专教育人才培养工作意见》中第一次被正式提出的。人才培养模式是以一定的教育思想为指导,为实现某种规格的人才培养目标而采取的系统化教育教学活动和运行方式,是对某类教育培养目标、培养过程、培养途径、培养方法等要素的综合概括。简单地说,它主要面向"怎样培养人"的问题。

1. 高职人才培养模式的内涵

人才培养模式是我国教育领域中频繁使用而又不够明确的一个概念,这一命题在教育领域的运用始于人们对"培养什么样的人"和"怎样培养"这两个问题的认识。目前,学术界关于人才培养模式内涵有不同的理解。本书把人才培养模式界定为:在一定的教育理念指导下,教育工作者群体普遍认同和遵循的关于人才培养活动的实践规范和操作样式,它以教育理念为基础,以培养目标为导向,以教育内容为依托,以教育方式为具体实现形式。

职业教育是社会生产力发展到一定历史阶段的产物,它是随着社会经济发展变化的一种以职业为导向的教育,是培养应用型、技能型人才的教育活动。基于此,高职人才培养模式以现代职业教育理念为基础,以形成学生的职业能力为目标,以技术知识和工作过程知识为主要内容,以产教融合、育训结合为主要的教育方式。

2. 高职人才培养模式的类型

高职人才培养模式的形成和发展不仅具有来自经济界的实践需求,而且具有深厚的教育学和心理学的理论基础。教育与生产劳动相结合理论为工学结合的人才培养模式指明了方向;情境学习理论和体验学习理论为工学结合的人才培养模式的实施提供了理论依据。

(1)理论实践一体化模式

理论实践一体化模式是指将企业建在或引入学校。在校内企业中,通过完成具有教育意义的职业工作任务,将理论教学与实践教学的结合,达到培养学生职业能力的目的。它的具体实现形式是依托骨干专业创建教学性公司。该模式主要指依托学校的骨干专业,创建产业实体(教学性公司),形成"依靠专业办企业,办好企业促专业,办强专业引产业"的完整产教链条。例如曾经的校企一体、教学做合一的教学性公司。校企合作创建教学工厂模式。该模式通常由企业投入设备、技术专家,并承揽设计与施工任务,由学校投入用房、水电及相关设施,校企双方合作在学校内共建教学工厂。学生在教师指导下,按客户要求参与、完成生产任务。该形式可以充分地发挥职业院校和企业的优势:企业参股职业教育,以设备、场地、技术、师资、资金等多种形式向学校注入股份进行合作办学,对学校具有决策、计划、组织、协调等管理职能。企业以主人翁的身份直接参与办学过程,参与学校人才培养,与职业院校分享办学效益。这一人才培养模式的基本特征是将企业建在学校,可以使学生尽早地接触工作过程,将理论与实践贯穿于整个学习过程之中,有利于促进学生对整个工作过程的了解及综合职业能力的提高。

(2)"订单式"人才培养模式

学术界对"订单式"人才培养模式的表述并不一致。"订单式"人才培养模式是建立在校企双方相互信任、紧密合作的基础上,就业导向明确,以提高人才培养的针对性和实用性及企业参与程度,实现学校、用人单位与学生三赢的一种产学合作的高层次形式。该模式实现了职业院校与用人单位之间的高度密切合作,从根本上解决了职业院校教学的职业针对性、技术应用性以及学生的就业问题。"订单式"人才培养模式也具有一定的局限性。培养目标的针对性使得学生的知识结构相对狭窄和单一,对其未来职业生涯的发展产生局限。学校为了追求学生的高就业率,也无法完全履行教育机构的职能,培养的目标和手段带有很强的功利性,无法实现教育资源、效益的全面提升。

(3)工学交替式人才培养模式

"工学交替"是指学习和工作交替进行的人才培养模式,它是在学制内将每学年分为学习学期和工作学期,工作学期学生到企业顶岗实习,学生在企业实习期间,赚取工资补贴学习和生活费用。这种模式通过"理论、实践、再理论、再实践"多次循环的方式,不断拓展学生掌握知识、技能的深度与广度,促使学生职业认同度的形成和职业能力的提升。这种模式的主要特点在于:学习与工作交替进行,学用紧密结合;学生具有学生与"员工"的双重身份。

(4)"2+1"人才培养模式

这一模式是将学制分成两段,第一阶段主要在校内进行公共文化课、专业理论课和校内实训课(主要在校内实验室、专业室、校内生产性实训基地)的学习;第二阶段是顶岗实习阶段,学生到企业生产岗位进行顶岗实习,学校和企业双方指派指导教师进行跟踪指导。学生通过这种方式将学校所学的知识与技能运用于生产实践,并在实践过程中感受职业氛围、了解工作过程,形成职业能力。"2+1"模式是我国目前中等职业学校普遍实行的一种工学结合的人才培养模式。在具体的实践中也出现了一些变化,比较典型的是"1+1+1"模式,这种模式主要是经济欠发达地区中等职业学校在探索人才培养模式的过程中形成的。这一模式是将学制分为三段:第一阶段在经济欠发达地区的职业学校进行公共文化课、专业基础课的教学,培养学生的文化素养和职业意识;第二阶段在经济发达地区的职业学校进行专业课和实践技能的教学,强化学生的职业知识与实践技能;第三阶段是企业顶岗实习,学生在工作岗位上将在学校获得的知识与技能运用于生产过程中,提高综合职业能力。

(5)新型现代学徒制人才培养模式

按照招生招工一体化要求,学校和企业共同研制高水平的现代学徒制专业教学标准、课程标准、实训条件建设标准等相关标准,采用教师和企业师傅共同承担教育教学任务的双导师制度,校企分别设立兼职教师岗和学徒指导岗,加大学校与企业之间互聘共用、双向挂职锻炼、横向联合技术研发和专业建设的力度,打造专兼结合的双导师团队。按照企业生产和学徒工作生活实际,实施弹性学习时间和学分制管理,做到育训结合、工学交替、在岗培养,积极探索三天在企业、两天在学校的"3+2"培养模式,着力培养学生的专业精神、职业精神和工匠精神,提升学生的职业道德、职业技能和就业创业能力。在这一模式下,校企共同完善教学运行与质量监控体系,实现规范人才培养全过程目标。

3．高职人才培养模式的特征

（1）符合国家发展需要

作为一种教育类型，高职教育对国家经济社会发展的作用日益凸显，地位愈加重要，肩负着"为党育人、为国育才"的重要使命，具有鲜明的时代特征。因此高职人才培养模式设计与实施过程中必须体现立德树人的主线，强化课程思政，将思政育人放在第一位。高等职业学校要把社会主义核心价值体系、现代企业优秀文化理念融入人才培养全过程，强化学生职业道德和职业精神培养，加强实践育人，提高思想政治教育工作的针对性和实效性。重视学生全面发展，推进素质教育，增强学生自信心，满足学生成长需要，促进学生成才。

（2）适应产业升级需求

在人才培养方案的设计、专业课程体系的构建、教师队伍的组建、教学模式的选择等方面高度体现校企相融。以区域产业发展对人才的需求为基础，明晰人才培养目标，深化工学结合、校企合作、顶岗实习的人才培养模式改革。要与行业（企业）共同制订专业人才培养方案，实现专业与行业（企业）岗位对接；推行"双证书"制度，实现专业课程内容与职业标准对接；引入企业新技术、新工艺，校企合作共同开发专业课程和教学资源；继续推行任务驱动、项目导向等学做一体的教学模式，实践教学比重应达到总学分（学时）的一半以上；积极试行多学期、分段式等灵活多样的教学组织形式，将学校的教学过程和企业的生产过程紧密结合，校企共同完成教学任务，突出人才培养的针对性、灵活性和开放性。

（3）满足学生学习诉求

随着"互联网＋"教育模式的应运而生，新时代的学生群体画像发生改变，互联网特征明显。高职人才培养模式应回应变化，适应发展，按照生源特点，系统设计、统筹规划人才培养过程，创新人才培养模式。

三、研究的反思与展望

（一）研究反思

纵观国内学者关于高等职业教育人才培养方面的研究成果，这十年来学者们开展了诸多有益的探索，积累了宝贵的研究成果。但仍存在一些不足，具体表现如下。

1. 研究内容选择离散,缺乏系统性与深入性

高职教育发展时间短、研究群体不成熟,人才培养缺少聚焦一个主题进行集中、深入和系统的研究,主题较为分散且主题之间缺乏实质性的关联。故认识上缺乏高度,也缺乏系统性、前瞻性及有针对性的可操作研究;无助于后续研究对问题实质的洞见,较难发挥人才培养理论对实践的有力指导作用。

2. 研究方法以经验研究为主,缺乏基于数据的实证研究

既有研究多侧重理论思辨,注重辨别人才培养的特征,归纳人才培养质量的标准等;经验总结较多,阐述高职人才培养面临的困境、原因及路径选择。因此,需要转换研究视角,转变研究范式,克服单一化、经验化的倾向,将思辨研究与实证研究相结合,用数据说话。

3. 研究成果以微观方案为主,缺少中观层面的梳理概括

对高等职业教育的人才培养目标、人才培养模式以及人才培养的质量与评价等的研究以专业为主,多为聚焦于专业、专业类的课程体系、人才培养方式、评价体系等具体方案,缺少具体推广性、借鉴性的高度概括。

(二) 研究展望

我国高职人才培养要更加注重基础理论研究与实证研究的融合,谋求有机互动。

1. 研究内容的选择体现系统性

高等职业教育人才培养的研究文献,存在着重复与泛化的现象,对个别案例的阐述较多,对办学模式之间的特征的比较太少;外部现象研究多,内部生成和实践过程研究少,这就使得其研究的实践指导意义不大。近几年高等职业教育改革过程中,服务经济社会发展的需求与服务学生全面发展的需求张力明显,亟须高等职业教育创新发展予以理性平衡。由此,服务两种需求之间的顶层设计与具体实施可作为后续研究内容。

2. 研究方法的选用加强照见性

我们最初往往通过案例来分析高等职业教育人才培养模式,但剥离了理论依据和研究方法,这种认识也就仅限于经验上的认知,缺乏理论性和科学性。人才培养设计实施是一个不断设计、实施、反思和优化的迭代过程,关键是在管理者、研究者、实施者和服务对象之间建立持续、有效的对话机制。应建立明确的效果链,在项目目标、定期循环和结果评估与反思之间建立系统化的联结。需要加强理论与实际数据之间的耦合,以及对实践数据的实证研究。在后续研究中

可加强理论范式研究、数据实证研究、个体案例研究的科学选择。

3.研究成果的凝练注重通用性

我国高等职业教育人才培养模式研究中,常常把高等职业教育人才培养模式改革定位于单一的、局部的专业、专业类的个体性研究,缺少建立在理解高等职业教育人才培养模式的内涵、外延和特征基础上的通用性的升华与概括。因此,要基于理论指导实践的前提,再以实践反观理论,为进一步的实践与理论的转化提供范本与依据;在实践研究的同时,提升理论成果的通识性。

第二章 高等职业教育产教融合 (校企合作)研究

一、研究背景及发展概况

(一) 研究背景

党的十九大报告中强调要"完善职业教育和培训体系,深化产教融合、校企合作",党的十九届五中全会指出"要加强创新型、应用型、技能型人才培养,深化产教融合、校企合作,探索中国特色学徒制,大力培养技术技能人才"。这既是对中国特色职业教育深化改革的要求,也是中国特色职业教育为世界舞台提供智慧和方案的重要支撑。在全面建成小康社会的决胜阶段,中国特色社会主义进入新时代的关键时期,国务院办公厅印发《关于深化产教融合的若干意见》(以下简称《意见》),将产教融合上升为国家教育改革和人才资源开发的基本制度安排,充分体现了产教融合这一教育思想的重大意义。产业发展与教育教学由结合、合作走向融合,是我国近年来科技发展和产业升级对技术技能人才培养的新要求。

在我国职业教育从规模式发展向内涵式发展转变的关键时期,国家职业教育改革力度不断加大,产教融合、校企合作始终是职业教育改革的逻辑主线,从表2.1中可见我国职业教育产教融合法律法规的发展。

2014年提出的《现代职业教育体系建设规划(2014—2020年)》着重强调了"加快现代职业教育体系建设,深化产教融合、校企合作,培养数以亿计的高素质劳动者和技术技能人才,为建设人力资源强国和创新型国家提供人才支撑"。产教融合政策立足于职业教育目标的实现,坚持校企等多主体协同育人,不断拓展其融合的途径,能够有效快捷地培养出未来适应市场需求的高素质高技能人才。

2017年12月,国务院办公厅印发了《关于深化产教融合的若干意见》。2018年2月,教育部等6部门印发了《职业学校校企合作促进办法》。为进一步深化职业教育综合改革,2019年2月,国务院印发了《国家职业教育改革实施方案》(简称"职教20条")。2019年4月,《教育部、财政部关于实施中国特色高水平高职学校和专业建设计划的意见》,再次强调"推动高职学校和行业企业形成命运共同体,为加快建设现代产业体系,增强产业核心竞争力提供有力支撑"。一系列政策的出台,反映出产教深度融合在职业教育内涵式发展进程中的重要作用,推动职业院校和行业企业形成命运共同体是深化职业教育体制机制改革,创新职业教育模式的最佳手段。

表 2.1　新时代我国职业教育产教融合法律法规

年份	发文机构	名称
2010	国务院	《国家中长期教育改革和发展规划纲要(2010—2020年)》
2010	国务院	《关于开展国家教育体制改革试点的通知》
2011	教育部	《教育部关于充分发挥行业指导作用 推进职业教育改革发展的意见》
2011	教育部	《教育部关于推进高等职业教育改革创新　引领职业教育科学发展的若干意见》
2012	教育部	《国家教育事业发展第十二个五年规划》
2013	教育部	《关于深化教育领域综合改革的意见》
2014	国务院	《关于加快发展现代职业教育的决定》
2014	教育部	《关于开展现代学徒制试点工作的意见》
2014	教育部	《现代职业教育体系建设规划(2014—2020年)》
2015	教育部	《关于深化教育教学改革全面提高人才培养质量的若干意见》
2016	党中央	《关于深化人才发展体制机制改革的意见》
2017	国务院	《国家教育事业发展"十三五"规划》
2017	国务院	《关于深化产教融合的若干意见》
2018	教育部	《职业学校校企合作促进办法》
2019	国务院	《国家职业教育改革实施方案》
2019	教育部	《职业教育改革成效明显的省(区、市)激励措施实施办法》
2019	教育部	《建设产教融合型企业实施办法(试行)》
2019	教育部等	《教育部、财政部关于实施中国特色高水平高职学校和专业建设计划的意见》

　　我国的高等职业教育发展十分迅速,院校数量逐年增多,办学质量越来越高。一些院校为了提升自身知名度,努力改进教育教学方式,逐渐形成了自己的办学特色。随着高职院校学生数量的不断增加,高职院校的影响力明显提升,呈现出规模化发展的特征。现阶段,我国的高等职业教育已经积累了一定的经验,

相关的教学理念、制度等已经有了明显进步。多年的研究和实践经验表明，适度发展高等职业教育，有利于国家对人力资源的充分开发与利用，因此有必要在当前的发展成就基础上，进一步寻求高职教育的创新和突破。产教融合就是一个重要突破点。

（二）研究概况

产教融合问题主要探讨教育和产业的关系问题，它从属于教育与经济社会发展关系这一问题领域，既是教育学宏观层面研究的重要的内容——教育与经济的相互影响，也是教育经济学研究的重点领域——教育与产业的互相推动。产教融合的思想源远流长，教育与生产劳动相结合、校企合作、产学研一体化、工学结合、教育实用性等都与之相关联，其下游问题有"现代学徒制""官产结合""校企协同育人""专业结构与产业结构协同发展"等，其上游问题有教育的目的、教育的功能、教育与经济的关系、教育的属性、教育的经济价值等。

2013年，"产教融合"概念正式进入我国职业教育语言体系。在此之前，对职业教育的相关研究，大都停留于"产学结合"（"产学对接""产学合作"）层面。自2013年11月党的十八届三中全会首次明确提出职业教育要"深化产教融合、校企合作"以来，关于"产教融合"的研究迅速成为职业教育研究与实践的热点，研究成果呈现井喷之势。研究的重点相对集中在产教融合的概念辨析、主体角色研究、动力机制研究、保障机制研究和实施路径研究等方面。不少职业院校也按照"产教融合、特色发展"的要求，结合实际，深入开展各具特色的实践探索，并取得了初步成果。

以"产教融合"为关键词进行初步搜索，相关文献总数11229篇，尤其在2018年呈现爆发态势，快速增长（见图2.1）。如图2.1至图2.4所示，产教融合、校企合作、高职院校、人才培养、现代学徒制等关键词得到中外研究者的关注，成为研究聚焦点。

二、研究内容

（一）热点研究

通过对中国知网（CNKI）期刊论文数据库二次筛选，发现2011—2020年核

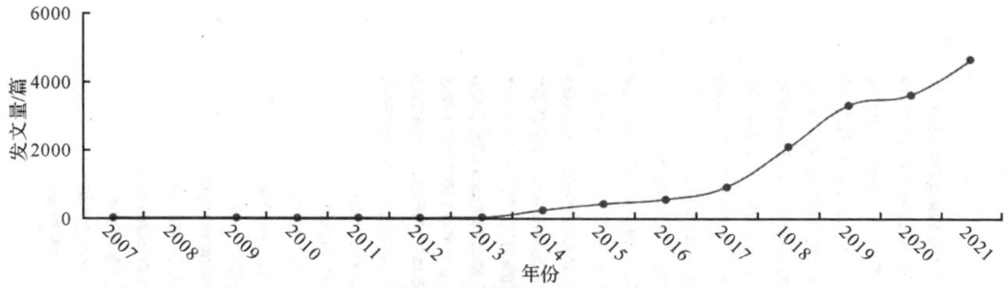

图 2.1　文献研究总体趋势

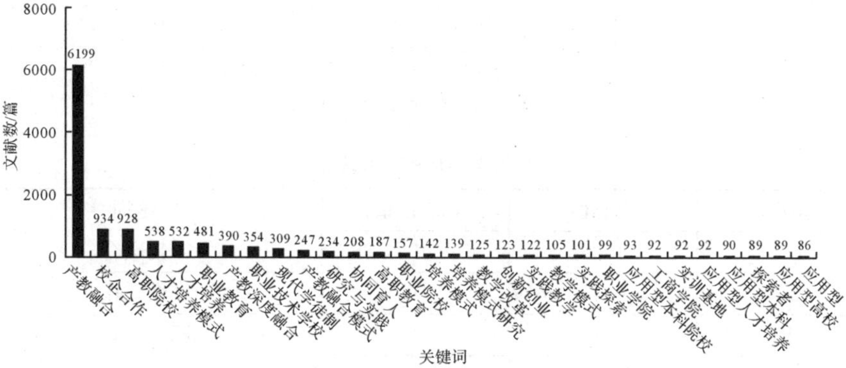

图 2.2　文献关键词

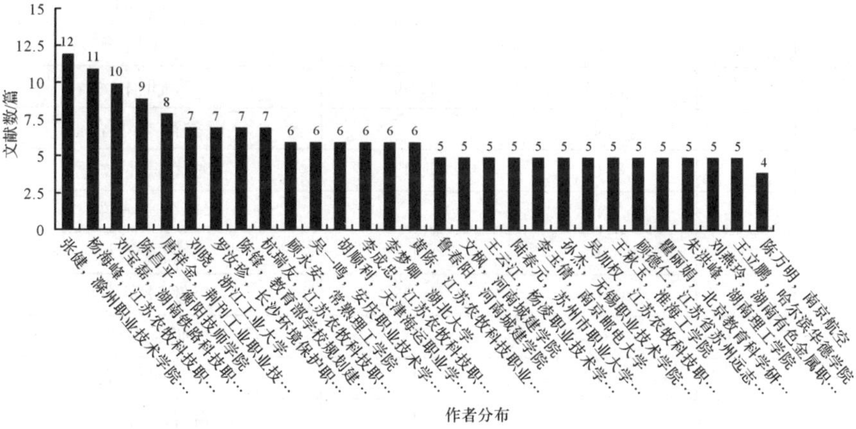

图 2.3　作者分布(1)

心期刊发表论文分别为 544 篇。通过 Citespace 软件进行聚类分析,以关键词进行共现功能分析,分析选取字段,得到结果为关键词共现网络,此网络可以反映出某一领域当前研究热点及过去产生过的热点研究(见表 2.2)。

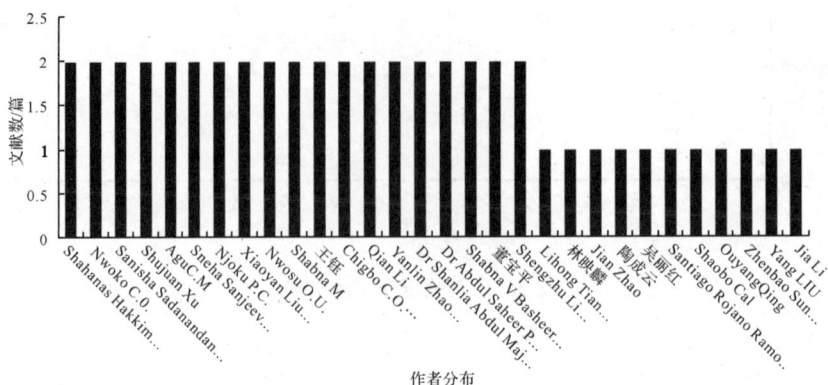

图 2.4 作者分布（2）

表 2.2 研究热点分布

频次	中心性	Sigma 值	关键词
412	1.08	1	产教融合
227	0.41	1	校企合作
118	0.1	1	职业教育
65	0.08	1	高职院校
32	0.03	1.04	高职教育
23	0.04	1	人才培养模式
18	0	1	人才培养
16	0.02	1.06	新时代
13	0.02	1	产教融合型企业
13	0.01	1.03	现代职业教育
13	0	1	现代学徒制
11	0	1	协同育人
11	0.03	1.03	产教深度融合
10	0	1	职业院校
10	0	1	产业学院
9	0	1	高等职业教育
9	0.01	1	现代职业教育体系
8	0	1	办学模式
6	0	1	中职学校

频次	中心性	Sigma 值	关键词
6	0	1	现代学徒制试点
6	0	1	应用型大学
5	0	1	中等职业学校
4	0	1	教育部
4	0	1	专业建设
4	0	1	中等职业教育
4	0	1	育人模式
4	0	1	类型教育
4	0	1	高质量发展
4	0	1	毕业生
4	0	1	职业教育改革
4	0	1	全国职业院校技能大赛
4	0	1	体制机制
3	0	1	职教发展
3	0	1	专业设置
3	0	1	混合所有制
3	0	1	产业发展
3	0	1	制度变迁
3	0	1	应用型本科院校
3	0	1	专业集群
3	0	1	命运共同体
3	0	1	利益相关者
3	0	1	中华职业教育社
3	0	1	供给侧改革
3	0	1	产业集群
3	0	1	互联网＋

从表 2.2 中可以更清晰地看到研究主要集中在产教融合、校企合作、人才培养、产教融合型企业、协同育人、现代学徒制、产业学院、应用型大学等内容方面。

（二）研究前沿

通过 Citespace 绘制关键词共现可以定量地表示出不同研究热点的热度变化,变迁规律过程可以展现不同阶段高等职业教育社会服务的研究热点的变迁。十年,沿着时间脉络的研究焦点演变,热点出现了快速的切换。2011—2013 年,研究热点集中在校企共建、产教结合、校企深度融合领域。2014—2016 年逐步转向现代职业教育、专业建设、协同发展、合作办学等方面。近几年,研究者更加注重现代学徒制、双主体育人、供给侧改革等办学模式创新方面(见图 2.5)。

关键词	年份	热度	起始年份	结束年份	2010—2020年变迁过程
校企共建	2010	1.3399	2010	2012	
产教结合	2010	1.3399	2010	2012	
中山火炬职业技术学院	2010	1.3399	2010	2012	
校企深度融合	2010	1.3399	2010	2012	
现代职业教育	2010	4.408	2014	2017	
专业建设	2010	1.3724	2014	2015	
协同发展	2010	1.0321	2014	2015	
产教深度融合	2010	0.9187	2014	2017	
刘延东	2010	0.8663	2014	2016	
中国职业技术教育学会	2010	0.8663	2014	2016	
合作办学	2010	1.0574	2015	2016	
创新创业教育	2010	0.862	2015	2017	
办学模式	2010	0.7612	2015	2016	
现代学徒制试点	2010	1.8088	2016	2018	
毕业生	2010	1.2036	2016	2018	
高职教育	2010	1.1954	2016	2017	
双主体育人	2010	1.0279	2016	2017	
供给侧改革	2010	0.9018	2016	2018	
新时代	2010	3.399	2017	2018	
体制机制	2010	1.536	2017	2018	

图 2.5 研究热点变迁

（三）研究机构

研究机构较为广泛，发文主要以教育研究院、高职院校、本科院校为主，吉林工程技术师范学院职业技术教育研究院、华东师范大学职业教育与成人教育研究所、教育部职业技术教育中心研究所、天津大学教育学院发文在 5 篇以上。上海市教育科学研究院、中山职业技术学院、常州信息职业技术学院、浙江金融职业学院有 4 篇(见表 2.3)。

表 2.3　研究机构频率

频次	机构	年份
5	吉林工程技术师范学院职业技术教育研究院	2017
5	华东师范大学职业教育与成人教育研究所	2016
5	教育部职业技术教育中心研究所	2017
5	天津大学教育学院	2014
4	上海市教育科学研究院	2017
4	中山职业技术学院	2015
4	常州信息职业技术学院	2014
4	浙江金融职业学院	2016
3	吉林工程技术师范学院职业技术教育研究院、教育科学学院	2018
3	北京教育科学研究院职业教育研究所	2018
3	教育部学校规划建设发展中心	2018
3	河南省职业技术教育教学研究室	2014
3	安庆职业技术学院	2015
3	南京科技职业学院	2018
3	北京师范大学教育学部	2014
3	中国职业技术教育学会	2014
3	南通职业大学	2019
3	苏州经贸职业技术学院	2016

（四）研究历程

现代职业教育在西方国家已走过100多年的发展历程，在西方大多数国家的职业教育体系中，产教深度融合，校企紧密合作。国家法律上有约束，财政资金上有支持，融合的平台已相对成熟且运行平稳，许多经验值得我们学习与借鉴。相比而言，我国社会各界对产教融合的概念内涵理解尚不一致、不到位，认识上需要进一步统一，相关研究需要进一步理清；政府部门、行业、企业、学校之间如何找到平衡点，如何激发各方的融合动力，促进相关主体建立紧密合作关系，积极发挥作用，还是一个难点；产教融合的法律法规尚不健全，学界对产教融合的保障机制、评价机制的研究相对比较薄弱，还需要进一步加强研究实践。

三、研究领域与主要观点

（一）产教融合概念研究

从公开发表的文献来看，我国学术界在2007年首次明确提及"产教融合"一词。2007年12月，施也频、陈斌在《中国职业技术教育》上发表《产教融合特色办学》，文中首次提出了"产教融合"的概念。2013年11月，我国在政策文件中首次提及"产教融合"。《中共中央关于全面深化改革若干重大问题的决定》指出要"加快现代职业教育体系建设，深化产教融合、校企合作，培养高素质劳动者和技能型人才"。至此，建设以产教融合为导向的现代职业教育体系已经成为我国职业教育改革发展的根本目标，我国在宏观政策上确立了"产教融合"的职业教育发展方针，从而推动产教融合进入到新的发展阶段。自2014年起，国家对产教融合给予了前所未有的重视，产教融合进入到快速发展阶段。2014年5月，《国务院关于加快发展现代职业教育的决定》指出现代职业教育要遵循"产教融合、特色办学"基本原则，"研究制定促进校企合作办学有关法规和激励政策，深化产教融合"。

但西方国家关于产学合作（产学结合）、校企合作等相关的研究与实践从20世纪初即已开始，经过100多年的实践探索，大都已建立起了比较成熟的职业教育体系和行之有效的职业教育模式，比较典型的如德国的"双元制"、美国的"社区教育"、英国的"工学交替"模式、日本的"厂中校"模式、澳大利亚的职业教育培训模式等,已为大家所熟悉。近十几年来,西方国家关于职业教育产教融合方面的研究与实践,大部分都聚焦于"再工业化"进程中的技能人才需求,在政府部门的强力主导下,推进产教融合,提高技能人才培养质量,促进经济产业发展。

关于产教融合的概念,我国学术界至今还没有达成共识,学者们主要从产教融合的本质、特征、内容等方面对产教融合的概念进行了研究。陈年友等(2014)从产教关系辨、产教融合考两方面论述了产教融合的概念,认为产教融合就是职业教育与产业的深度合作,是职业院校为提高其人才培养质量而与行业企业开展的深度合作。王丹中、赵佩华(2014)从高职教育产学研结合的相关概念入手,从基点、形态、本质三个维度对产教融合的概念进行了深入探讨,认为产教融合的基点是其着落区域,形态应当随需而生,本质是再社会化。刘斌(2017)认为职业教育的本质是职业性、技术性和终身性,并以此为逻辑起点全面阐释了产教融合的概念包括职业层面的职业能力、职业资格和职业形态,技术性层面的技术应用和技术研发,以及贯穿终身的职业培训。邱晖、樊千(2016)认为产教融合既是一种政、产、学、研等四位一体的融合模式,也是一种由多个主体参与的能够应对国际市场变化的社会组织形式,多元化主体合作共赢、多层次动态演化、不同要素资源的优化组合和协同创新是其主要特征。

(二) 产教融合政策研究

职业教育要出台产教融合、校企合作的政策近年来被不断提出。政府文件第一次提到了产教融合是 2013 年《教育部关于深化教育领域综合改革的意见》,该文件提到尽快完善职业教育产教融合;2014 年,国务院《关于加快发展现代职业教育的决定》也提到了产教融合,要"以产教融合为办学特色"。到了 2015 年,教育部又提出要深化产教融合,推进校企合作,完善校企合作育人机制,以行业教学为指导,将技术转化为生产力。国务院 2017 发布的《关于深化产教融合的若干意见》,提出以产教融合带动职业教育育人模式的创新与改革,将人才培养供给侧与产业需求侧有机结合,将工匠精神与职业教育相结合,从而带动校企合作的发展。

(三) 产教融合主体角色研究

产教融合涉及的主体无非是政府、行业、企业、学校等四方。这四方主体的角色定位是否准确、职责界定是否清晰和作用发挥是否充分,是决定产教融合成败的关键。

龙德毅(2015)从角色职责角度,认为行业是职业教育教学标准的制定者,职业院校是教育教学标准的实施者,政府是标准制定与实施的监督者。这种角色定位应该作为现代职业教育产教融合、校企合作的基本制度之一。杨善江(2014)基于"三重螺旋"理论框架,探讨政府、企业和院校三者的角色及相互关系。他指出,在三重螺旋模型中,高职院校主要负责知识传播、知识转移和知识创新,培养高素质人才;企业主要开展科技创新和传播,致力于技术成果的应用和转移;政府则是不断制定和完善法律法规,提供相关政策保障,不断规范各方的合作行为,大力推进产教融合、校企合作。在相互关系中,三者并不是三条平行线,也不是简单的两两交叉,而是三者之间交织融合在一起,相互作用,呈螺旋缠绕状态,形成持续紧密的合作伙伴关系。马宏斌(2015)以河南省为例,以三重螺旋理论为分析工具,构建了政府政策推动高等职业教育产教融合,高等职业教育主动融入市场对接产业、企业,高职院校合作融合的三重螺旋模型,为河南省经济发展提供理论支撑。综合相关的研究,产教融合中的政、行、企、校四方角色,在定位上是清晰的,职责界定是明确的。但在实际工作中,如何搭建平台载体使各方主体彼此交融、互为作用,形成紧密的合作关系;如何建立有效的调节机制使各方主体积极主动地履行职责,发挥作用,切实推进产教融合,还需要在实践中创新探索,寻求破解之道。

(四)产教融合模型研究

产教融合模型主要包括演化博弈模型理论、可持续发展模型理论、三重螺旋理论。李光红(2007)认为企业和高校具有博弈关系,运用演化博弈模型理论分析了校企合作创新问题,这一理论性研究对促进校企合作创新,制定有效措施具有重要的借鉴意义。裴芳芳(2013)依据可持续竞争优势理论模型构建了校企合作的可持续发展模型,并依据模型提出了相应的发展策略。邵进(2015)基于三重螺旋模型理论对产学研深度融合进行了研究,提出了产学研深度融合的范式:第一重螺旋,知识的传播与转化;第二重螺旋,人员的赋能与流动;第三重螺旋,平台的创建与优化。

(五)产教融合运行机制研究

产教融合运行机制的研究大致可以分为宏观和微观两个方面,宏观上主要立足于职业教育产教融合发展的整体,更多地强调意义建构和融合体制;微观上多是研究高职院校产教融合在某一背景、某一特定区域或某一具体专业上存在的问题和解决措施等。在宏观层面,祝成林、柳小芳(2015)认为宏观层面可以从完善组织管理与制度体系的角度促进产教融合背景下技术技能人才培养,强调国家与地区、政府与企业行业的同时作用。杜俊文(2016)从社会认知、管理体制、运行机制和制度法规四个方面分析了职业教育深化产教融合的缺失,并提出了优化路径,即构建产教融合的"生态环境"、多维政策施力、建立健全制度体系、架构完善的激励机制。李政(2018)认为当前我国职业教育产教融合在政府角色、治理模式、体系建设、具体措施等方面存在一定的障碍,为消解这些现实障碍,需建立产教信息沟通平台、设计产教融合人才生涯发展体系、发挥中间型组织的作用、探索教师绩效考核新标准等。在微观层面,贺伟等(2014)在市场经济背景下分析了高职院校产教融合发展的现实障碍,认为应当树立"产教融合"人才培养模式的指导思想,通过建立事务机构来统筹规划,促进校企双方共同开发与实施优质核心课程和教师一体化培养等。许慧珍(2016)以汕头职业技术学院为例,对产教融合视域下高职商贸专业的发展进行了研究,提出了转变思路、开放办学、精准定位、打造特色专业、加强内涵建设、提高人才质量的发展策略。向丽等(2018)对湖北地区高职院校产教融合的实践进行了分析,提出湖北省高职教院校产教融合在优质企业参与动力、现代学徒制合理建构、产教融合师资队伍建设等方面存在一定的问题,认为湖北省高职院校在探索产教融合的实践中应建立校企"双主体"育人模式,构建协调互动的专业课程标准,制定并完善高职院校专业化教师发展制度。

在实践中,产教融合的运行机制研究和运行模式创新探索往往是紧密结合在一起的。近年来,国内不少高职院校在这方面也开展了大量的创新探索,如北京吉利学院的"产教协同计划",浙江工贸职业技术学院的产教融合、校企一体化研究与实践,娄底职业技术学院的"校政企行多元联动、产学研用多维驱动"的办学体制机制探索与实践等,几乎国内每一所示范(骨干)院校都有自己的实践探索。

(六) 产教融合协同育人机制研究

国内关于产教融合协同育人机制的研究可以分为两个方面:一方面,从职业教育整体的角度强调顶层设计和协同育人机制的构建;另一方面,依据所在地区区域经济与高职院校的发展实际,提出适宜的协同育人措施。在职业教育整体层面,罗汝珍(2014)认为构建产教融合的协同育人机制必须以技术为切入点,组建产、学、研三位一体的技术平台,遵循企业化的管理机制、产业化的运行机制、价值主导的评价机制、市场导向的进退机制和行业协会负责的人才流动机制。

顾绘(2017)以产教融合的学理依凭为逻辑起点,探讨了产教融合的机制内涵,认为产教融合需要建立互需的动力机制、协作的互动机制、多赢的共享机制、范导的评价机制、攻玉的学习机制等。徐畅等(2018)基于主体要素的协同联动和角色定位,构建了产教融合视角下职业教育互利共赢的需求动力机制和共建共享的资源配置机制。在区域经济与高职院校层面,刘任熊(2017)基于江苏经贸职业技术学院的实证研究,构建了高职院校产教融合协同育人的六大运行机制,即梯级入园门槛运行机制、资源配置契约约束机制、入园企业淘汰退出机制、学生技能训练递进机制、产教融合评价考核机制和校企合作主体激励机制等。刘桓等(2018)基于高职院校校内产业园,从资源、主体、利益等角度出发设计了高职院校产教融合的协同育人机制,并提出高职院校产教融合协同育人的对策,即探索共同治理机制、完善产教园"双导师"制、有效推行现代学徒制等。

(七) 产教融合人才培养模式研究

国内关于产教融合人才培养模式研究的文章较多,有些学者立足于宏观层面进行研究,其中王丹中等(2014)指出产教融合、校企合作育人方式是实现产学研协同发展、提升人才质量和办学效益的必经渠道,更多地为社会提供高素质的技术技能型人力资源;和震(2014)认为应立足于完善现代职业教育治理体系的角度,加强产教融合、校企合作制度的顶层设计。还有学者以微观角度为切入点,多是立足于自身所在的学校进行研究。如方春龙(2014)认为要以校企合作为契机,通过建设校外实训平台、实习基地等基础设施,深化产教融合;张文杰等(2015)提出了产教融合的"定向班"人才培养模式,并从人才培养规格制定、课程体系设置、人才培养过程、实践教学模式四个方面给出了定向班人才培养模式的具体实施路径。当前学术界对于职业院校产教结合人才培养模式的研究仍然处于起步阶段。柳友荣、项桂娥、王剑程(2015)以应用型本科高校为例,在分析其产教融合模式及其影响因素的基础上,结合国内外有关产教融合模式、产学研合作方面的已有研究,总结出四种模式,分别为产教融合研发模式、产教融合共建模式、项目牵引模式、人才培养与交流模式。中国高教学会产学研合作教育分会在《必由之路——高等职业教育产学研结合操作指南》一书中,将我国高职教育校企合作的主要模式概括为九种:一是订单式人才培养模式;二是"2+1"模式;三是工学交替模式;四是全方位合作教育模式;五是实训—科研—就业模式;六是双定生模式;七是工学结合、校企双向介入模式;八是结合地方经济全面合作模式;九是以企业为主的合作办学模式。由于各个具体模式之间不存在严格的界限划分,以上九种人才培养模式存在着相互叠加的部分。

王艳、邵悦(2016)认为产教融合背景下,陈旧的课程标准需要革新,要根据行业职业标准制定相应的课程标准,使高职学生的毕业证书与社会需求的职业资格证书实现融通。乐崇年(2017)得出通过校企深度合作、建立产教融合的中职专业课程开发和实施路径,实现课程设置与产业需求、课程内容与职业标准、教学过程与生产过程三方面的对接。张俊竹(2015)针对艺术设计专业人才培养模式进行研究,提出了基于产教融合的应用型技术设计人才培养模式,构建由校、行、企组成,专兼职结合的复合型教学团队;开设服务区域经济产业的相关专业,深化专业内涵建设;人才培养突出"道技结合"。谭柳青(2015)在对高职教育产教融合进行研究中运用广西水利电力职业学院的实际案例,对产教融合背景下的人才培养模式与办学体制机制进行分析,形成了职业岗位导向与工学交替的人才培养方案和基于职教集团校企合作群的高职办学模式。李伟萍、李敏(2014)在中职模具制造技术专业进行产教融合的人才培养模式的研究中,提出了"0.5+2+4"的人才培养创新模式。国内对产教融合进行了初步探索,从校企合作角度创新人才培养模式。

(八) 产教融合动力机制研究

高飞、姚志刚(2014)认为,产教融合的主要动力有四个方面:技术创新与改革是产教融合的内在驱动力,追求核心竞争力和竞争合作压力是产教融合的企业动力,培养技术技能人才和提升社会服务能力是产教融合的学校动力,区域经济发展是产教融合的巨大推动力。卢美圆(2016)则基于系统论的观点,认为内外因子的优化作用是产教融合系统有序演化的基本动力,内部动力因子包括内涵发展驱动力、内部资源支撑力、教育理念影响力等;外部动力因子包括政策导向推动力、企业需求牵引力、办学竞争压力等构建产教融合动力机制,关键是要建立健全开放合作机制、资源优化配置机制、要素融合机制、信息+沟通机制。周丹(2016)提出形成动力机制,需要建立产教融合动力机制的具体措施是寻求教学理念创新、推动校企合作、加强监督管理。

在目前的实践中如何构建完善动力机制,真正推动产教融合,是重点和难点。产教融合的可操作性不强,急需找到切实有效的突破口,而构建切实有效的动力机制,是推进产教融合的当务之急。

三、研究反思与展望

国外关于职业院校校企合作、人才培养模式的相关研究成果众多,各国大都形成了以本国国情为依据的各具特色的一套较为成熟的人才培养模式。国外研究者们发现,随着产教融合的不断深入,如果缺少政府的参与或政府参与力度不足,校企合作就很难深入、持续地开展。为此,美国政府在北卡罗莱纳州组建了"三角研究园",它隶属于园区合作模式,是作为政府参与校企合作的实践进行探讨的典型。

目前,有关职业教育产教融合研究主要集中在以下几个方面:一是从理论溯源与实践的角度,详细介绍并分析国内外不同的人才培养模式;二是关于政府在校企合作中的角色扮演研究;三是产教融合政策研究已成为热点,主要聚焦于在人才培养模式中如何发挥政府的推动作用促进企业与学校两个主体紧密结合。在概念界定与内涵研究层面,包含"产教合作""校企合作""产教依存""产城融合"等众多提法,不同学者的理解不尽相同。近两年,有关产教融合理论研究逐渐成为热点,然而大多数研究都集中在对其内涵、特征、模式等方面的探讨,实证研究成果薄弱。在对有关"职业院校""产教融合""人才培养"等相关文献进行归纳、总结后得出,高职院校产教融合人才培养模式的相关研究成果薄弱。研究存在的主要问题有:一是"互联网+"背景下高职院校产教融合人才培养模式研究成果缺乏系统性,并且研究深度与广度不够;二是热衷于高职院校校企合作模式,对产教融合人才培养的关注较少;三是研究方法受到局限,导致定量研究成果薄弱;四是多聚焦政策研究,缺乏具体措施研究。

(一)研究反思

1. 产教融合研究成果缺乏系统性

国内学者对产教融合也有过不同的提法,如"产教结合""政校企合作""校企合作"等。2013年后研究者逐渐增多,多数集中于产教融合的内涵、特点、问题等研究。论文主要集中在职业教育专业期刊上,反映了产教融合研究关注面较窄。我国学者虽从不同角度阐述了产教融合的概念,但学术界还未达成有效共识,研究者对产教融合的内涵和外延缺乏深入了解,在研究中容易出现片面性。另外已有研究探讨了产教融合的动力,以及企业、行业协会、科研机构、政府和高校参与产教融合的动力,并提出要建立相应的引导机制和约束机制,但是这些分析相对粗浅。

2. 产教融合理论支撑及研究范式不足

在产教融合的理论模型研究上,尽管当前我国学术界运用多种理论分析产教融合问题,并进行跨学科的综合研究,但是理论与具体实践的结合上仍显生硬,理论支撑仍显匮乏。例如我国关于产教融合动力机制的研究起步较晚,理论基础不够深厚,动力机制研究还不成熟,产教融合动力机制层面中的动力因子分析不够深入全面。现有关于产教融合的研究,多采用"内涵分析—问题总结—提出策略"的思路,很少有研究者深入分析问题形成的深层原因。分析问题产生的原因和机理也是问题解决过程中最重要和最困难的环节。现有研究所使用的"由问题直接跳跃到对策"的研究范式失之偏颇,需要进一步加强对产教融合问题的分析。

3. 产教融合研究区域分布不均匀

从研究区域分布来看,产教融合领域研究力量主要集中在长三角地区,中部、西部研究力量较为薄弱,呈现明显的不平衡。东部地区经济发达、产业结构合理,也拥有较多实力雄厚的企业,为职业教育产教融合研究奠定了坚实的基础。这反映了研究力量的强弱与地区经济发展水平高低具有一定的关联性。

4. 研究方法局限,导致定量研究成果薄弱

产教融合的实证性研究较少,现有研究多侧重了逻辑思辨和经验总结,运用调查法、案例法探索产教融合实然性问题。目前,研究者们对产教融合的内涵、动力及其机制、模式、问题和对策做了理论层面的反思和总结,也有研究者结合案例介绍了一些职业院校产教融合的成功经验。但总的来看,现有关于产教融合的研究,还主要停留在逻辑思辨层面,缺乏实证研究(或经验)的支持和验证。

5. 聚焦政策研究,缺乏具体措施研究

产教融合协同育人机制研究多停留在顶层设计层面,虽然很多地区也开展了产教深度融合的实践,但对其内部具体怎样融合、融合路径、参与者在不同阶段的具体职责等微观问题研究得较少。当前我国产教融合主要存在企业参与动力不足、校企合作深度不足、融合程度不够紧密等问题,学者们也针对问题提出了不少解决措施,但总体而言,宏观政策罗列较多,微观措施分析较少,缺乏对宏观政策多角度、多方位的具体细化措施。

同时,也缺乏产教融合对区域经济发展服务研究。

(二) 研究展望

1. 从多学科角度研究产教融合联动工作机制

职业教育产教融合涉及政府、行业、企业和学校等多个层面,不同的主体所承担的职责不同,发挥的功能不同。如何发挥它们各自的优势,寻找到不同群体之间利益的平衡点,加强它们之间的互动与合作,共同推进产教融合工作值得深入研究。从社会学、管理学、心理学、教育学等多个学科、多维度进行研究,这可以使我国职业教育产教融合理论研究成果更加丰富,研究体系更加完善,研究范式更加多元化。

2. 以创新产教融合治理模式为研究关键点

在职业院校方面,目前公办职业院校的基本管理模式是政府主导的自上而下的政府—学校模式,应对企业需求和市场变化缺乏灵活性,难以从根本上调动企业和社会参与产教融合的积极性,不利于将社会需求转化为发展动力。实践表明,改进职业院校治理模式,实行行业或企业参与学校管理的政府—行业企业—学校的新型治理模式,能够从根本上调动企业参与职业教育的积极性,促使产教融合主体深度融合。此外,要通过搭建政策平台,创新职业院校治理模式。

3. 进一步增强定量研究范式开展研究

在职业教育产教融合的研究过程中已有较多的定性研究成果,因此需更多地从我国职业教育产教融合的客观实际出发,通过调查获取更多的数据,进一步增强定量研究范式,使研究成果更加客观地反映实际情况。针对产教融合出现的问题提出策略,提高研究实效性,真正促进产教深度融合。

第三章　高等职业教育专业(群)建设研究

一、研究背景及发展脉络

关于专业建设在职业教育中的重要性和地位,无论是教育行政主管部门还是财政部门,认识上都比较清楚,政策支持上都比较重视,并采取了许多有力措施加以推动。在国家示范校建设和骨干校建设时期,专业群建设重点和方向就已十分明确,这对"双高计划"背景下重点专业群建设提出了新的建设任务和要求。

(一) 政策演进

加快专业群建设是高职院校调整专业结构、整合教学资源、提升服务能力的内在要求。2006 年,教育部、财政部推出国家示范性高等职业院校建设计划,明确要求"形成 500 个以重点建设专业为龙头、相关专业为支撑的重点建设专业群",专业群的概念首次出现在正式文件中。后续发布的《关于全面提高高等职业教育教学质量的若干意见》等文件多次出现专业群或专业集群,专业群作为专业发展的一种方式在院校中不断被实践,形成了一批典型案例,出版了众多理论研究成果。

2010 年,中共中央、国务院发布《国家中长期教育改革和发展规划纲要(2010—2020 年)》指出要将职业教育纳入经济社会发展和产业发展规划,促使职业教育规模、专业设置与经济社会发展需求相适应。同年,在连续实施三批示范性高职院校建设计划并取得显著成效的基础上,教育部、财政部发布了《关于进一步推进国家示范性高等职业院校建设计划实施工作的通知》,明确提出新增100 所左右骨干高职建设院校。其中,专业建设要主动适应区域产业结构升级需要,及时调整专业结构;深化订单培养、工学交替等多样化的人才培养模式改革,参照职业岗位任职要求制订培养方案,引入行业企业技术标准开发专业课程,推行任务驱动、项目导向的教学模式。

2011年,教育部、财政部在《关于支持高等职业学校提升专业服务产业发展能力的通知》中进一步指明高职院校的专业建设要实现专业与产业对接。同时中央财政下拨20亿元资金支持高职院校专业建设,并选拔了1000个左右专业进行重点建设。这包括现代农业、制造业发展重点方向、战略新兴产业、生产和生活性服务业等重点领域和地方经济社会发展需要的一批紧贴产业发展需求、校企深度融合、社会认可度高、就业好的专业,同时要求推进校企对接,探索系统培养,强化实践育人,转变培养方式,建设教学团队,实施第三方评价,文件又明确支持建设的重点专业为产业支撑型、人才紧缺型、特色引领型、国际合作型。

2015年,为贯彻落实全国职业教育工作会议精神,教育部印发《高等职业教育创新发展行动计划(2015—2018年)》,在主要任务的第一条中明确"提升专业建设水平",后在附件的65项任务和32个项目中又把骨干专业建设作为第一个项目,即加强高等职业院校的专业建设,凝练专业方向,改善实训条件,深化教学改革,整体提升专业发展水平。支持紧贴产业发展、校企深度合作、社会认可度高的骨干专业建设。支持专科高职院校与技术先进、管理规范、社会责任感强的规模以上企业深度合作,共建生产性实训基地。

2019年,国家认定了一批骨干专业,同时实施了中国特色高水平高职院校和专业建设计划,"聚焦高端产业和产业高端,重点支持一批优质高职院校和专业群率先发展","打造高水平专业群"入选"双高计划"重点任务。项目申报书中要求申报学校明确专业群的组群逻辑,具体从"专业群与产业(链)的对应性、专业群人才培养定位、群内专业的逻辑性"等方面描述;对于组群专业是否共享合作企业、用人单位、专业课程、校内外实训实习基地、专任教师、校外兼职教师等,文件均有具体要求,因其有明确的建设要求和资金投入,深刻影响了高职院校专业群的发展。

(二)发展实践

我国高职院校主要由中等职业学校升格、高等专科学校划转、筹建新学校等方式而来。专业建设早期以借鉴普通本科学校专业建设模式为主,借鉴学习普通本科院校的做法对高职院校专业形成、稳定起到了积极作用。但随着高职院校对专业发展规律认识的深入和实践经验的积累,高职院校走上了独立探索专业发展的道路,认识到自身与普通本科院校在专业建设上有相同之处的同时,高职院校更强调校企合作、工学结合、实习实训、"双师型"教师、"双证书"等。随着经济的发展,社会对高素质技术技能人才的需求不断增长,高职院校专业建设进入规模发展阶段,专业设置扩张明显,但也存在新设专业办学基础较差,后续持续建设和质量评价跟进不及时、专业设置重复严重、专业建设投入不足、人才培养质量不高等问题。据高等职业教育专业设置备案统计，2013—2020年，高职院校专业备案数量增长明显，共增加了12000多个专业。其中2020年会计、电子商务、市场营销、物流管理、计算机应用技术、旅游管理、机电一体化技术等专业布点数超800个，这意味着近六成的高职院校设置了这些专业。高职院校专业存量和增量较大，促进专业内涵发展，优化专业结构成为必然。

高职院校专业建设正由规模发展向内涵发展转变，学校专业布点数已经达到一定规模，如何优化现有专业格局成为高职院校高质量发展的重要命题。2004年，教育部印发《普通高等学校高职高专教育专业设置管理办法》和《普通高等学校高职高专教育指导性专业目录（试行）》，指导高职院校专业的设置与调整，这是高职院校专业规范建设的标志。2015年，教育部修订了《普通高等学校高等职业教育（专科）专业设置管理办法》和《普通高等学校高等职业教育（专科）专业目录》。修订说明指出"以产业、行业分类为主要依据，兼顾学科分类进行专业划分和调整，原则上专业大类对应产业，专业类对应行业，专业对应职业岗位群或技术领域"，进一步明确专业设置条件与要求、专业设置程序、专业设置指导与监督等内容，阐明了专业、专业类、专业大类对应的具体内容，以及专业设置与管理的规范。随着科学技术的发展，跨学科、跨专业成为知识生成、丰富、完善的重要方式，不同领域之间交叉渗透成为发展过程中的常态，复杂的工作任务、快速的技术更新都需要高职院校培养复合型技术技能人才。产业行业对人才需求的变化必然反映在高职院校专业人才培养过程中，构建与产业发展需求相一致的专业体系成为教育行政部门调控专业布局的重点。因此，加快专业之间的建设，形成适应产业链、岗位群的专业群成为高职院校专业建设的题中之意。

二、研究领域与主要观点

（一）高职院校专业群的内涵

1. 专业群的建设意义

伴随着区域经济发展和城市化水平的提升，依托区域内产业优势、区域优势，加强专业群建设已成为高职院校办学的必然要求（王泽华，2013）。不断涌现出新的行业、新的工种和新的岗位（群）要求高职院校优化专业设置，淘汰一批专业、保留一批专业、新建一批专业，以更好地适应市场需求。在更新专业的过程中,部分高职院校热衷开设热门专业,专业设置过于雷同、过细。因此,高职院校应根据区域、产业需求去布局自己的专业群,明确自己的核心专业,根据核心专业构建专业群;同时根据市场需求的变化,及时调整、优化专业,最终办出特色和品牌。可见,专业群建设有利于高职院校培养复合型人才,进而提高人才职业适应能力与职业迁移能力(黄小平,2012);有利于提高办学效益;有利于学校办学特色的形成;有利于推进"校企合作、工学结合"人才培养模式;有利于师生素质结构的优化(钱结海,2010);有利于发挥专业群体优势,增强市场适应性;有利于发挥师资团队优势,提高专业竞争力;有利于形成专业特色和品牌优势;有利于集中力量,改善实践教学条件(王忠孝、林泉,2011)。

2. 专业群的主要内涵

专业群服务产业的特点决定其可以跨学科、跨大类专业进行组群建设,专业群可以是强弱互补的联合,可以是强强联合,可以是基础相通,也可以是因产业链而生。专业群旨在提高人才培养质量,增加教育价值,增强专业培养能力,满足社会需求,以龙头专业为核心,以学科、专业或行业、职业为纽带,通过资源重组、组团架构、错位发展、配套互补、统筹集成而建立起来的优势突出、特色鲜明、数量适当的相关专业的集合(曾宪文、张舒,2010)。专业群是高职院校为满足地方经济社会的发展,立足自身办学条件和专业建设基础,着眼区域内发展前景好、产业链条长的优势产业,以形成专业建设"积聚效应",提高学生"岗位群"适应力为目的,以特色优势专业为龙头对应若干企业岗位群的若干专业的集群(钱结海,2010)。专业群植根于职业岗位(群),与职业岗位(群)保持一致性,即专业群要针对某个行业相近或相关的职业岗位(群)进行专业设置,满足行业内企业岗位(群)的实际需要,尽可能覆盖整个行业岗位群,这种观点强调专业群岗位对接性,强调按照岗位群变化动态调整专业群结构(刘瑞军等,2012)。

概括来说,一是核心专业支撑论,强调专业群是由一个或多个重点建设专业作为核心专业,若干个工程对象相同、技术领域相近或专业学科基础相近的相关专业组成的集合(袁洪志,2007;孙毅颖,2011;周劲松,2012;卞建鸿,2015;黄影秋,2017);二是相关专业组合论,认为专业群是指高职院校围绕着上下游产业链或某一技术领域或服务领域,结构有序、优势互补、资源共享的专业或专业方向的专业集群(闵建杰,2006;赵鹏飞等,2007;沈建根、石伟平,2015;李林,2017;张红,2019);三是关联专业系统论,认为专业群是一个对接产业链和职业岗位的群,包含教学资源、师资配备、实训体系在内的组织系统(贾宝勤,1997;于国庆,2009;郭福春,2019)。专业群的特征是建设要素的集成性、形态的集群性、目标的集约性(钱结海,2010),建设的指向性、群资源配置的合理性、群专业的相关性、群内专业的主辅性、群规模的适当性、群的动态发展性(曾宪文、张舒,2010)。

高职院校专业群的设置原则是：适度超前产业集群的发展阶段，立足于本区域的特色产业集群，考虑不同层次职业教育专业群设置的统筹安排和相互衔接，实现资源与需求导向相结合(孙峰，2014)。

3. 专业群的组群逻辑

专业群内部专业的组建逻辑包括关系逻辑、区域逻辑与结构逻辑。关系逻辑是以专业间关系为依据，组建双核心型、单核心引领型、单核心辐射型和协同发展型等专业群(董淑华，2012)。区域逻辑是根据专业涉及的地理范围，组建校内专业群和校际专业集群，校际专业集群是由两所及以上的高职院校根据社会需求，围绕区域内某一行业岗位群共同构建的，由某一类近似专业形成的专业集合。结构逻辑是依据专业的稳定程度，组建制度化专业群和松散型专业群。松散型专业群即项目导向型专业群，是以项目为纽带，组建内容开放、形式松散、模式动态的专业群(张栋科、闫广芬，2017)。

专业群的组群依据可分为产业群发展、岗位群发展、群内部发展。产业群发展的组群逻辑是围绕某一产业的结构、空间以及链条发展情况进行组建，并按照产业调整与升级而持续优化。这种专业群的构建要求建设学校有着充裕的资金支持，同时有着深厚的专业底蕴，实现链条上各环节的有机整合。岗位群发展的组群逻辑是以职业岗位为依据，在充分体现职业分工关系的基础上，针对各岗位群人才需求将相关专业进行组合。群内部发展的组群逻辑是围绕某一或相近学科领域，且具有强学科知识支撑的一类专业集合。该类专业可对接产业链中知识结构相近的一段链条或者岗位群(刘晓，2020)。组群逻辑可分为高端产业关系逻辑、产业高端业态逻辑、岗位群逻辑、人才培养定位逻辑、专业构成逻辑，这五种逻辑具有推导关系，以高端产业关系逻辑为出发点，以专业构成逻辑为结果(邓子云、张放平，2020)。

高职教育的专业大类与具体专业之间并不存在必然的人才培养内在逻辑，这就使得高职教育的专业群编组首先要回答专业群的编组逻辑问题，正常有三种，即：产业逻辑、岗位逻辑、内容逻辑；通常的编组方式有立柱模式、扣环模式、车轮模式。也就是说，高职教育专业群的编组，不能简单地把一些看似相关性的专业集中在一起，而应据此构建起专业群的平台课程构建策略，经历初创期、合作探索期、成熟期，然后可实现专业群建设机制的可持续(徐国庆，2019)。基于学习者视角探索职业院校专业群构建的逻辑起点即确立以学习者为中心的专业群建设理念，基于学习者角度出发提出专业群课程与教学资源建设、教学团队组建和实训基地建设等的教学管理实践逻辑，以构建一个有效促进学生学习，便于教师协同创新和校企协作管理与评价的专业群管理系统，进而推动职业院校管理体制和人才培养模式的改革创新(钱维存，2020)。

(二)高职院校专业群建设的理论基础

从产业集群理论分析,随着现代产业分工细化和产业链的形成,传统职业向现代职业转化,进而形成了与产业群、产业链相对应的职业群和职业链。高职专业群建设应在对职业与职业联系进行系统分析的基础上,按照现代职业分工和职业链结点关系,研究职业与专业、职业群与专业群、职业链与产业链的对应关系,根据职业带理论进行复合专业的专业群建设,这是我国高职院校专业群建设的基础理论依据和实施路径(章建新,2016)。在研究产业发展和专业发展相似点的基础上,选择和应用合适的产业发展相关理论,进而设计产业学院专业群的构建方式。根据区域分工理论构建产业学院专业群,改进迈克尔·波特的"钻石模型"评价专业和专业群的竞争优势,运用新贸易理论提升专业和专业群在院校的定位,摆脱不完全竞争陷阱(马华林、张立燕,2017)。

以系统理论分析,通过协同理论、分形理论和混沌理论来描述高职专业群,发现其具有与社会子系统共同培养人才、与专业具有相似性、构成要素影响整体建设效果等丰富意蕴。在复杂性科学视域下,高职专业群建设需思考专业群建设与社会各子系统之间的协同发展、专业群管理与专业管理之间的有效分离、专业群评价与群内构成要素之间的恰当引导等问题(张红、杜宏静,2016)。创新高职专业群管理信息沟通机制,主要是在专业群内建立纵向信息沟通机制、横向信息沟通机制和跨层级信息沟通机制。专业群管理的信息沟通制度建设,应侧重于解决沟通媒介的选择、沟通对象的确定及一些重要沟通活动的频率等方面的问题(陈晋中、刘凤翰,2017)。在构建高职院校专业群与产业群协同创新组织体系概念模型的基础上,对高职院校专业群与产业群协同创新发展的主要影响因素进行指标研究,从伙伴选择、机制建立、知识融合、利益分配四个方面探究二者协同与创新的影响因素(黄影秋,2017)。基于系统论的视角,对专业群组建理念进行分析;基于产业集群模式,将专业群组建逻辑总结为基于合力论的产业逻辑、基于共同论的岗位逻辑、基于相近论的专业逻辑;利用 SWOT 量化模型,对组建的专业群进行效能分析,为高职院校评价组建专业群的合理性、有效性提供战略性意见(刘英霞等,2020)。

以要素理论视域分析,研究影响专业群建设的因素至关重要,产业结构优化推动高职院校专业群建设,区域经济发展水平决定高职院校专业群建设水平,高职教育自身发展制约高职院校专业群建设(李照清、吴越,2012)。专业群建设涉及多方面因素,其中专业群结构是建设的核心要素,与专业建设密切相关的人才培养模式、专业群课程体系、实训基地、师资队伍、数字化教学资源、教学管理等是专业群建设中的主要要素(顾京,2012)。专业群建设的要素包括专业群结构构建、培养模式改革、课程体系建设、师资队伍建设、实训基地建设、教学资源建设、教学模式与方法改革、专业群管理等,依托核心专业优势,以实现人、财、物的统筹为手段,进行校内外各类资源整合,全面提升人才培养质量(强伟纲,2013)。高职院校专业群资源要素分为师资要素、实习实训条件要素、课程要素和管理要素等属类资源;校内资源、企业资源和社会资源等源别资源以及群内的专业资源即构成资源,各类资源具有专业群内共享的必然要求(周劲松,2013)。

(三) 高职院校专业群建设存在的问题

组织层面,高职院校专业群建设遭遇的关键难题是缺少微观层面催生教育教学活动发生明显改变的现实力量,绝大部分普通教师参与度不足。高职院校对专业群建设的应有理念与路径还相当生疏,普遍套用专业建设的模式。专业群建设的主要目的是服务区域产业群的发展,应对接产业群中优势产业链上的一组适切的岗位群,拓宽人才培养口径,重视培养学生的基本文化素养与通用能力,扩大学生的学习场域。专业群建设必须对微观层面的组织变革给予充分重视,着力构建专业群共同体(赵蒙成,2020)。

管理层面,存在专业群的管理与运行不足,专业群评价机制尚未建立,专业群的专业划分合理性不够等问题,实际上很多高职院校的专业群划分不够科学合理,很牵强地把一些不相关的专业划分到同一专业群里,资源不但没有得到共享,反而限制了该专业的发展(胡蕙芳,2010)。专业群共享理念不强,存在群内各专业或专业方向间共享不畅,教师或部门间的合作意识淡薄,行政隶属不同部门等问题,给专业群的共建带来了较大阻力,不仅限制了专业群教学活动的有效开展,也无法发挥专业群教师团队的优势。校企合作和产学研合作机制不健全,校企共建专业群时,存在学校热衷于群建设而企业表现冷淡的现象,原因是企业在校企共建专业群的过程中没有获利,且从国家层面来看,政策并未要求企业承担专业群建设任务(李玉珍、肖怀秋,2016)。

制度层面,专业群内部的集群效应尚未形成,高职院校的专业建设主要围绕重点专业与特色专业进行,但这些专业建设成果对其他专业的示范和辐射效应尚未充分发挥。专业群建设的研究基础薄弱,专业群内部的专业如何选择、如何组建得更加合理,专业群师资团队如何搭建,专业群内部专业之间如何共享资源、如何联动等,这些问题都需要深入地研究和思考。专业群建设的制度环境障碍,专业群建设缺乏具体、明确的方向性、指导性要求,因而,目前的专业群建设工作仍处于探索的初始阶段,专业群建设保障机制缺乏。如专业群建设的指导性文件、专业群师资与管理要求、专业群建设经费落实等,在制度上几乎是空白的(韩继红、李曙明,2013)。专业群的管理机制不健全,资源聚集体尚未真正形成,一流专业群评价体系欠缺(朱厚望、龚添妙,2018)。

实践层面,高职院校专业群建设的实践偏差主要是专业群的专业构成不尽合理,专业群负责人缺乏足够的权威,专业群建设"新瓶装旧酒",建设专业群的视域拘泥于学校。规避专业群建设实践偏差的策略是:摸清区域内其他院校情况,明确专业错位发展的方向;密切结合产业行业背景和建设基础,确定需要建设的专业群;精心编制可行的专业群建设方案,减少实施中偏离方案的可能性;妥当选择专业群负责人,赋予其法定性权力;以专业群取代系,形成更好的专业发展运行机制(傅新民、罗政华,2018)。内涵把握不到位,专业布局与产业需求不匹配;专业群建设缺乏具体、明确的方向性及指导性要求,如专业群建设的指导性文件、专业群师资与管理要求等制度亟须完善(李林,2017)。

产业层面,区域经济视角下高职院校专业群建设存在的问题包括专业群建设理念与区域经济发展实际脱节,专业群建设思路与产业链岗位群需求脱节,专业群建设目标与核心专业建设脱节,专业群建设措施与核心竞争力建设脱节(王泽华,2013)。针对产业定位、产业结构状况以及高职院校专业设置与区域产业对接中存在的专业招生重复率较高、专业聚集度低和建设滞后、专业布局与区域产业结构不匹配等问题,高等职业院校专业群的调整应采取依据产业群引领专业群建设,前瞻性地主动适应产业结构发展要求,"五业联动"保证专业设置合理,有效避免过分强调市场需求而使专业结构失衡,实现专业与产业协调发展,坚持存量调整为主、增量为辅等的策略(杜鹏、李正文,2018)。专业群结构与产业发展契合度不高,专业、课程和教学改革强度不够,专业群对社会的服务力度不足(刘晓,2019)。

(四) 高职院校专业群建设的重点内容

1. 人才培养模式

专业群人才培养模式的确定一是在专业群的理念下初步确定各专业的人才培养模式。依据专业与职业岗位对应关系分析,明确各专业培养相应人才所需的知识、能力和素质,明确各专业人才培养目标,初步确定各专业的课程体系,初步确定各专业的人才培养模式。二是确定专业群的人才培养模式。根据初步确定的各专业的人才培养模式,进行专业群人才培养目标、专业群课程体系和专业群人才培养模式的研究,绘制出专业群课程体系图,定义出专业群人才培养目标和专业群人才培养模式。三是确定各专业最终的人才培养模式。在专业群的人才培养模式的总要求下,确定各专业最终的人才培养模式,包括各专业培养相应人才所确定的知识、能力、素质,以及人才培养目标、课程体系和人才培养模式。四是制定出专业群人才培养方案,包括专业群人才培养方案、各专业人才培养方案、各课程的教学标准和教学组织形式(谭任绩、王悠,2018)。

2. 课程建设

(1) 课程体系

课程体系是实现专业培养目标的载体,体现学校专业办学的定位,其内容反映了人才培养的目标、规格和模式,是学校教育及教学的指导性纲领。构建与行业、企业人才需求相匹配的高职专业群课程体系,才能培养出符合市场需求的人才,并凸显专业群的适应性,发挥专业群在拓展新专业(或专业方向)方面的集群优势(陈秀珍,2015)。课程秩序重构包含内容表征、实施主体、发展状态三个向度,秩序内容包括价值秩序、结构秩序和制度秩序;秩序主体由计划秩序、自发秩序和自然秩序构成;秩序状态内含一致性状态、结构性状态及约束性状态。重构高水平专业群课程秩序,须构建基于价值秩序的理念导向机制、基于结构秩序的市场调研机制、基于制度秩序与计划秩序的政策保障机制、基于自发秩序的多维合作机制及基于自然秩序的课程治理机制(林克松、许丽丽,2019)。课程体系是专业群课程建设的核心框架,直接影响专业群课程教学和人才培养质量。当前,高职院校专业群存在课程定位认识不清、课程模块互相脱节、课程环境支持不够和课程组建逻辑单一等问题。基于共生理论视角,要实现高职专业群课程体系的重构,应从共生单元、共生关系、共生环境以及课程组建逻辑四个方面着手,构建平衡、稳定的专业群课程体系(石伟平等,2020)。在"专业群"理念下的"课程群"教学组织模式以"岗位模块化、职责权利对等、统一指挥"为原则,对专业群和课程群负责人的选拔和职责等进行研究,进而确保教学组织的正常运行与管理(周淑华、董显辉,2011)。

(2) 课程组建

明确各专业之间的依赖关系,深入分析专业群内核心专业与相关专业和课程的共性与差异性,围绕核心岗位的工作领域构建专业群核心课程,按照核心岗位涉及的工作内容确定课程内容,形成公共平台与多个专业方向彼此联系、相互渗透、共享开放的课程体系。根据不同专业在工作过程中的工作任务差异,区分不同专业在同一门课程学习中的知识、能力目标,通过"平台"与"模块"进行核心群课程的设计。由简单到综合、由易到难,分级别开发模块化课程。以"平台"保证专业群的基本规格和全面发展的共性要求,以"模块"实现不同专业(方向)人才的分流培养,实现不同专业的知识和能力培养目标,实现底层共享、中层分立、高层互选,使学生既有专业群知识、技能方面的共性,又有不同专业的职业特定能力,提高学生综合职业能力与职业迁移能力,提高专业群的适应性并有效利用专业群在拓展新专业(或专业方向)方面的集群优势(强伟纲,2013;孔庆新,2013;张秀霞,2013;张欢,2014)。"平台＋模块＋方向"专业群课程体系构建以系统论和成组技术理论为基础,遵循以学习者为中心、针对性和衔接性统一、职业化与差异化配置原则。按照岗位群分析、课程体系总体设计、项目化课程、设计课程教学策略、建设课程资源的整体框架流程开展。需要集约化教育教学管理,组合课程团队,建设"大综合＋小项目"实训资源支持体系作为保障(周劲松,2013)。

（3）课程实践

基于相近专业某一核心课程的现有条件进行二次开发而形成的专业群平台课程,能够高效地满足不同行业企业岗位群的部分技能要求,实现相近专业群的不同的人才培养目标。专业群平台课程的作用、二次开发的流程,为高职院校同一课程在相近专业中的教学改革提供了新的思路与方法(胡英等,2012)。现代产业体系和现代职业教育发展语境下,高职院校可以专业群为组织方式,主动嵌入现代产业,承担或创建产业要素任务,按照嵌入式系统应用理论,重构专业群实践教学体系,推动创新实践的理论研究,进而提出新常态下我国高职院校专业群更具时代特征、内涵质量、人才培养成效的专业群实践教学体系重构新思维、新途径、新目标与新方法,同时以当下具体实践创新进一步完善理论研究,支持教学改革(王效杰,2016)。以系统论思想作为理论参照,把实践教学体系看作一个系统,以实践教学内容、实践教学环境和实践教学实施者等作为实践教学体系的构成要素,其目的是把实践教学体系的各要素加以整合,形成一个由目标、主导、执行和支持等子系统组成的相互联系、相互作用、相互制约的有机整体,以达到实践教学体系的总功能(吴建洪,2013)。

3. 师资团队

在专业集群、资源整合理念下,教师的专业成长和师资队伍建设是专业群建设的核心和关键,在专业群建设中,高职院校应当从培养制度、培养方式、环境营造、评价体系和激励措施等方面加强教师培养机制建设(霍丽娟,2010)。教师知识共享是高职院校知识管理关注的焦点,由于知识特性、主观因素、客观因素三方面原因,教师知识共享存在阻碍。专业群建设能为教师共享知识提供有效途径和良好平台,可促使教师隐性知识转化为显性知识。对此,应在教师知识共享和高职专业群的内涵分析基础上,从制度、环境、人三方面构建协同创新的职业院校专业群建设体系(杨红玲,2014)。教师发展是高职院校专业群建设的软实力,专业群建设需要教师设计、实施和创新,高职院校要多维立体地拓展教师培育路径,与境内外知名高校建立长效研修机制,鼓励教师参与企业技术研发,兴办校内经济实体，定期选派教师到企事业单位轮动实习，优化专业群内师资队伍结构，搭建优质师资资源共享平台，提升本专业群教师科技水平、理论与实践教学能力和指导实训实习能力，推进高职院校专业群特色发展和优势人才培养（吴吉东，2014）。

4．产教融合

以专业群为单元的校企合作有机体建设需要重点把握搭建平台整体运作，共同建设交叉管理，共担业务共享收益，协同发展合作育人等关键环节；并需从制度与政策层面明确校企合作各方的责、权、利（孔德兰，2011）。产业融合对高职院校专业设置提出新要求，高职专业建设应与产业发展相适应，建设宽平台、多方向的专业群，以适应产业融合对复合型技能人才的需求。专业群建设要围绕产业行业、岗位、师资等进行，同时整合课程资源和实训资源，探索校企合作新机制，扩大学校自主权（何景师、范明明，2012）。以专业群和企业群的校企深度合作实现了校企合作从单一到群体的拓展，促进了双方交叉融合、多方位交流，拓展了实践教学优势，增强了办学实力，提升了"专业协同效应"与"岗位协同效应"的效果（何福贵、张梅，2013）。把开放合作育人机制真正建立好，必须进行综合性、立体化改革，才能赢得各方支持，真正把开放合作办学和合作育人落到实处。通过体制再造，构建以专业（群）为基础单元、以学校为运行框架的集团化组织体系；重心确立，建立以专业（群）为基础单元的人财物资源配置体系；机制紧跟，建立以专业（群）合作育人为重点的绩效考核方式（周建松，2015）。

5．评价机制

它构建包括专业群结构、人才培养模式、课程体系、实训基地、师资队伍、数字化教学资源、教学管理等内容为要素的专业群建设评价指标（方飞虎等，2015）。建设高水平的专业群，需要过硬的专业群内部质量保证体系，按照"8字形"办学质量螺旋改进规则，建立专业群"目标—标准—运行—诊断—改进"质量螺旋递进的常态化自我诊改机制，在专业群、课程、教师、学生等四个层次展开诊改（曹元军，2017）。依据高职院校内部质量保证体系理论，从目标、标准、质量目标控制点等多维度分析了保证高水平专业（群）建设质量的诊改路径，旨在为高水平专业（群）遴选、建设和质量保证提供理论基础和工作思路（刘辉，2018）。高职专业群实践教学"532—PDCA"质量保证体系，是指在高职专业群实践教学中，为确保实践教学活动全过程五个环节的质量，构建三个质量保证机制，搭建两个质量保证平台，运用PDCA循环管理作为质量保证体系的运行程序，实现高素质技术技能型人才的培养（田芳，2020）。从质量成本观出发，高职专业群质量成本总额包括资源建设成本、办学运行成本、资源维护成本和质量改进成本，专业群产出包括专业群学生规模、培训规模、应用技术研究到款额，二者比值是单位质量成本。以最低单位质量成本为目标,设置建立高职专业群资源要素优化配置函数和约束条件,在此基础上,构建专业群师资要素资源、实习实训条件要素资源、课程要素资源优化配置数学模型(周劲松,2014)。

(四)高职院校专业群建设的实现路径

1. 专业群建设的思路

专业群建设包括三个层面,从宏观上讲是高职院校为适应社会需求和区域经济发展进行的专业体系构建和调整的问题,实际上是专业群的整体布局和构建问题。从中观上讲是某个具体的专业群怎样建设,怎样构建课程体系,怎样创新人才培养模式。从微观上讲是支撑和保障内容的建设,包括师资队伍建设、实训基地建设、教学资源建设等(徐恒亮、杨志刚,2010)。高职院校在专业群建设过程中,要按照专业群自身的发展规律,严格遵循其建设逻辑,并在此基础上确立专业群建设的行动步骤。首先高职院校要回答"为什么建",通过选择专业群设置模式,对接教育系统外部需求,明确教育系统内部定位,确定专业群建设的前提和基础;其次探究"怎么建",通过重新组合人才培养模式,创新组建教师团队,共建共享实训基地,确立专业群自我价值实现的路径和方式;最后判断"建得怎么样",通过判断专业群设置的科学性、构建的适应性、发展的贡献性,评价专业群建设及发展的状态,从而助力高职院校适应区域产业需求,提升服务贡献能力,实现高质量发展(宗诚,2020)。

2. 专业群建设的模式

高职院校专业群建设的模式主要有外生式、内生式、合作式。一是外生式建设。我国高职院校专业群建设是作为示范性高职院校建设的重要任务提出的,所以各院校专业群建设的动力明显具有外部动力源特点。这种来源于政府政策推力和明显的外部激励机制的建设动力,具有强大的推进力,建设初期会实现快速启动和迅速发展。但也可能会出现为迎合或获得某种利益而导致的应急、应景等形式主义做法,某些建设内容会停留于文本层面,没有实际运行和深层改革。二是内生式建设。各高职院校在专业群选择上,主要以学院现有专业为基础,以已经形成的优势专业、特色专业作为核心专业或龙头专业,将现有的其他专业按照专业群建设的目标进行组合,形成学院的重点建设专业群。这种内生式建设模式有利于现有资源的整合和已有专业办学水平和实力的提升。为促进高职院校专业群建设的发展,一些省市教育行政管理部门在审批、备案新增高职专业时,对符合院校专业发展方向和办学特色的群内新增专业予以鼓励,实行引导发展,对群外相关度小、专业基础差的专业实行限制发展。三是合作式建设。

高职院校专业群建设（人才培养模式、课程体系与教学内容改革、实验实训条件建设、师资队伍建设、社会服务能力建设）情况显示，各高职院校专业群建设路径突出"产学结合"特点，遵循校企合作、共同发展的"合作式"专业群建设与发展模式（孙毅颖，2011）。

3. 基于产业的专业群建设

从专业群匹配区域产业的行动价值向度分析，"双高计划"专业群建设应锚定区域产业的高端营建专业群，在提升匹配度的过程中锻造专业群品质，建立匹配区域产业的专业动态调控机制。专业群匹配区域产业离不开政府、产业和职业院校之间的多元治理，构建政府决策层—产教互动层—评价反馈层的"治理链"，促进专业与区域产业的适配；发挥政府在协同治理中的引导作用；善用规划设计、预警、沟通平台等治理工具，通过协同治理提升专业群与产业的耦合品质（陈保荣、高文杰，2020）。专业群设置以区域产业发展为重要依据，区域产业转型升级要靠双高专业群支撑。为了实现二者的深度融合发展，要树立专业群建设服务区域经济的"统一发展理念"，构建校企双主体、教师双导师、学生双身份的"双元育人模式"，做好专业设置与产业需求、课程内容与职业标准、教学过程与生产过程的"三对接"，加强政行校企"四合作"，搭建包括产业学院平台、产教融合信息交流平台、实践平台、技术技能创新服务平台和职业培训平台在内的产教深度融合"五平台"（胡计虎，2020）。

围绕产业链构建专业群，专业群与产业群协同发展（洪霄、董海华，2010；施泽波，2010），专业群与产业链二者之间存在着相互依赖、相辅相成的密切关系。一方面，依据产业链的组成建设高职专业群，可以使高职院校的人才培养工作紧扣产业的人才需求变化，凸显出高职教育服务产业、服务区域经济的特色；另一方面，专业源于实践，地方经济的发展和产业升级的需要往往催生新专业方向的诞生。因此，专业群与区域产业链的对接可使高职院校的专业建设和区域产业发展相互促进，形成良性的互动机制（刘霞，2011）。从专业与专业群的发展关系入手，依据专业的定义和专业发展所遵从的规律来探讨高职专业群的内涵和发展规律，在区域经济发展与产业结构调整的背景下，寻找高职专业群建设与发展的基本原则和保障措施，使高职专业群的建设与发展实现与产业、职业岗位对接，更好地适应区域经济建设与社会的发展（任聪敏，2015）。

4. 基于治理的专业群建设

专业群内部机理是群内各专业的结构关系、职业面向、人才培养模式、课程体系、实践教学条件、师资结构等要素及其相互关系的集合；内部机理决定了专业群基本特征的形成；产业集群理论和学科建设理论是专业群建设的基本理论；专业群的发展动力关键是产业转型升级对人才的需求变化，也是高职教育和高职院校自身发展的内生需求。构建专业群应建立与行业发展和产业技术进步同步的调整机制,建立以资源共建共享为目的协调合作机制等(张新民、罗志,2016)。专业群建设是教学组织和管理模式的双重改革,将对教育理念、培养模式、教学安排、组织管理带来深层次变革。从教学组织维度看,要关注专业布局优化、课程体系建设、教学资源调配等;从管理模式维度看,要关注教学团队组建、对外合作服务、组织建设机制等(吴升刚、郭庆志,2019)。双高建设为专业群建设为治理体系改革提供契机,治理体系改革为专业群建设提供支撑,两者相互嵌入,存在紧密的价值耦合。作为互相渗透与共振的两大关系网络,专业群建设与治理体系改革的共演形态表现为两者在价值体系、结构体系、制度体系、方法体系、运行体系等五个维度的深度耦合。有效推进高水平专业群的建设,高职院校亟待重塑治理价值,优化治理结构,完善治理制度,变革治理方法(林克松、许丽丽,2020)。

高职院校专业群是专业设置数量达到一定规模后适应产业转型升级,优化学校专业结构,变革基层教学组织的结果。专业群建设的组织形态可分为"一院一群""多院一群""虚拟机构建群"三种,专业群建设组织形态的选择方法是,先理清专业群的基本情况,再运用决策树判断方法进行分析。运用决策树判断方法,应先判断是否可以直接决策组织形态,如不能再计算专业集中程度。如果根据专业集中程度仍不能决策组织形态,再计算并比较专业在二级学院(系)的分散程度和专业群建设任务在虚拟机构的集中程度(邓子云,2020)。以院建群和以群建院作为高职院校专业群组织方式的两种典型模式,专业群与二级学院的关系、组群专业之间的关系是两者区别的基础,从专业群组织过程中的假设前提、指导理念、变革阻力、发展策略等维度进行比较,分析两种模式在组织中的优势和劣势,提出专业群组建过程中应遵循从管理转向治理、竞争转向合作、个体转向团队、静态转向动态等原则,激发多元主体参与,共享专业建设资源,打造高效双师队伍,进而构建专业生态系统(王玉龙、刘晓,2020)。

专业群建设是推进高职院校提高教育供给质量、增强核心竞争力的重大制度设计。第一,它是学校专业结构优化的重要抓手,以专业群为单位优化专业结构,能更好地适应新技术引发的快速职业迭代,发挥焦聚效应,保持发展活力,凸显职业教育类型特色,会使对接需求更加有效,调整变动更加有序,协同发展更加有力。第二,它是推进资源共建共享的重要方式,通过专业群配置教学资源,可从有效破解单个专业普遍存在的资源稀释、分散、封闭、不均衡等瓶颈问题,促进宏观调控效益最大化,使资源配置更具指向性,资源效益更具集约性,资源共享更具可持续性。第三,它是学校治理体系重构的重要机遇,从职业教育产教融合的教育模式、校企合作的办学模式、工学结合的人才培养模式看,它要求建立并完善以调和、联动、多元、共识等为特征的内部治理体系,而专业群建设正是构建柔性、灵活治理机制的助推器,可很好地应对产业调整快速化、生源类型多样化、学习需求个性化、教学边界模糊化等多重挑战,可以打破堡垒,使组织体系更开放,可推进权责下沉,使基层活力更充沛,通过以群建制,使对接市场更高效。第四,它是凝聚办学特色的重要途径,通过专业群发展的方式,既有利于持续优势,又便于与时俱进,在共享、竞争、变革中塑造具有职业教育特色的类型文化,既有利于促进发挥传统优势,也易于实现开拓创新,从而引导形成品牌标识(任占营,2019)。

三、未来研究趋势展望

(一) 高职院校专业群建设的研究评析

第一,高职院校专业群建设研究已经成为一个重要的研究领域并取得了一定的研究成果,但仍有很大发展空间。很多的研究成果停留在零散、表面的实践经验介绍、总结,缺乏完整、系统、深入的比较分析以及更为上位理论层面的把握和提升。研究视角有待丰富多样,目前对于专业群建设的研究和追问,主要局限于建设路径、协同创新模式、课程体系、教师发展、评价体系构建等维度,鲜有从产业经济、教育生态视域进行系统阐述,诊断专业群存在的主要问题和对策建议。未来需要从产业集群、教育生态等理论中的组织逻辑切入,关注分析高水平专业群建设的适切性,并为其提供优化策略。

第二,我国高职院校专业群建设的研究日益受到重视。众多期刊都发表了该领域的研究论文,以学者队伍及主要研究机构为基点的学术圈已基本形成,将引领我国高职专业群建设研究的发展,但学术圈本身的质量及学者间的合作还有待进一步提升。跟其他成熟的研究领域相比,高职院校专业群建设研究存在刊均发文量偏少、人均发文量偏少、核心作者缺乏、高水平成果偏少等问题,所以这一领域的研究还相对比较基础。在学者的跨单位交流与合作方面,尤其不足。这就需要以此为突破口,加强学者水平的提高和学术圈质量的提升,从而带动高职院校专业群建设的研究由成长期向成熟期迈进(杨洁,2016)。

第三,高职院校专业群建设研究主题、研究内容均已呈现多元局面,但不够全面和深入。十年间,该领域的研究已涉及基本理论问题、实践探索、建设内容、课程体系、教学模式、师资队伍、案例分析等研究主题,但不同主题之间在成果数量与质量方面差别很大,在诸如专业群内各专业之间的关系、专业群建设的评价体系、专业群的组织管理等一些重要主题方面的研究非常不够,未来需要加大力度研究如何将专业群建设的成功案例及实践经验提升到理论层次,从而指导专业群的建设(杨洁,2016)。

(二) 高职院校专业群建设的发展策略

1. 系统设计,契合产教发展需要

从系统的角度看,组建专业群是微观层面的教学活动,但直接影响着中观层面学校的定位,关系着宏观层面的产业发展。一是契合产业链或岗位群,基于产业链条的完整性恰恰需要产业链对应的专业集群化发展,人才之间的界限模糊,更加需要培养了解上下游产业内容、知晓其他工作岗位内容的人才。从国家或区域产业长远发展考虑,更需要高职院校培养全产业链对应的复合型技术技能人才,增强产业发展中的人才供给和竞争优势。二是符合高职院校发展。由于不同产业所处的发展阶段有差异,不同地区产业布局有不同,这需要高职院校在考虑产业因素的同时关注院校自身的发展定位和办学基础。高职院校的办学定位要考虑区域内同类院校或专业群的布局和发展,在评估自身水平基础上,与同类院校错位发展,占据对自身有利的生态位则是决策要点。三是有利于组群专业发展。选择适合专业群的组织方式和发展路径是其健康发展的关键,在专业群的发展中可能会出现核心或骨干专业,但这只是整合教学资源、推进人才培养模式改革的一些方面,其输出的人才与群内其他专业培养的人才并无本质差异,组建专业群应以利于各专业发展为遵循,通过群的组织方式促进专业更好地发展。

2. 资源整合,破解产教融合难题

整合教学资源,实现组群专业共享是专业群建设的内在要求,随着产业转型升级,科学技术革新加快,行业企业特别是中小微企业对高职院校技术服务的需求越来越强。高职院校在提高人才培养质量的同时,需要提高技术研发、产品设计、成果转化等服务能力,做行业企业发展的参与者和支持者。一是组建产业学院。以整合生产要素的方式组建混合所有制的产业学院,以组织的形式激发行业企业参与专业群的建设,校企形成命运共同体,实现校企协同培养人才的机制。二是参与协同创新中心。协同创新中心作为高职院校参与行业企业发展的载体,在创新能力、知识体系、技术积累、信息处理、人员配备等方面具有优势,可以联合行业企业、科研院所开展技术研发、工艺改进、流程再造等,服务行业企业特别是中小微企业健康发展。三是参与企业研究项目。专业群通过整合教师队

伍、科研机构、实验场地等方式,以灵活的方式参与企业项目研究。通过专任教师挂职企业进行实践锻炼,共享行业企业专家,承担行业企业委托项目等方式参与企业生产、经营、管理、服务等,提升专业群服务企业的能力。

3. 扁平管理,提升组织管理效能

高职院校专业设置数量较少,专业群的组织方式可以进一步减少管理层级,增加管理幅度,使得管理过程更加扁平。一是组建专业群,减少管理层级。专业群的组织方式将改变专业建设由专业主任负责的局面,专业群将由专业群负责人负责,实际工作中专业群的负责人主要是由二级学院院长担任,二级学院院长作为学校中层干部能够更有效地统筹资源,协调各方,减少专业主任、教研室主任等组织层级的损耗。二是权力中心下移,激发基层人员活力。伴随专业群管理层级的减少,组织中的权力中心逐步下移,信息传递时间缩短,信息不易失真,可以提高专业群发展过程中决策的民主化和决策的效率,使得基层教师有机会参与专业决策,提高参与的积极性和主动性。三是推进管理信息化,赋能组织效能。随着互联网、云计算、5G等信息技术的广泛应用,专业群建设对信息化有更高要求,信息化使得数据收集、存储、整理、处理成本下降,从专业招生到就业、专职教师到兼职教师、校企合作到产教融合均可以通过信息化手段实现数据的有效管理。

4. 团队建设,增强专业综合实力

专业群对二级学院的组织管理提出了更高要求,教师之间的交流合作增多,更多的项目和任务需要多人协作完成,教学管理团队、教学创新团队在专业群的建设过程中的作用更加明显。一是建设高水平教学管理团队。教学管理团队主要由学校教务处、督导处、合作发展处、教师发展中心等职能部门人员,二级学院教学院长、教学秘书等组成,其专业发展通道相比专任教师狭窄,应把教学管理队伍建设放在与教师队伍建设同等重要的位置,制定教学管理人员培训计划与激励政策,鼓励和支持教学管理人员结合实际工作需要开展教学管理研究。二是打造高水平教学创新团队。高水平的专业群离不开高水平的教学创新团队,从学科交叉、专业跨界、职业融合的维度,实施模块化教学改革,基于岗位工作环境创设教学环境,重构教学内容,创新教学方法,组建学科背景融合、专业跨界、角色多样、履历多元的教学创新团队。三是完善教学团队的评价机制。评价作为管理的重要工具,直接影响着组织中的每一个人,专业群对学校运行组织的影响会直接反映到对教学团队和教师的考核当中,应从专业之间协调、教师团队建设、学生综合能力提升等维度完善评价机制。

第四章　高等职业教育师资队伍建设研究

百年大计,教育为本。教育大计,教师为本。自党的十八大以来,国家越来越重视教育事业和教师发展,习近平总书记多次在考察、讲话、批示中强调,要使教师成为"最受社会尊重的职业"。教师队伍是发展教育的第一资源。对于职业教育而言,建设一支政治素质硬、业务能力精、育人水平高的高素质专业化师资队伍是提升职业教育质量的关键环节,也是支撑新时代国家职业教育改革的重要基础。本章从文献计量和内容分析的角度出发,通过梳理 2011—2020 年我国高职教育师资队伍建设的相关文献,总结我国高职教育师资队伍建设的成就与问题,分析研究现状及未来发展趋势,为推动新时代高职教育师资队伍建设提供参考。

一、研究工具与数据处理

2011—2020 年,我国高职教育师资队伍建设的研究者和研究数量众多,成果颇为丰硕,为了能更好地分析总结近十年来有关高职教育师资队伍研究领域的主要内容,本章借助 CiteSpace 软件进行可视化分析,以便更直观地提取分析主题和热点问题。CiteSpace 软件是由美国费城德雷塞尔大学陈超美教授开发的信息可视化应用软件。该信息可视化软件系统绘制的分时、多元、动态网络图谱可以揭示科学知识领域的研究热点和前沿,并使研究者能够直观地辨识出相应学科领域的经典基础文献及学科前沿的演化路径。

我们在中国知网(CNKI)数据库中利用高级检索功能以时间 2020 年 12 月 25 日,以"主题=师资队伍"且"主题=高职"或"主题=高职教师"或"主题=双师"为检索词,时间限定在 2011—2020 年,文献类型选择"期刊",文献分类目录选择"职业教育",共得到 16233 条数据。为了提高文献来源质量,在此基础上增加搜索来源类别为"核心期刊"和"CSSCI",共得到 3251 条数据,将文献数据按照 Refworks 格式导出,其中每条数据包括标题、作者、摘要、出版日期、期刊等信息,经过剔除公告、研讨会简介、出版物介绍、声明等非科研类文献及与主题不相关的文献后,共得到 1735 条数据。之后用 CiteSpace 软件进行格式转化,最后形成可视化图表及相关数据用于分析。

二、我国近十年高职教育师资队伍建设总体概况

2011—2020 年,我国高职教育师资队伍建设在数量上和质量上都取得了巨大的成绩和长足的进步。平和光、程宇和岳金凤(2018)以党的十一届三中全会为起点,梳理了促进我国职教师资发展的重大政策措施,挖掘了我国职教师资队伍建设的重大转折点和重要节点,比较了我国职教师资规模、结构、质量、水平等方面的变化,总结了我国职教师资队伍建设的特点和规律,把我国职教师资队伍建设的 40 年历程分成了四个阶段:恢复发展期(1979—1984 年)、体系构筑期(1985—1997 年)、调整巩固期(1998—2011 年)和深化发展期(2012—2018 年)。进入新时代,《中共中央国务院关于全面深化新时代教师队伍建设改革的意见》(中发〔2018〕4 号)提出,要"全面提高职业院校教师质量,建设一支高素质双师型的教师队伍",《国家职业教育改革实施方案》(国发〔2019〕4 号)(以下简称"职教 20 条")要求"多措并举打造'双师型'教师队伍"。2019 年 8 月,教育部等四部门印发《深化新时代职业教育"双师型"教师队伍建设改革实施方案》(教师〔2019〕6 号)(以下简称"职教师资 12 条"),提出了教师培养培训、资格准入、考核评价、待遇保障等方面的 12 项举措。可以说,职业教育师资队伍建设改革进入了一个新的阶段。

(一) 师资队伍规模稳步增长

2010—2019 年,我国高职院校专任教师人数稳步增长,由 2011 年的 41.3 万人增长至 2019 年的 57.5 万人,如图 4.1 所示。同时,专任教师占教职工数的比例也在不断增长,总体师资规模与办学规模基本保持同步。

教育部 2010—2019 年全国教育事业发展统计公报数据显示,高职院校生师比除了在 2014 年和 2019 年有一个明显的上升外,其余年份基本持平,如图 4.2 所示。

(二) 师资队伍结构持续优化

目前,我国高职院校专任教师数超过 48 万人。其中,高级职称专任教师人数由 2015 年的 18.1 万人增至 2019 年的 20.2 万人,增幅达 11.6%;截至 2019

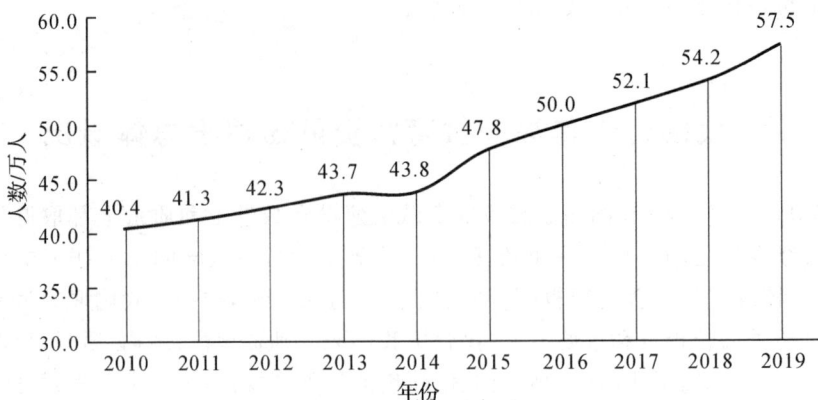

图 4.1　2010—2019 年高职院校专任教师数

注:本数据根据 2010—2019 年全国教育事业发展统计公报数据和平和光,程宇和岳金凤研究数据整理

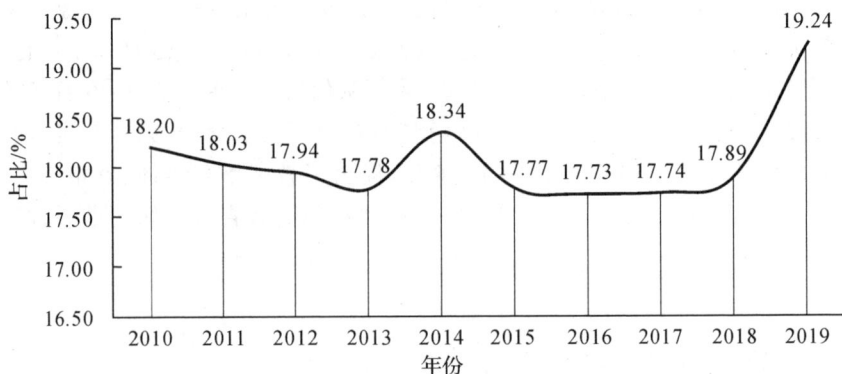

图 4.2　2010—2019 年高职院校生师比

注:本数据根据 2010—2019 年全国教育事业发展统计公报数据和平和光,程宇和岳金凤研究数据整理

年,324 所院校的双师素质教师占专任教师比例超过 75%,高职院校"双师型"教师有 19.1 万人,占专任教师比例 39.7%,较 2011 年提高了 6.4 个百分点。

(三) 师资队伍素质不断提升

2011 年,教育部颁布的《关于进一步完善职业教育教师培养培训制度的意见》(教职成〔2011〕16 号)强调:"各级教育行政部门要支持具有硕士、博士学位授予权的职业教育师资培养培训基地院校扩大研究生层次职业教育教师培养规模,提升培养质量。要完善相关激励机制,引导和支持职业院校教师在职攻读硕士、博士学位。"通过扩大培养规模，完善激励机制等措施，我国加快了推进研究生层次职业教育教师的培养。从现有数据看，高职院校专任教师中，2000 年拥有硕士学位人数占比 7.31%，2013 年达到了 26.34%，我国高职院校拥有博士学位专任教师数由 2015 年的 7502 名增至 2019 年的 9876 名，增幅达 31.6%（邵建东、徐珍珍，2016）。同时，高职院校涌现了一批专业水平高、教学能力强、服务成效突出高水平教师，26 名高职教师入选了 2018 年国家"万人计划"教学名师，占当年入选高校教师数的 23%（林宇，2015）。

从以上数据不难看出，我国高职院校师资队伍建设无论在数量上还是质量上都在稳步提升，"双师型"教师和硕博学历教师数量在逐年增加，教师队伍整体素质不断提升，师资队伍结构进一步优化。

同时，我国高职院校师资队伍仍存在着一定的问题。例如，当前我国高职院校生师比符合《高等职业院校人才培养工作评估方案》中的 18：1 的基本要求，但离 16：1 的优秀比例仍旧有一段差距。同时，不可否认的是，目前在统计生师比时是把兼职教师计算在内的，而且兼职教师数量不少，有很多学校专兼教师比甚至达到 1：1，但事实上很多兼职教师承担的课时数相当有限。此外，2019 年李克强总理在第十三届全国人民代表大会第二次会议上的政府工作报告中提出高职大规模扩招 100 万人，随后教育部等六部门印发了《高职扩招专项工作实施方案》的通知（教职成〔2019〕12 号），由于高职学生规模的迅速扩大，而教师队伍却一时间来不及补充，使得生师比呈明显上升状态，增至 19.24：1。1999 年高职院校扩招 161 万人之后，直到 2009 年进入窄幅波动平台期，为高职院校教师队伍建设争取了时间，高职院校师资队伍建设也由快速发展时期进入到内涵式发展的十年。然而，随着 2019 年高职院校的再次扩招，教师队伍建设如何才能保证质和量的同步发展将面临的巨大挑战。

三、我国近十年高职教育师资队伍建设研究的主要内容

我国高职教育师资队伍建设研究内容面大，本章利用 CiteSpace 软件对我国近十年核心期刊发表的有关高职教育师资队伍研究的文章进行主题词分析，构成如图 4.3 所示的关键词共现知识图谱。其中，圆圈代表节点，不同颜色及大小表示该节点出现的时间和频次，频次越高、中心值越高的关键词就越能体现高职教育师资队伍建设领域的研究热点。根据该图谱，我们可以看到"师资队伍建设""'双师型'教师""高职院校""高职教育""高职教师"是图谱中较大的节点，除此之外，"教师培训""教师专业发展""教学团队""兼职教师""校企合作""产教融

合""现代学徒制""企业实践""青年教师""教学能力"等关键词也比较突出,这也是研究者们关注的主要内容。从这些关键词我们可以看到"师资队伍建设"是从高职院校教师队伍的宏观角度来研究的,该词出现频次为 489 次,中心度为 0.56,均排在第一位。除此之外,"'双师型'教师"出现频次为 282,次,中心度为 0.31,均排在第二位。可见,除了宏观的研究师资队伍整体建设以外,从微观层面,研究者们关注最多的则是"双师型"教师队伍的建设,其余还有"教学团队""教师专业发展""教师培训""兼职教师""青年教师""校企合作""产教融合""实践能力"等。

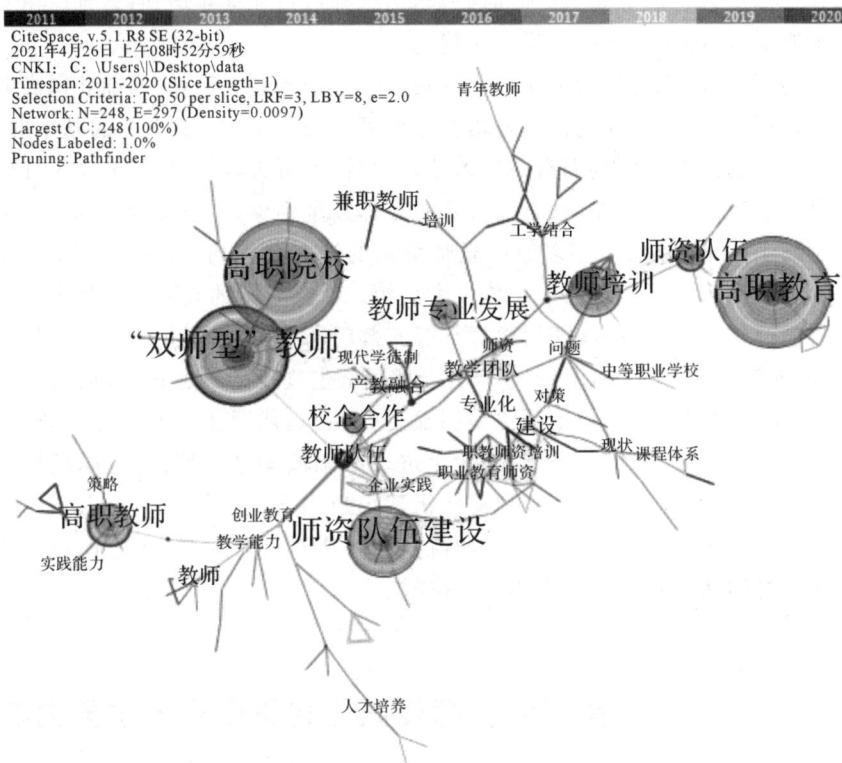

图 4.3　关键词共现知识图谱

(一)"双师型"教师队伍建设

无论是党中央、国务院颁布的《国家中长期教育改革和发展规划纲要(2010—2020)》,还是中共中央、国务院颁布的《关于全面深化新时代教师队伍建设改革的意见》（中发〔2018〕4 号），或是教育部、财政部颁布的《关于实施中国特色高水平高职院校和专业建设计划》（教职成〔2019〕5 号），"职教 20 条""职教师资 12 条"等，都明确强调要培养高素质专业化的"双师型"师资队伍。可以说，高职教育师资队伍建设的重点即是教师"双师型"或者说是教师"双师"素质的培养。

1. "双师型"教师的概念

"双师型"教师概念的形成源于我国的办学实践。"双师型"教师概念最早出现在 1990 年 12 月《中国教育报》刊载的文章《建设"双师型"专科教师队伍》。2004 年，教育部办公厅颁布的《关于全面开展高职高专院校人才培养工作水平评估的通知》，首次使用"双师素质"的概念，并明确了"双师素质"教师的基本要求。

从相关文献看来，近十年研究者们对"双师型"教师的概念基本达成共识，即要求高职院校教师既具有讲师及以上教师职称，又具备行业企业工作经历或具备本专业实际工作的中级及以上技术职称，也就是要求高职教师既具有理论教学能力又具有实践操作技能。双师素质是针对教师个体而言的，而"双师型"教师队伍的概念，指对职业教育教师队伍整体素质的要求，除了对教师个体素质要求外，还包括对教师队伍构成方面的要求。"双师型"教师队伍逐渐演变为对职业教育教师个体素质的要求，也是对整个职业教育教师队伍的整体素质的要求。而如何建设高职院校"双师型"教师队伍则是学者们研究的核心问题。

2. "双师型"教师队伍建设存在的主要问题

高职教育师资队伍建设特别强调并重视"双师型"教师的培养，但在建设和管理过程中，研究者们也指出了其中存在的诸多问题，主要集中在以下几方面。

（1）认定标准和制度缺失

从最初的"双师素质"到"双师型"教师，研究者们对"双师"的内涵已基本达成共识，但在实际操作过程中到底该如何认定却没有相应的标准和规范，尤其是在如人才招聘、职称评审、报表填报时，对"双师型"教师的认定通常较为模糊，这给"双师型"教师队伍在数量和质量上的提高带来了一定的困难，究其根本原因则是从上至下未能形成"双师型"教师的认定标准以及制度。

（2）培养体系不完善

高职教育在培养"双师型"教师的方式上较为单一且流于形式。大部分学校通过出台教师到企业实践锻炼的相关文件促进"双师型"教师的培养，即专任教师定期或不定期根据自身意愿或单位指派，脱产或半脱产至相关企业从事短期的挂职锻炼工作，但由于这种形式的挂职锻炼时间通常较短，企业合作意愿不强，且缺乏相应的督导检查机制，因此，教师在企业到底从事了怎样的工作，是否在技术技能上有所提升便不得而知，如此就导致了这样的"双师"培养更多的是流于形式。

(3)激励机制不到位

目前,高职教育虽然重视"双师型"教师队伍建设,但大多未能在校内的相关管理政策中有所体现,对于"双师型"教师的关注远远不够,导致了教师想成为"双师型"教师的意识淡薄。如学校在制定职称评聘、项目申请、年度考核以及薪资发放等政策上几乎未有给予"双师型"教师相应的奖励或倾斜,某种意义上散发出对"双师型"教师"不够重视"的信号,从而挫伤教师参与企业实践和相关培训的积极性和主动性。

3."双师型"教师队伍建设的主要途径

针对以上问题,对于"双师型"教师队伍建设,研究者们给出了许多建议,主要可以从以下三方面看。

(1)政策支持保障"双师型"教师队伍建设

郭静(2018)认为"双师型"教师政策必须进一步加强顶层设计,从明确政策标准,完善政策文本,加强政策落实,优化制度环境着手,健全"双师型"教师政策体系。完善教师管理制度建设,健全"双师型"教师政策体系;加强督导评估制度,推动"双师型"教师政策有效落实;完善配套制度建设,创设政策运行的良好制度环境。贺文瑾(2014)认为职业教育"双师型"教师队伍专业化建设必须坚持以人为本理念、专业化理念、一体化理念,采取完善职教教师资格标准,推进职教教师培养制度建设,健全和落实职教教师继续教育制度,构建职教教师管理制度等策略。

李梦卿、邢晓(2020)认为,"双师型"教师资格认证标准制定与实施是时代诉求,应当以双师素质为导向,研制特色鲜明的准入制度;强化制度长效供给,实施逐级认证的管理机制;全面总结实践经验,完善理实结合的认证标准;拓宽双师培训渠道,推进团队及个体协同发展。方耀萍(2020)提出要优化"双师型"教师资格认证制度,一是规范"双师型"教师资格认证制度;二是建立"双师型"教师资格年审注册、择优晋级的动态调整制度。崔发周(2020)提出了应当制定学校专任"双师型"教师和企业兼职"双师型"教师的专业能力标准。

陈千诰、徐继义和徐伟(2011)提出了高职"双师素质"教师培养制度保障体系模型(见图 4.4),即政府与企业相结合,将教师资格认定制度作为"双师素质"教师资格认定的基础,再通过教师序列职称评定或行业职称评定完善"双师素质"教师资格认定。最后,通过强化企业社会责任,为教师的培训谋求阵地;通过学校的全方位激励,为教师素质提升提供动力;通过政企校相结合,建立教师终身培训制度,以求教师可持续发展。五项保障措施之间既相对独立,又有内在联系,其出发点和落脚点是一致的,就是保障高职院校"双师素质"教师队伍可持续发展。

发展（政企校结合）　←　教师终身培训

动力（学校责任）　←　教师培训激励

依托（政府约束）　←　企业社会贡献

完善（政企结合）　←　教师职称评定

基础（政企结合）　←　教师资格认定

教师素质持续提升

五方面保障措施

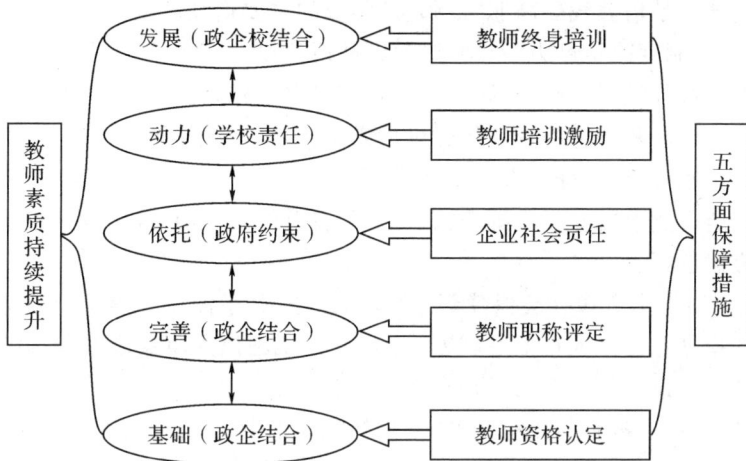

图 4.4　高职"双师素质"教师培养制度保障体系模型

（2）产教融合、校企合作推进"双师型"教师队伍建设

产教融合和校企合作一直是高职教育发展的关键,在"双师型"教师队伍建设中更是有着重要的地位。史文生(2017)提出了培养培训"双师型"教师的新途径,即构建"双元结构教师小组",这是一种新型的教学共同体,即通过选拔有潜力的专业技能教师,对专业教师及其岗位进行分工并进行强化培训后,成为专业技能教师的"一元";以职业学校现有的理论水平较高的专业教师为"一元",由此构成"双元结构教师小组"。它是通过专业教师的岗位分工、优势整合、合作教学,提升专业教师培养培训绩效,提高职业教育教学质量的有效方式。

贾文胜、梁宁森(2015)提出了校企共同体视域下的"校企联动"与"双师共育",要求建立校企联动机制,联通岗位,重构课堂,只有建立在双方共同需求基础上的"双师共育"才能实现师资共建,资源共享。

顾志祥(2019)提出应深化产教融合与校企合作,大力引进行业企业的高级技术技能人才和能工巧匠担任兼职教师,并将兼职教师纳入专业教学团队,充实和完善现有教师队伍。彭红科、彭虹斌(2020)提出,一要探索建立校企协同发展机制,二要建立校企人才互聘互派的双向流动机制来打造"双师型"教师校企协同培养机制。

苏华(2018)也提出了要深入研究国内外关于产教融合、校企合作的成功经验,进一步完善政策制度,保障企业参与校企合作的各项权益,进一步创新合作形式,增强企业参与校企合作的积极性等建议。殷利华、刘志兵(2011)在分析了德国、美国、澳大利亚、英国、日本五国的职业教育教师选拔、认定、培养等制度后提出校企合作是培养我国高职"双师型"师资的主要途径。

（3）人事制度改革助力"双师型"教师队伍建设

目前，我国高职教育师资队伍建设存在诸多问题，有一些是体制或者机制的原因造成的。高职教育师资队伍建设的着力点在于提高质量，应着眼于教师队伍建设的基本要求、特殊要求和个性要求三个方面。完善体现教师的高教性与职教性相统一要求的专任教师考核、评价和晋升机制，是加强高职院校师资队伍建设的应然选择。

2020年，人力资源社会保障部、教育部颁布《关于深化高等学校教师职称制度改革的指导意见》（人社部发〔2020〕100号），试图以人事制度改革为突破口推动师资队伍建设。任友群（2021）在教育部新闻发布会上关于该文件的解读中指出，一要完善高校教师聘用机制，二要加快高校教师编制岗位管理改革，三要推进高校教师职称制度改革，四要推进高校薪酬制度改革。

唐智彬、石伟平（2012）提出首先要解决的是企业人才到学校任教和学校教师到企业锻炼的机制问题，由政府牵头，建立以围绕提高师资建设整体水平的综合性长效机制，出台激励措施，推进校企之间合作关系的建立。同时，要逐步建立健全职业教育教师的专业技术职务职称评聘办法，形成良性的促进职教教师专业发展和师资队伍建设水平提高的机制。石伟平、匡瑛等（2018）提出，在通过培养培训优化在职教师的"双师"能力的同时，应完善相关人事制度，引进优秀的企业人才，从而建立一支高素质的教师队伍。孟庆国（2012）认为须加快人事分配制度改革，要允许企业高技能人才参评教师系列专业技术职务，允许实践技能强的专业课教师参评非教师系列专业技术职务；同时，要提高职业学校教师待遇，吸引企业优秀人才。

陈本敬（2012）提出要建立独立的高职教师职称评定标准，既要体现高等教育的功能，又要突出职业技术教育的特殊性。俞启定（2018）也认为应该拓宽聘用有实践经验技能的人才的途径，改进教师资格和聘用制度，推动职教师资队伍整体化建设。

综上所述，当下我国高职教育"双师型"教师队伍建设只有在保证政策明确、制度改革、产教融合、校企合作多管齐下的政策制度安排下，才能将"双师型"教师队伍建设从文件目标逐渐构成一个成熟完整的"双师型"教师队伍建设体系，为我国高职教育的人才培养提供保障。

（二）高职教师培养体系

近十年我国有关高职教师培养的研究主要集中在职前职业教师培养和职后

高职教师培养领域。

1. 职前培养

2012 年 8 月,国务院颁布了《关于加强教师队伍建设的意见》(国发〔2012〕41 号),其中提出"完善教师培养培训体系,明确了依托相关高等学校和大中型企业,共建职业学校'双师型'教师培养培训体系的要求"。各地也积极探索建设新型的职业学校教师培养体系,并取得了一些成效,形成了较为完整的人才培养体系和多渠道的师资培养路径,但同时也存在着培养目标定位不足和课程结构缺乏特性的不足。

为了解决这些问题,曾茂林、曾丽颖(2020)在 STEAM 教育理念下,提出了"'学术(基础)—'技术—教艺'(综合突破)"的三维度卓越职教师资培养模式。孟庆国(2012)提出了加强对职业教育教师培养工作的规划与管理,加大招生与培养制度改革,营造有利于职业教育教师培养的政策环境,加强对职业技术师范院校的投资,职业技术师范院校则要加大改革力度。刘晓、沈希(2013)为中国特色职教师资培养体系的构建提出了建议:第一,改善职教师资培养招生制度,拓展生源渠道和招生路径;第二,实施"卓越职教师资培养计划",积极推进职教师资培养综合改革;第三,完善职教师资培养相关的制度体系;第四,构建符合职业教育特点的教师专业标准。

2. 职后培养

在我国,职业院校教师主要通过进修与培训提高其专业教学能力,以补足在学历、技术等方面的不足,这一直是职教师资队伍建设改革采取的主要方式,也是较为经济有效的途径。

从政策层面看,2011 年教育部、财政部《关于实施职业院校教师素质提高计划的意见》(教职成〔2011〕14 号)提出"实施职业院校专业骨干教师培训项目"和"职教师资培养培训体系建设项目"。2016 年,教育部、财政部继续颁布的《关于实施职业院校教师素质提高计划(2017—2020 年)的意见》(教师〔2016〕10 号)中也提出开展专业带头人领军能力研修、"双师型"教师专业技能培训、优秀青年教师跟岗访学、卓越校长专题研修等内容。教育部等九部门最新颁布的《职业教育提质培优行动计划(2020—2023 年)》(教职成〔2020〕7 号)第 19 点提出:"提升教师'双师'素质。""校企共建'双师型'教师培养培训基地和教师企业实践基地,落实五年一轮的教师全员培训制度,支持高水平工科院校分专业领域培养职业教育师资,构建'双师型'教师培养体系。"2019 年,教育部办公厅、国家发展改革委办公厅、财政部办公厅发布的《关于推进 1+X 证书制度试点工作的指导意见》(教职成厅函〔2019〕19 号)指出:"依托有关师资项目做好 1+X 证书制度试点师资培训。""职教师资 12 条"第三条提出:"构建以职业技术师范院校为主体、产教融合的多元培养培训格局。"其中，2022 年建设 100 家校企合作的"双师型"教师培养培训基地和 100 个国家级企业实践基地，明确资质条件、建设任务、支持重点、成果评价。国家一系列政策的保障，再加上 2012 年底建成的 101 家全国重点建设职教师资培养培训基地和 300 家省级职业教育师资培训基地，我国已逐步走上了一条以培训为主导，以全方位多元化培养培训途径与模式为特色的职教师资队伍建设之路。

然而，唐智彬、石伟平（2012）指出了我国职业教育教师在职后培训方面不仅缺乏规范、长期性的培训规划，而且职教师资培训基地能提供服务的教师人数有限、功能单一，无法满足师资的进修与培训需求。张丹、朱德全（2020）也提出了培养培训模式固化、高水平教师较缺乏，包括职前培养断层化、研究生学历教师缺乏和职后培训形式化、"双师型"教师缺乏的问题。孙建波、钟申（2020）从"智能＋"的角度分析职教教师培养存在着需求分析手段过于传统、方案设置针对性不强、培养模式单一、对象性思维严重、偏重教学技能，教师多样化、个性化发展难以满足等问题。

针对这些问题，研究者们也给出了许多建议。邵建东、徐珍珍（2016）提出确立标准，加强高水平的高职师资培养；产教融合，开展多元化的高职师资培训；科学规划，构建可持续发展师资生态圈的建设路径。余杰（2017）提出应当根据教师所处教学生涯的不同阶段，即职前阶段、适应阶段、熟练阶段、瓶颈阶段和骨干阶段五大阶段，采取不同的培养对策，从而有效地促进教师的教学能力。吴强（2010）提出明确高职教师专业化的培训原则，增设高职教师专业化的培训机构，确定高职教师专业化的培训内容，加强高职教师专业化的培训管理的高职教师专业化的培训策略。

庄西真（2017）提出了"四位一体"职业教育教师培养培训模式，即由职业教育教师培养过程中涉及的四大主体——高等院校、企业、职业学校和政府组成的职教师资培养过程体系。"四位"应该在培养培训需求的调查、方案的确定、对象的遴选、计划的实施、质量的评价、过程的反思上达成一体化的协同互动。

徐国庆（2014）针对我国职业教育教师职后培养的模式，提出职业教育教师培养体系应具备全员覆盖、系统教育、自主规划三个基本特征（见图 4.5），并提出要以地市为单位建立职业教育教师培养机构网络，依托教师能力标准开发规范职业教育教师培养内容，同时改革教师职业资格证书，为培养体系实施提供制度基础。

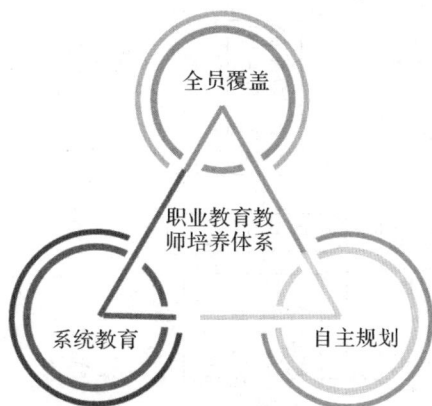

图 4.5 职业教育教师培养体系应具备的基本特征

(二) 高职教师专业发展

高职教师专业发展是指教师在整个专业生涯中,通过终身专业训练,不断提升精神追求,增强职业道德,掌握教育规律,拓展学科和专业知识,强化专业技能,提高教育教学水平,从而逐步达到符合教师专业人员标准的过程。它是学术性与职业性的交集,也有学者认为"双师型"教师是职教教师专业化发展的基本目标,也是我国职教教师教育目标专业化的本真体现,它的标准主要体现为专业化的知识结构、专业化的能力结构、专业化的素质结构。正是我国高职教育的大规模发展和"双师型"教师实践能力的局限倒逼了高职教师专业化发展。

1. 教师专业发展存在的问题

当前,高职教师专业发展受到多种因素的影响,比如教师对自身专业发展缺乏动力,学校有关教师专业发展的制度僵化,外部环境对教师专业发展支持不足。也有人认为高职教育教师专业发展存在目标上重理论、轻实践,重学历、轻能力,发展不均衡等问题。陈丁玮(2017)则认为教师专业标准不健全,欠缺相应的制度保障;职前与职后培养断层,没有系统的培养体系;教师实践经验不丰富,缺乏专业锻炼的平台;专业发展动机不够强、缺少自主发展的意识等,也是教师专业化发展的困境。杨善江(2013)总结了国内外有关教师专业发展阶段的相关理论,指出我国尚无针对高职院校教师专业发展阶段的专门研究。

2. 教师专业发展的对策建议

从外部环境出发,和震、杨成明、谢珍珍(2018)探讨了高职院校教师专业发展的理论逻辑和实践逻辑(见图 4.6、图 4.7),对于高职院校教师专业发展理论

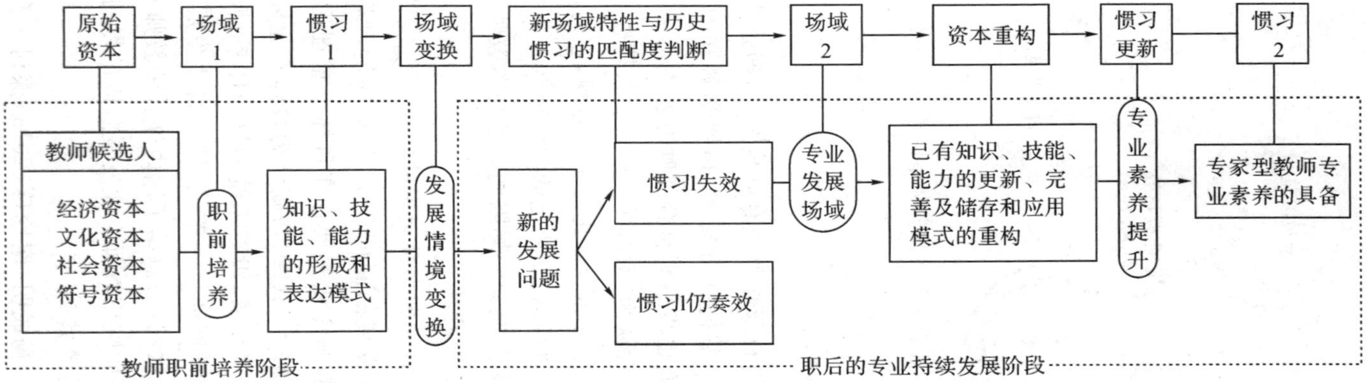

图 4.6 高职院校教师专业发展的理论逻辑

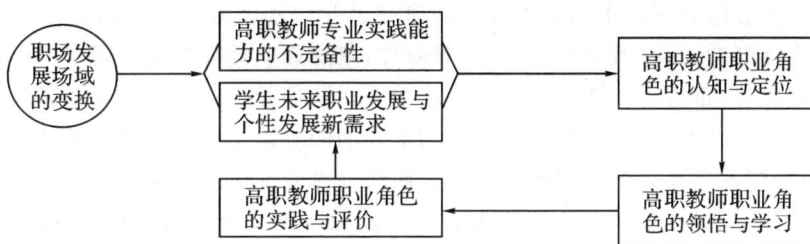

图 4.7　高职院校教师专业发展的实践逻辑

逻辑的探究实为发现高职院校教师在高职人才培养实践场域中,以高职人才培养实践"工学结合"的特点与"校企双元"的实践情境为根本,寻求能够有效帮助高职教师专业实践能力强化的内生理论范式。

李政(2020)分析了现阶段的高职院校教师专业发展存在的"供需失配""内容失焦"与"个体失语"问题,影响了教师参与专业发展的积极性和发展的质量,并根据史蒂芬(Stephen)和戴博拉(Deborah)开发的"美国社区学院员工发展需求分类模型"建构了我国高职院校教师专业发展的三维模型(见图 4.8)。

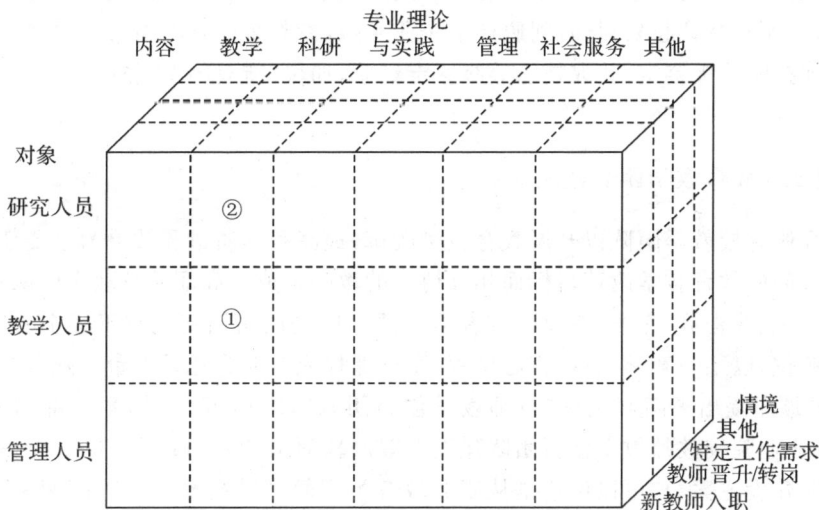

图 4.8　高职院校教师专业发展的三维模型

李文静、马秀峰(2020)基于 CNKI 的文献计量分析,研究了 21 世纪以来我国职业教育教师专业发展,发现目前我国职业教育教师专业发展研究的重点聚焦在职业院校师资队伍建设研究、中职教师专业发展研究、高职院校教师专业发展研究、产教融合视域下高职教育发展研究以及双师型教师培养路径研究等方面,并有逐渐向深化"双师型教师"培养研究,聚焦兼职教师专业发展,与"产业发展"深度融合,重视青年教师专业化培养等方面演进的趋势。吴全全(2014)则提出了职业教育"双师型"教师的能力结构形成的四对静态—动态要素模型。潘玲珍(2015)就产教融合背景下促进我国高职教师专业发展的路径选择给出了的四点建议:第一,建立研发平台—行业企业—高职院校三结合的机制,以提升高职院校教师的教学能力、科研能力和社会服务等三种能力;第二,建立高职教师在学校和行业企业之间的自由流转机制,促进高职院校与产业部门之间的沟通和协调;第三,根据产教融合的发展要求,改革和完善高职院校教师培训体系;第四,创设鼓励产教融合的学校办学理念和学校文化,在此基础上推进教师专业发展价值取向的转型。

从教师个体出发,贺星岳等(2019)认为高职院校教师专业发展能力应当从职业品质、专业素养、教育素养、服务素养四个维度提升,并给出了制度供给、模式创新、组织形式探索、专业发展能力提升四点推进高职院校教师专业发展能力的建议。张伟等(2020)研究了"1+X"证书制度下教师专业发展的措施:重组已有知识体系,重构理论知识与实践技能比例;对应技能鉴定等级,增加项目实践交互,让课堂"活"起来;长时间脱产下企业实践,参与企业真实项目实践;教师自身参加技能等级鉴定,获取技能等级鉴定经验;加快"新双师型"教师转型。

(三) 教师教学团队建设

高职院校教学团队以开展教育教学改革,提高教学质量和效果为主要任务,由为共同的教育教学改革目标而相互协作的教师组成。高职院校教学团队一般以课程组、课程群、专业、专业群或者项目部、研究所、实训基地和工程中心等为建设单位,以某一教学项目、核心课程、系列课程或专业为建设平台。随着"职教20条"颁布提出了高职院校"教师教学创新团队",2019年5月,教育部印发了《全国职业院校教师教学创新团队建设方案》(教师函〔2019〕4号)(以下简称《创新团队建设方案》),可以说这是从职业教育类型教育的视域重构了高职院校基层教学组织。高职院校教师教学创新团队旨在打造高素质技术技能型人才培养共同体、高效率教师专业发展共同体、高水平校企命运共同体。它以技术技能人才培养为目标,以专业(群)为主要建设平台,以校企合作为主要原则,是由为完成某项目标而分工协作、共担责任、技能互补的个体组成的教师群体。

1. 教师教学团队建设存在的问题

在教师教学团队建设过程中,从组织角度看,由于高职院校没有硕博点,又难申请到大的科研项目,专业课程相对具有独立性,存在着组织构建逻辑不当、组织目标高度不够、组织建设措施不力的问题。而且教学团队建设尚无成熟建设经验可资借鉴,各地各校还处于探索阶段,团队基础弱,校企命运共同体尚未形成。从组织个体看,往往存在教师团队意识不强、专兼融合不深、教研氛围不浓、培养力度不够、考核导向不明等问题,也存在教学团队成员观念创新不足、教学团队目标不够科学、团队文化建设薄弱、管理模式单一的问题。

2. 教师教学团队建设的对策建议

早期有关高职教师教学团队的文献主要从高职教师师资队伍结构角度,针对教学团队宏观层面建设进行研究,而后逐步拓展到教学组织微观层面的建设进行研究。针对教师教学团队建设中存在的不同层面的问题,研究者们也提出了相应的对策与建议。

从组织层面,陶济东(2011)认为政府应当组织修订《国家级教学团队申报指南》,学校层面应当制定专业教学团队管理制度;从专业层面,应当建立和完善团队内部的沟通衔接机制,充分发挥各类教师的作用来完善"双师"结构的专业教学团队。隋秀梅、高芳和唐敏(2020)对"双高"背景下高职院校"双师型"教师教学创新团队建设实践探索提出了以下建议:第一,健全"双师型"团队建设和管理制度,形成保障机制,包括招聘和考核;第二,开展分层分类教师培养工程,打造高水平团队;第三,建立校企团队建设协作共同体,搭建教师发展创新平台。欧阳波仪等(2020)提出了塑造团队发展愿景,研制一流建设标准,培育教师发展自觉,构建卓越的共生体,完善发展保障机制的高职教师教学创新团队建设的基本策略。王东红(2013)提出了"背景层""团队运作层"以及"外部表征层"建构高校教师创新团队运行的三维模式。巩海霞、唐飞和涂俊梅(2012)通过实证研究分析了影响教学团队绩效的六个影响因素,并提出要通过改进团队管理、团队互动、团队氛围、团队发展、外界环境和团队学习来提升职业学校教学团队建设。楼世洲、岑建(2020)提出了在"双高"建设背景下,构建知识共享的产教融合平台,建立多元化教师引进和专业发展机制,构建分层分类的教师评价体系来构建"双师型"教师团队。

从个体层面,王晓萍、刘志峰(2015)提出双师教学团队建设应当合理制定双师教学团队建设规划,优化组合双师教学团队成员结构,重点加强双师教学团队制度建设,全面做好双师教学团队建设评估。徐丹阳(2011)提出不应只关注个体教师,而同时应该关注整支师资队伍建设,形成双师均衡的结构,促进双方面同步发展。陈超群和胡伏湘(2020)提出对接产业转型升级需求,培养新时代"四有"好老师;增强服务产业转型升级能力,健全一流"双师型"教师培训长效机制;适应产业转型升级速度,拓宽一流"双师型"教师队伍引进渠道;对标产业转型升级方向,建立一流"双师型"教师认定标准体系。

（四）研究述评

自 2011 年起,我国高等职业教育进入了质量全面提升阶段,经过十年的建设,高等职业学校师资队伍建设也取得了明显的成效。师资队伍在数量、结构和素质上稳步提升,初步建立了职业教育教师职前、职后培养体系,教师教学团队建设初见成效,兼职教师聘任管理制度不断完善,职业教师资格制度建立不断推进。当然,高职教育师资队伍建设还是存在东西部区域发展不均衡,教师专业能力与水平还不适应产业升级、技术发展的要求,尚不能有效支撑高水平技术技能人才培养。高职扩招以来,生师比明显提高,部分教师存在教学任务过重的现象。

在研究领域,我国研究者针对高职教育师资队伍建设的研究硕果累累。通过对作者发文量情况进行统计分析,不仅可以明晰该领域研究作者力量的分布情况,而且能反映该领域的广度和深度。在相关的 798 人中我们发现,发文量最高的作者为李梦卿,发表了 18 篇相关主题文章,利用文献计量学中的普莱斯定律(Price Law) $Mp=0.794*\sqrt{Np\max}$ 推算核心作者发文量 $Mp=0.794*\sqrt{18}$ ≈ 3,即发文量大于 3 篇的作者为此样本中的核心作者。据统计,核心作者共 47 位,占全部作者的 5.8%。可以说,虽然研究我国高职教育师资队伍建设的学者较多,但专注于该领域的作者较少。从作者共现分布图(见图 4.9)可以看到本样本的作者合作关系呈现出明显的离散状态,表明在高职教育师资队伍研究领域未能形成合作性作者网络,没有形成较大的研究共同体,研究者之间的合作程度还不高。

在研究方法上,研究者们对于高职教育师资队伍建设的研究通常是文献研究法、比较研究法较多,研究以思辨研究为主,实证研究相对较少。在研究内容上,近十年我国高职教育师资队伍研究所涵盖的内容十分全面,有从宏观层面对师资队伍总体情况进行研究的,也有从微观层面对师资队伍建设的某一方面进行研究的,如对"双师型"教师队伍建设、"教师培养""教师专业发展""教学团队建设""兼职教师队伍建设"等热门主题展开了论述。研究中指出了当下高职教育师资队伍建设中存在的问题和现实困境,也提出了诸多的解决方案,为高职教育高质量师资队伍建设丰富了理论依据和实践经验。但在现有的研究中,关于"师德师风建设""教师评价""职称评聘"等相关内容研究较少,同时解决师资队伍区域发展不平衡等问题也未能引起学者们的重视。虽然研究成果丰硕,但高被引的研究较少,未能形成较有影响力的学术成果。

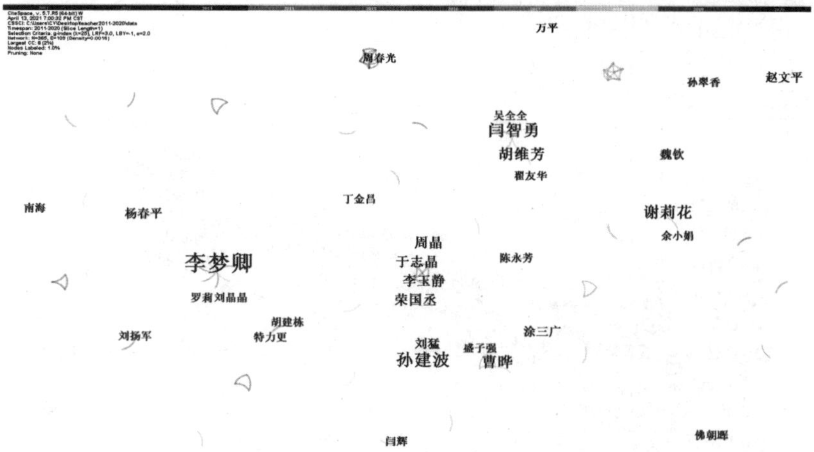

图 4.9　作者共现分布

四、我国近十年高职教育师资队伍研究的
热点演进及未来展望

(一) 热点演进

本章通过 Citespace 软件制作关键词时区图谱(见图 4.10),其中圆圈的颜色和大小表示不同的时间及数量,节点的连线则表示节点间的紧密程度。从时区图谱可以看出,和其他关键词连接最紧密的是 2011 年出现的"'双师型'教师",同年出现的关键词还有"教师专业发展""教师培训""校企合作""兼职教师""教学团队",这说明关于这些主题的研究比较早也比较成熟。之后的研究者也延续了之前的研究热点,并于 2012 年开始关注"青年教师"这一群体,重视教师实践能力。随着时间的推进,高职教育师资队伍建设研究领域呈现出新的研究热点,如 2015 年的"产教融合"、2016 年的"现代学徒制"、2017 年的"创业教育"和"工匠精神"、2019 年的"国际化"、2020 年的"双高计划"。每个热点间的联系始终十分紧密,且与国家颁布的相关政策密不可分,这说明研究者们在关注高职教育热点问题的同时,围绕着这几个主题,试图从不同层面、不同角度不断深入探讨高职教育师资队伍建设的路径。可以看出,高职教育的师资队伍应当具备

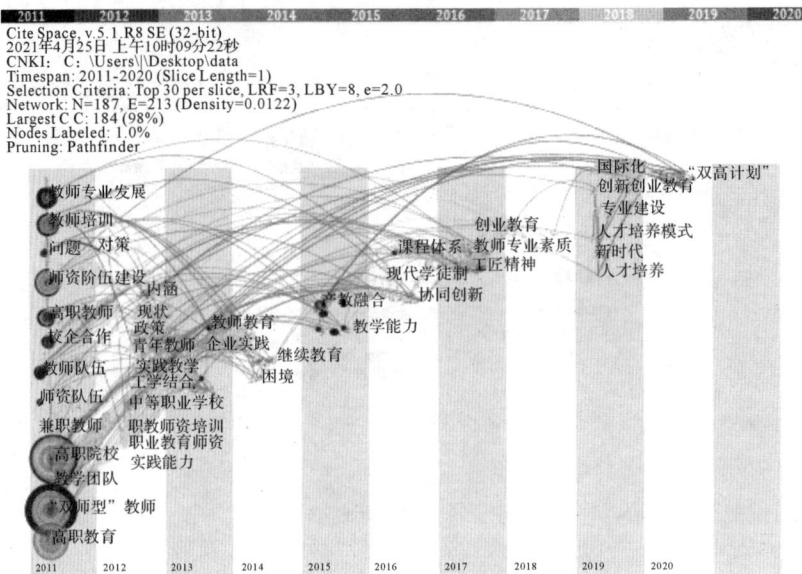

图 4.10　关键词时区图谱

"双师"素质,专兼结合,通过校企合作、产教融合等合作培养方式推进师资队伍的高质量提升。

(二) 未来展望

教师是立教之本、兴教之源。2020 年 9 月,教育部等九部门印发《关于职业教育提质培优行动计划(2020—2023 年)》(教职成〔2020〕7 号),其中"教师、教材、教法"的"提质培优"即为新时期职业教育提质培优的重点。该文件从师资来源、师资结构、师资数量、教师评价、教师晋升、教师绩效等多个方面提出实践性的改革要求,对师资队伍的"提质培优"做出全面部署,旨在打造一支数量充足、优势互补、结构合理、专业过硬、协同发展的高职院校师资队伍。上到国家层面,下至各级各类高职院校均出台了有关师资队伍建设的相关文件,营造了良好的发展氛围。可以预见,在未来的研究中,高职教育师资队伍研究将聚焦在如何充分调动教师的积极性和创造性,如何建设一支高素质、专业化、创新型教师队伍上,发文数量上将会更多,研究方法将更加多样化,研究内容将更加广泛和深入,其中,包括教师专业发展、教师培养培训、师德师风建设等主题,特别是以下四个主题。

1. "双师型"师资队伍建设

"双师型"师资队伍建设仍是未来研究的重点,与新时代国家职业教育改革的新要求相比,职业教育教师队伍还存在着数量不足、来源单一、校企双向流动不畅、结构性矛盾突出、管理体制机制不灵活、专业化水平偏低的问题,尤其是同时具备理论教学和实践教学能力的"双师型"教师和教学团队短缺,已经成为制约职业教育改革发展的瓶颈,无论是教师个体专业发展还是教师教学团队建设,无论是高职专任教师还是兼职教师队伍建设,都离不开"双师型"一词。虽然有关"双师型"师资队伍建设的研究一直是热点主题,但是否可以形成有影响力的理论,期待在今后的研究中能够有进一步的创新和突破。

2. 教师评价制度改革

2020 年 10 月,中共中央、国务院印发颁布《深化新时代教育评价改革总体方案》,方案围绕党委和政府、学校、教师、学生、社会五类主体,坚持破立结合,其中就包括改革教师评价。"破"的是重科研轻教学、重教书轻育人等行为,"立"的是潜心教学、全心育人的制度要求,方案相应提出坚持把师德师风作为第一标准,突出教育教学实绩,强化一线学生工作,改进高校教师科研评价,推进人才称号回归学术性荣誉性五项任务。该方案强调了克服唯论文、唯"帽子"、唯学历、唯奖项、唯项目等倾向。那么,该如何"破"和"立",研究在破"五唯"的背景下如何构建评价体系,如何完善评价标准,如何创新评价机制,将变得更为迫切。

3. 教师教学创新团队建设

2019 年 1 月,"职教 20 条"提出了"分专业建设一批国家级职业教育教师教学创新团队",随后《创新团队建设方案》,明确提出经过三年左右的培育和建设,打造一批高水平职业院校教师教学创新团队,示范引领高素质"双师型"教师队伍建设。"职教师资 12 条"第六条提出:"创建高水平结构化教师教学创新团队。"作为高职教育师资队伍建设的一项重点工作,教师教学创新团队建设还需不断学习并累积经验,优化改进团队建设方案,建立健全工作机制,加大成果推广和示范引领作用,这都离不开研究者们的持续探索和总结。

4. 教师职称评审制度改革

2020 年 12 月,人社部出台了《关于深化高等学校教师职称制度改革的指导意见》(人社部发〔2020〕100 号),深化高校教师职称制度改革,是进一步加强高校教师队伍建设,推进高校治理体系和治理能力现代化,推动高等教育科学发展的重要举措。自 2017 年我国高校下放职称评审权由各高校自主评聘以来,各高校包括高职院校要破除教师职称评审原有的思想观念和体制机制障碍,实行分类分层评价机制,如何设置教师职称评审标准,如何设置分类设置评价指标,如何完善同行专家评价机制,推进代表性成果评价等都是值得展开深入研究的问题。

第五章　高等职业教育课程与教学研究

一、研究背景及演进历程

（一）高等职业教育课程与教学研究背景

课程与教学是教育的基础构成和核心环节，课程与教学的效果直接决定着人才培养的质量（张家军，2021）。但关于课程与教学的关系，一直是教育领域颇具争议性的问题之一，先后经历了"大教学观"时期、分离期、整合期、"大课程观"时期（熊和平，2019）。近些年，相较于之前将"课程"与"教学"区分研究的"二元论"，将课程与教学作为整体进行系统研究的成果较多，这一观点也得到学界普遍认可。但在研究与实践中，主要呈现为"大课程观"，认为课程包括教学，如教育部发布的《基础教育课程改革纲要》中指出"教学过程是课程实施环节的一部分，是执行课程改革新理念的核心环节"（教育部，2001）。

改革开放 40 多年以来，我国职业教育课程与教学改革也在不断发展探索，不断完善职业教育课程生态系统，优化教学过程，提升人才培养质量（杨育英、徐国庆，2017）。20 世纪 80 年代，职业教育课程与教学面对课程目标定位模糊、理论研究不足等情况，积极开展初期探索。进入 90 年代，伴随着改革开放的逐步深入，我们借鉴国际劳工组织，加拿大、德国等经验，打破围绕知识体系构建课程的模式，转向按照职业岗位工作任务组织课程，为后续职业教育课程与教学改革奠定了基础（徐国庆，2015）。21 世纪以来，职业教育领域开展了大量的课程与教学改革实践，探索以工作知识为核心的职业教育课程体系，逐步建立并不断完善专业教学标准体系，增强实践性课程教学环节，规范公共课建设，等等。

选取近十年高等职业教育课程与教学研究的相关成果不难发现，相较于前十年（2001—2010 年），关于高等职业教育课程与教学的相关研究增量的较大。同时，以课程为研究主题的较多，关于教学的专题研究相对欠缺，进一步对研究内容进行分析，发现课程研究中多包含教学研究。近十年，高等职业教育领域课程与教学相关研究与实践的不断深入与国家相关教育政策的推进是分不开的。在国家相继出台的文件中均有相关表述,如 2010 年,中共中央、国务院发布《国家中长期教育改革和发展规划纲要(2010—2020 年)》中明确指出"推进职业学校专业课程内容和职业标准相衔接""建立健全职业教育课程衔接体系"。2014年,国务院印发的《关于加快发展现代职业教育的决定》指出"推进人才培养模式创新。推行项目教学、案例教学、工作过程导向教学等教学模式"。随后,教育部印发的《高等职业教育创新发展行动计划(2015—2018 年)》中明确将精品在线开放课程建设、课程教学改革作为重要任务。本章对相关文献和实践进行总结,以期探寻我国高等职业教育课程与教学改革的轨迹。在这个过程中,通过整合、反思,探寻我国高等职业教育课程与教学改革实践及理论研究的发展方向。

(二)高等职业教育课程与教学研究概况

在博士学位论文方面,以"高等职业教育"或"高职教育""高职"为主关键词,分别配以"课程""教学""课程与教学"等副关键词在中国知网进行查询,共检索到 2010—2020 年发表的论文 11 篇,相较于 2001—2010 年的数量,增加了 8 篇。这 11 篇博士论文发现均具有一定代表性,如《高等职业教育专业建设实践的研究》(吕景泉,2014),基于专业建设的视角,分析了专业课程建设规范、专业课程教学模式,并以自动化专业为例,介绍了相关实践经验,具有较强实践指导作用。而《高等职业教育专业课程群论》(张建鲲,2010)则通过专业课程群建设,探索为学生发展提供的"专业学习资源",为学生提供学习指导的"课程中心"。《职业素质本位的高职教育课程建构研究》(张良,2012)与《跨界与融合:基于职业素养教育的高职课程建构研究》(聂强,2017)均认为课程作为育人的主要载体,应秉承以"学习者为中心",突出人文属性。

硕士论文以与博士论文相同检索方式进行检索,检索到的论文比较多,共有874 条记录,相较于 2001—2010 年发表的数量,增加了 491 篇。其中多以关于课程与教学的相关理论研究为主,部分研究依托有关专业进行专题研究。其中"行动导向""中高职衔接""课程教学改革""课程标准"等关键词出现频次较高。如《构建我国中高职专业课程体系衔接的研究》(石咪咪,2013),在中高职一体化人才培养的背景下,系统阐述了我国中高职课程衔接的问题。在高等职业教育高质量发展过程中,随着专业标准、课程标准等国家职业教育教学标准体系的完善,基于课程标准、教学标准的相关研究逐步增多。

学术论文通过相同的检索方式进行查询,以"高职课程""高职教学""职业教育课程""职业教育教学"等为主题词进行筛选查询,共检索到有效结果 12908

条,其中北大版中文核心期刊、CSSCI 来源期刊收录的有 192 条,可以看出关于高等职业教育课程与教学的相关研究一直是热点,反映了一线教学科研人员对于课程与教学的重视程度。但是高水平期刊论文相对较少,尤其是相对于普通本科教育领域课程与教学的相关研究,职业教育领域此方面研究严重不足,这与职业教育在课程与教学论相关学科领域研究地位和水平是显著相关的。在学术论文方面,研究相对分散,聚焦课程开发理论、教学模式的研究则多数基于某专业方面的课程与教学实践,提炼实证性论文。

专著方面,目前暂时没有标题为"高等职业教育课程与教学"专著,但是相关的论著,如《职业教育课程、教学与教师》《中高职衔接课程体系开发研究》《中国高等职业教育课程改革状况研究》《高等职业教育教学评价体系发展性探究》《高等职业教育优秀教学设计及教学绝活集萃》《基于工作过程系统化的高等职业教育课程建设研究与实践》《高等职业教育教学创新与实践成效》《高等职业教育高质量发展研究》《职业教育课程论》《职业教育"项目主题式"课程与教学模式论》《职业教育课程教学改革》等,在很大程度上代表了我国高等职业教育课程与教学研究方面的最高水平和最新成果,对其他研究者也产生了较大影响,其中多本著作的引用率超过 300 次。

高等职业教育领域基于质量提升、内涵建设的内生需求,不断加强对课程与教学研究,同时积极拓展国际视野,彰显本土行动实践,积极吸收职业教育课程与教学改革创新的国际先进理念,进一步强调基于本土实践,探索具有中国特色的高等职业教育课程与教学理论。在外部,教育行政部门积极出台相关政策文件,配置资源经费,推动我国高等职业教育课程与教学改革,着力提升技术技能人才培养质量。本章主要从"高等职业教育课程与教学基本内涵""高等职业教育课程与教学主要模式""高等职业教育课程与教学的比较研究"以及"新时代高等职业教育课程与教学的其他探索"等维度,初步梳理近十年高等职业教育课程与教学研究的概貌。

二、研究内容及主要观点

（一）高等职业教育课程与教学基本内涵

1. 高等职业教育课程的内涵

学界关于高等职业教育课程内涵的理解经历了从移植于普通高等教育学科

课程到慢慢偏重职业化教育的转向。很长一段时间里，职业教育课程始终未能跳出学科体系的藩篱，20 世纪 90 年代后，随着双元制、CBE（能力本位教育）等在我国的广泛传播，职业教育课程领域学科话语与实践话语的争论愈加激烈。部分学者认为若职业教育课程都过分强调技能训练，则只适合于开发职业培训课程。但也有学者认为，学科思维在当代职业教育课程改革中面临着巨大调整，主要体现在"行动体系对学科体系解构与模块课程对学科课程的拒斥"（李尚群，2003）。随着讨论的不断深入，姜大源（2005）认为职业教育课程内容，应以从业中实际应用的经验和策略的习得为主，以适度够用的概念和原理的理解为辅。课程内容序化在于如何使学习的主体—学生容易接受知识序列。因此，课程序化的教育学思考强调的是学生对知识的构建过程，应以工作过程为参照系整合陈述性知识与过程性知识。课程不再片面强调建筑在静态学科体系之上的显性理论知识的复制与再现，而是着眼于蕴含在动态行动体系之中的隐性实践知识的生成与构建。这些观点逐步在学术领域实践话语中占据了主导，推进我国职业教育课程从传统的以学科课程为主体的课程模式，转向以项目课程或任务引领型课程为主体的课程模式阶段。职业教育课程从学科话语到实践话语的转换，实际上意味着思考课程问题的思维方式的转换。职业教育课程设计应当充分考虑学生的学习特点，从工作体系理论、知识的工作结构表征理论、建构主义理论方面探讨职业教育课程实践特质和课程设计的逻辑起点（徐国庆，2007）。一线教师不仅应探索推进对高职专业课程进行重构，也应不断探索对公共课程进行重构。黄福军（2013）提出构建高职高等数学课程，需强化实践能力培养，将数学教学活动演绎为不断激发学生学习动力和热情的实践活动，以此为逻辑起点，重构课程，开展课程教学。

2. 高等职业教育课程与教学改革的价值取向

首先高职课程建设要明确高等属性，凸显高等技术教育特质，培养高素质技术技能人才（黄克孝，2004）。再者，高职课程建设以职业能力为价值取向，在课程建设中突出学生综合职业能力的培养，这是高职毕业生在教育竞争中生存和发展的基石（张艳辉，2014）。整体上高等教育取向与职业能力取向不是对立的，而是相互统一的。进一步，徐国庆（2012）指出，高职课程建设要处理好结构取向与内容取向、任务取向与技术取向、开发取向与研究取向三重关系。其中课程结构与内容，一方面要深刻认识到课程结构改革在课程建设中的关键意义，另一方面更要深刻认识到课程内容改革的核心价值，形成具有高职教育特色与水准的课程内容体系。课程任务与技术，还可以依据工作任务开发课程内容，教学生完成岗位上的什么任务，更需要教他们用什么技术来完成这些任务，教他们那些只有在高技术条件下才能完成的任务，凸显高等性。而将任务取向与技术取向统一起来的纽带就是职业能力。开发取向与研究取向,则是强调在高职课程开发实践中,要加强理论研究,阐明研究取向的高职教育课程开发的原理与方法。

3. 高等职业教育课程与教学标准的相关研究

标准是高职课程与教学改革的基本内容,是职业教育课程开发、教学实践、教材建设、师资队伍建设的基本依据,建构"能力本位"的人才观和人才培养标准体系,才能推动职业教育内涵式高质量发展。国家积极推进具有中国特色的职业教育标准体系建设,主要包括用人环节标准即国家职业标准;育人环节标准即办学标准、教学标准以及毕业生质量标准;考核环节标准即职业技能等级标准;保障环节标准即生均或公用经费标准和学生补助标准(杨公安、米靖、周俊利,2020)。其中关于育人环节的专业教学标准、课程标准、专业顶岗实习标准建设得到了充分的重视。截至2020年12月,国家先后修(制)订并发布347个高职专业教学标准和230个中职专业教学标准、51个职业院校专业实训教学条件建设标准、136个专业类顶岗实习标准,并积极鼓励各省、各高职院校积极依据国家标准,制定特色更突出、要求更高的地方标准和校级标准。同时,不断完善课程与教学标准实施制度体系和运行、监督机制,保证高等职业教育高质量发展(汪长明,2019)。

对于高等职业教育课程与教学内涵的相关研究,是一个不断丰富及补充完善的过程。整体上呈现出与时间发展相对应的发展趋向,不同时间段具有不同的研究特征,同时伴随教育理论与实践的不断丰富,凸显多元特征。

(二)高等职业教育课程与教学模式研究

1. 学科导向的课程与教学模式

前文已经论述,学科导向的课程与教学主要指以学科知识之间的逻辑,对高职课程与教学内容进行组织和建构,进一步对学生进行系统的知识技能传授,依托课堂教学为主途径来实现教学目标(梁成艾,2013),主要包括两种典型模式。一是"三段式"课程与教学模式。此模式针对某一职业或工作岗位,以学科知识逻辑为中心组织实施课程与教学内容。内容按照文化基础知识的课程与教学内容、专业基础知识的课程与教学内容、专业技能培养的课程与教学内容进行"三段式"结构排列(张玉臣,2008)。二是"群集式"课程与教学模式。此模式又称作"宽基础、活模块"模式,强调学生综合职业能力的培养,课程开发不针对具体职业岗位,而是面向职业群所需的知识和技能,为学生以后转岗发展奠定基础。在课程教学过程中,学生在选定模块后,针对相对确定的一个或几个就业岗位进行训练,教学内容可以进行模块组合(田静、兰金林、石伟平,2019)。

2. 能力导向的课程与教学模式

能力导向的课程与教学模式中的"能力"指"职业胜任能力",主要内容包括完成工作所需的专业技能、职业态度和鉴赏能力,强调以"职业胜任能力"的达成作为课程与教学目标确定、内容组织、实施评价的基本依据(张骏,2017),主要有两种模式。一是"五阶段双循环"课程与教学模式。此模式将课程开发与教学试分为"市场调查分析、职业情景分析、教学环境开发、教学实施与管理、教学评价与改进"五个阶段,且五个阶段呈现双向循环态势(贺新元,2004)。二是"六位一体"课程与教学模式,强调课程与教学建设重点把握六个核心要素:职业能力需求分析、课程目标、职业能力训练项目、职业能力训练素材、"教、学、做"结合、形成性考核。上述两种教学模式均提出根据职业岗位能力需求确定课程目标和教学内容,强调学生的主体性和教师的主导性,致力于消除学科知识体系的弊端。

3. 实践导向的课程与教学模式

实践导向的课程与教学模式是当前我国高等职业教育领域积极探索的方向,该模式以企业的实际工作过程、工作任务构建课程体系、高度仿真的教学情境与反复的实践操作为主线,形成完整健全的实践导向项目化课程体系(檀祝平,2014)。同时,强调高职院校应建设适用于实践导向的教材和保障条件,确保实践导向的高职教育课程改革的落地实施(丁金昌,2015)。它主要包括三种典型模式。一是"任务引领式"课程与教学模式,此模式基于抽象化、概况型的工作任务组织知识技能操作,开展教育教学,课程内容的划分依照工作任务边界,凸显"任务引领、产品驱动、目标具体、做学一体"等特征(马建富,2008)。二是"主题拓展式"课程与教学模式,此模式课程与教学内容围绕一个或多个经过结构化处理的主题开展,主题可能为多学科、多门类知识的融合,以期达到资源共享、内容融通和使学生综合实践能力得到培养的目标(周俊、耿春霞、宋金海、陈爽、於增辉,2015)。三是"项目驱动式"课程与教学模式,此模式基于工作过程逻辑,以学习领域课程思想为指导,根据实际工作任务,以项目为单位组织教学内容和活动,推动学生以小组为单位在真实或仿真的情境中,完成典型工作项目(闫玉玲,2015)。

(三) 高等职业教育课程与教学的比较研究

我国的职业教育课程与教学的诸多理论资源和改革方法、路径源自对世界上各类国际组织或职业教育发达国家的借鉴,如国际劳工组织的模块式技能培训、德国的学习领域课程与工作过程导向课程、澳大利亚的培训包课程等。因此,高等职业教育课程与教学的比较研究一直以来都是领域内研究的热点和重点。石伟平等(2001)比较英、美、澳大利亚、德、法等国的职业教育课程改革实践,总结了世界职业教育课程与教学改革的主要对策,包括采用能力本位的职业教育和培训课程,增强普适性能力的教,重视为学生的升学目标做准备等。吴雪萍等(2016)聚焦高等职业教育质量评价与保证,系统剖析了英国、丹麦、德国、法国等国家高等职业教育与培训的课程模式、教学方式以及评价与质量保证机制,为我国高等职业教育课程与教学改革提供借鉴。也有许多学者聚焦细分领域开展相关研究,蒋春洋(2014)分析了美国、英国、日本、澳大利亚中、高等职业教育衔接中课程衔接模式,包括单元衔接模式、课程或大纲直接衔接模式、"培训包"模式,等等。徐春林(2012)则从教学论的视角出发,分析和比较 CDIO(构思、设计、实现、运作)和工作过程导向两种教育理念下课程教育目标、课程开发策略、课程内容与教学实施,强调高职课程开发需准确定位社会需求。

国外若干课程与教学模式相对成熟,国内高等职业教育界在具体实践教学和研究中,不断借鉴并进行本土化开发,主要包括如下几方面。

1. 澳大利亚培训包课程

澳大利亚培训包自引入我国以来,被广泛关注和借鉴,并产生了一批研究成果。周祥瑜、吕红指出培训包(training package)是一整套全国认证的标准和资格,用来认可和评估人们在工作现场有效工作所需的技能和知识(周祥瑜、吕红,2006)。澳大利亚培训包主要由国家认证部分和辅助材料两部分组成。其中国家认证部分包涵能力标准、资格框架、评估指南等。辅助材料包括学习策略、评估材料和专业发展材料等。培训包具有以下优势:推动职业教育与培训体系标准化,推动职业教育的内容和结果符合行业需求,提供多元化的以及能为本的考核方式,使教学模式和学习方式灵活多样,有助于企业的人力资源管理,也有助于构建国家终身教育体系等(邹建英,2011)。

2. CBE 课程

"能力本位"最初为 CBE(competency based education)的中文翻译,CBE 课程的目标、内容、组织、评价四个要素可以概括为"能力取向、技能体系、工作逻辑、能力评价"(董丽娇,2016)。中国对 CBE 的了解主要源自加拿大社区学院的 CBE 实践,因此,"能力本位"在许多地方也就成了加拿大 CBE 模式的代名词。其实,CBE 除了加拿大的模式外,还有以澳大利亚为代表的一般素质导向模式,以英国为代表的整合型模式等。因此,"能力本位"在中国有广义和狭义之别,广义指的是所有把能力作为教学中心的模式,狭义即指加拿大的 CBE/DACUM(教学计划开发)模式。CBE 课程是一种预先确定某个岗位或岗位群完整的职业能力标准,然后依据学生个人的学习进度,引导学生进行相关知识、技能学习并达到行业水准,获得具体行为表现的课程模式,其基本理念包括:课程开发以岗位职业能力为依据,学习目标关注学生的具体行为表现,教学过程根据学生具体情况确定学习进度。其课程开发方法包括两个环节:职业能力分析,教学设计与开发(徐国庆,2008)。

3. 学习领域课程

学习领域课程是20世纪90年代德国职教界为扭转传统的"双元制"的"一元"—职业学校教育与"另一元"—企业的职业培训相脱离,偏离职业实践和滞后于科技发展,根据新时期行业、企业对技术工人提出的新要求所开发的,其中包括综合性的课程改革方案(徐涵,2015)。学习领域课程的研究在我国也被较多关注,形成了较多的研究成果。"学习领域"是指由学习目标描述的主题学习单元,涵盖几个基本概念:工作过程、行动领域、学习领域、学习情境和范例性(周宏伟,2017)。在整个课程运行中体现较强的整合意蕴,指向综合职业能力的培养,开发基于典型职业任务的系统化课程模块,设计面向完整工作过程的一体化教学方式(陈鹏,2016)。其课程方案以培养"广泛的、职业的、社会的和个性的活动能力"为教学目标,以典型的职业工作任务为核心组织与建构教学内容,教学的实施必须以行动为导向。学习领域的最大特征在于不采用学科体系而是通过整体、连续的"行动"过程来学习,与专业紧密相关的职业情境成为确定课程内容的决定性的参照系。

(四) 新时代高等职业教育课程与教学的其他探索

1. 信息技术支撑下的课程与教学模式探索

现代信息技术的应用突破了传统的教学模式,对原有课程与教学目标、内容、实施方式都提出了新的挑战,为适应"互联网＋职业教育"发展要求,需要进一步应用现代信息技术进行高等职业教育课程建设和教学改革(杨勇,2018)。在这个过程中,MOOC(慕课)成为一个热点,高瑜珊指出高等职业教育MOOC在符合大规模、开放式、全在线、互动性等特征的基础上,更凸显出以专业(岗位)为单元的系列化建设,重视技能应用,弱化理论讲解,资源具有丰富性和多样性,建设团队和服务对象更加广泛(高瑜珊,2017)。同时针对MOOC互动及时性不足、师生分离、学习监督和约束方式受制等情况,在充分发挥MOOC优质资源共享,学习分析技术支持的基础上,结合高等职业教育教学的客观实际,研究者开始探索教学模式的创新,如开展SPOC(Small Private On-line Course,小规模限制性在线课程)教学是专门针对校内学生而设置的在线课程,一个SPOC班级的学习者对应实体课堂的某个班级的学生,教师采用课堂教学与在线教学的混合学习模式(王海,2016)。王雯、韩锡斌(2020)通过对已有职业教育工作过程导向课程开发模式、教学设计模型、混合教学设计模型及其相关研究的综合分析,构建了职业教育课程混合教学设计模型。

2.以学生为中心课程与教学模式探索

随着人本主义、建构主义等教育教学理论的发展,我国高等职业教育课程与教学研究逐步从传统讲授模式转向以学生为中心,更强调学生对学习内容的适应性、教学方法的互动生成、学习评价的增值反馈等,同时保证学生在学习完成后可以在真实环境中解决实际工作问题,完成实际工作任务(胡顺义、欧阳河、沈绮云,2020)。王文涛(2014)提出"以学生为中心"的高职课程开发应以分析学生发展需求为起点,通过对学生能力需求的分析,根据不同的能力类型配置学习要素,结合实际生活设计学习情景,以适合个性化培养的合作探究、谈话生成等方法优化教学实施,不断强化课程的过程性评价等。同时,近期从学生职业素养、职业生涯、能力本位出发的课程与教学相关研究也逐渐增多。

3.中高职课程衔接的相关研究探索

中高职衔接培养是职业教育体系建设的基本组成部分,相关人才培养模式的研究得到了广泛的关注,同步关于中高职课程衔接的相关研究也成为研究热点。谭强(2016)指出解决中高职教育课程衔接的问题,实现中高职有效衔接,是我国创新职业教育技术技能人才培养模式,提高中高职院校人才培养质量,凸显职业教育类型属性的迫切需要。黄彬等(2012)提出需要从制订专业标准目录、建立多元参与的课程衔接组织机构、模块化设置与系统化开发课程等方面着手,解决中高职课程衔接存在课程设置重复、课程体系脱节、职业技能倒挂、自我话语特色缺失等问题。付国华(2020)指出,在系统做好课程标准的基础上,要厘清中高职人才培养目标定位,加强衔接课程教材建设,建立开放共享的师资保障机制,建立相互融合的一体化管理机制。

三、研究述评及未来展望

(一)高等职业教育课程与教学的研究评析

通过对我国高等职业教育内涵发展期间课程与教学方面的研究与实践成果的回顾,我们可以看出,在高等职业课程与教学研究方面,我国初步形成了较为丰富的、有一定影响力的成果。更为重要的是,高等职业教育更加强调实践导向,并被有效地应用于高等职业教育人才培养中。通过回顾,可简要梳理出以下特征。

1. 本土实践研究成果丰富，多种课程与教学模式百花齐放

随着近十年高等职业教育的快速发展，相关课程与教学相关理论研究也得到前所未有的推动，众多研究者基于不同的方法和不同的视角，进行了深入研究。整体上职业教育课程范式从学科体系转向行动体系已经是大势所趋（刘冰、闫智勇、吴全全，2018）。相关理论研究趋向明显，多聚焦于高等职业教育课程应按照行动的过程或者工作的过程进行组织。在实践和政策导向层面，国家也积极引导，如在《高等职业教育创新发展行动计划（2015—2018 年）》《职业教育提质培优行动计划（2020—2023 年）》等文件中，明确表示推动职业教育课程与教学模式改革，强化工学结合、知行合一，积极推进项目式教学等。一线教学中项目课程、一体化课程、工作过程系统化课程已经成为三大各具特色的主流高职课程并形成与之匹配的教学模式。

2. 信息技术飞速发展，推动课程模式改革深化

云计算、物联网、人工智能等信息技术的飞速发展，以及全球性的产业技术升级浪潮给职业教育带来了巨大的挑战，同时提供了机遇。一方面，课程与教学标准、内容、师资队伍应适应产业数字化升级改造要求，不断更新迭代。同时也各领域技术技能人才培养均需要融入数字化、信息化内容，以提升学生信息素养、职业能力，适应未来发展需求。另一方面，课程与教学需应用虚拟仿真、增强现实等信息技术以及教师规范操作、有效示教，提高学生基于任务（项目）分析问题、解决问题的能力，培育学生的职业精神。积极适应"互联网＋职业教育"发展需求，运用现代信息技术改进教学方式方法，及时调整教学策略、组织形式和资源提供等，才能创新、完善线上线下混合式教学方式，更好适应"互联网＋"发展。

3. 职业教育课程研究在理论水平上还有诸多不足之处

如职业教育课程的理论体系并未得到完美的解决，职业教育课程的知识论问题并未形成清晰的答案，职业教育课程改革实践中出现的种种问题；如中高职课程改革的相关性与差异性问题都未能得到圆满的解决等。此外，从发表成果来看，依托具体专业开展人才培养实践的研究相对较多，理论模式类研究相对较少，研究方法和研究范式尚未突破，教育类的重要期刊上发表的高职课程与教学研究的论文相对较少。要得到学术界的广泛认可，高等职业教育课程与教学研究还有很长的路要走。

（二）高等职业教育课程与教学的未来展望

第四次工业革命是一场智能化、数字化革命，德国、英国等发达国家纷纷通

过高技能人才培养战略来适应知识社会的 4.0 时代(高书国、张智,2020),我国职业教育也步入了技能强国的新时代。当前,我国高等职业教育面对数字化、智能化、国际化的挑战,其办学模式、专业建设、师资队伍、教学实践必然发生改变。传统的、模式化的课程与教学需要进一步根据社会和产业的发展而进行不断变革。

1. 全面落实立德树人根本任务

高等职业教育的根本任务是"落实立德树人根本任务",培养高素质技术技能人才,培养合格的中国特色社会主义合格建设者和接班人。课程与教学作为教育的基本载体,应始终坚持这一根本目标。以社会主义核心价值观为引领,落实课程思政,强化课程与教学的顶层设计。要充分考虑高职院校在校生的认知规律、个人基础,系统化的将社会主义核心价值观融入课程设置、课程开发、教材建设、课堂教学、课堂评价中去。坚持知行合一,积极推进实践教学,突出职业教育类型特征,强化劳动教育,在实践中落实立德树人根本任务。

2. 信息技术将进一步推动高职课程与教学发展

信息技术的飞速发展迅速消弭了物理距离,职业教育资源库、精品在线开放课程的建设,扩大了优质教育资源的共建共享。大数据、人工智能等技术的发展,不断推进个性化、智慧化学习环境的发展。信息技术为课程与教学的创新变革提供了充分的支撑,推动高职课程与教学更好地适应学习者的个性化需求和学习规律,凸显"以人为本"。同时信息技术的发展对教师的教学能力提出了新的挑战,推动教师积极适应数字化变革,不断提升信息技术应用能力和素养,创新教学模式。

3. 课程与教学本土化、国际化的充分融合

很长时间,我国高等职业教育课程改革和教学创新受外来文化与理论的影响,多以借鉴为主。随着具有中国特色的职业教育体系的逐步建立,以及本土化自觉意识的不断提升,高职课程教学本土化与国际化将充分融合。一方面,可以借鉴西方课程与教学研究成果,引入我国开展实践创新;另一方面,要继承我国优秀的历史文化传统,结合我国经济社会发展需要,推动改革创新,做好中国实践,输出中国模式。

第六章　高等职业教育社会服务研究

一、研究背景及发展概况

（一）研究背景

高等职业教育是高等教育的重要组成部分，它是以社会市场需求为导向，以培养一线高素质技能型人才为目标的教育。美国教育家克拉克·克尔在《大学的功用》中指出："大学作为知识的生产者、批发商和零售商，不可避免地要向社会提供服务。它在维护、传播和考察永恒真理方面是无与伦比的，在探索新知识方面是无与伦比的，在整个历史上的所有高等学校中间，在服务于先进文明的如此众多的部分方面也是无与伦比的。"

我国高等教育、高职教育和中央文件等政策导向等明确了高职院校增强社会服务的内涵和方向。《国家中长期教育改革和发展规划纲要（2010—2020年）》提出了"高校要增强社会服务能力，产学研结合是高等院校不断提高人才培养质量、科技创新能力、动手能力、实践能力和服务社会能力的需要，也是高校培养适合市场需要的应用型人才的重要途径"。《国家示范性高等职业院校建设计划》中赋予了高职院校服务社会的新内涵：一是创新人才培养模式，培养社会需要的高素质技能型人才；二是跨越区域性的空间范畴，增强向区域外的辐射力，开展对口支援与交流，提供师资培训和促进区域内职业教育协调发展；三是明确高职院校要积极参与社会主义新农村建设，承担农村劳动力转移培训。

《国务院关于加快发展现代职业教育的决定》明确提出，高职高专院校要"密切产学研合作，重点服务企业特别是中小微企业的技术研发和产品升级，加强社区教育和终身学习服务"。随着经济结构调整和产业转型升级加快，我国对职业教育的社会服务能力也提出了更高要求，作为一个新的研究方向和领域，高职院校社会服务职能建设日益受到人们的关注，高职教育在促进我国社会经济发展方面的贡献度不断增强也为高职院校发展迎来了难得机遇。一是国家支持发展职业教育的力度不断加大,为高职教育发展提供了良好的政策环境。二是随着产业结构优化升级和经济发展方式的转变,社会对高素质技术技能型专业人才需求日益增加,为高职院校的发展提供了广阔的空间。社会服务,这既是对高职院校社会服务职责和内容的高度概括,也是对院校发展提出的要求,积极拓展服务领域、丰富服务形式、提升服务层次已成为高职院校发展的必然。

2019 年是我国高职教育改革发展历史进程中具有里程碑意义的一年。从《国家职业教育改革实施方案》颁布实施到高职扩招政策落地,从"创新发展行动计划(2015—2018 年)"收官验收到"双高计划"启动建设,都给高等高职教育发展赋予了全新的时代内涵。如果说 2006 年启动的"示范校计划"是高职教育从规模扩张向内涵提升转型,那么 2019 年启动的"双高计划"则是高职教育从教育层次真正迈向教育类型。从本质上讲,无论是"示范校计划"还是"双高计划",都是经济社会发展需求导向下的一种政策性推动。

(二) 研究概况

2010 年以来高职院校社会服务能力建设得到前所未有的重视,一是职业教育与行业开展活动数量及形式愈加丰富,其参与面和影响力正日益扩大;二是在"双高计划"建设方案中,社会服务能力建设作为单独项目被摆到了更突出的位置,目标更加明确,任务更加具体,考核更具实效;三是在中国知网以"高等职业教育"并含"社会服务"为关键词进行搜索,2010 年至今相关文献 5195 篇,其中核心类高质量文献达到 400 余篇,其中既有理论探讨,也有院校实践经验介绍(见图 6.1 至图 6.3)。我们看到高职教育在服务社会方面的自觉行动,正是在国家宏观政策的引导下对经济社会发展需求所做出的实质响应和实践。

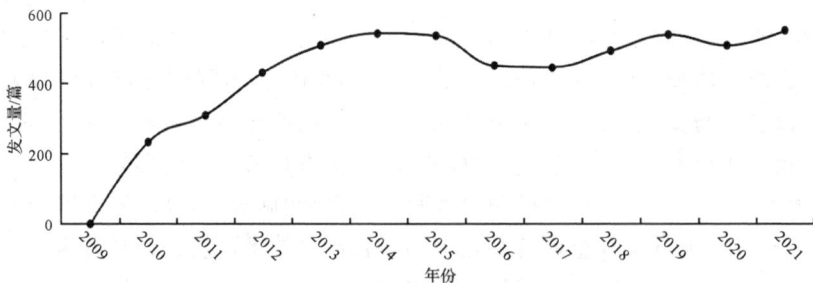

图 6.1　发文总体趋势

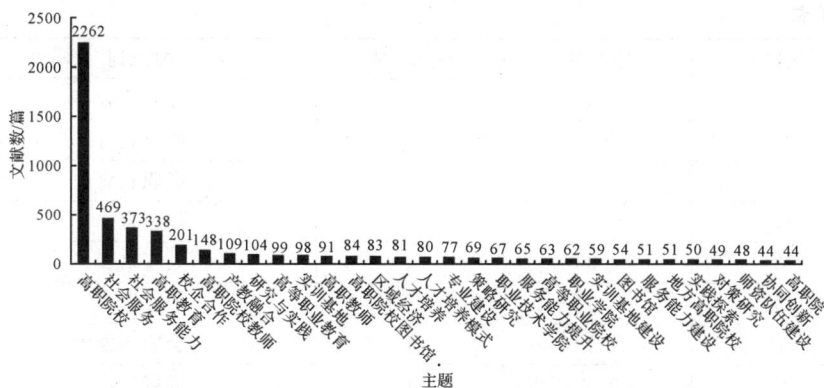

图 6.2 总体研究涉及主题

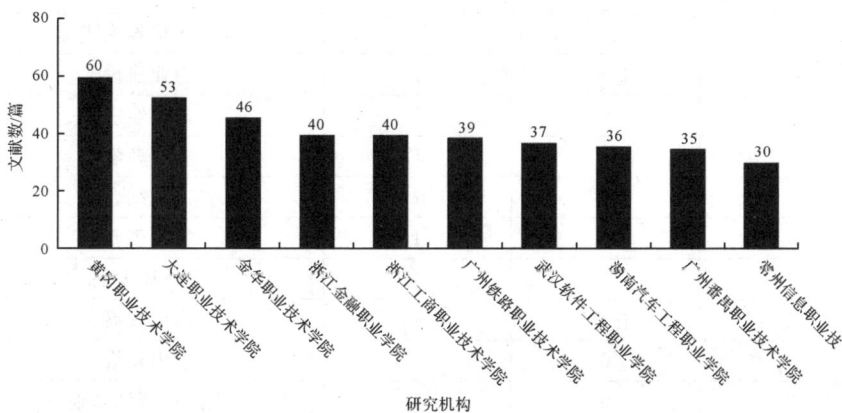

图 6.3 总体研究机构排序

1. 热点研究

对中国知网数据库,以"高等职业教育"+"社会"和"高职"+"人才培养"为关键词进行精确检索,发现 2011—2020 年论文分别为 441 篇。通过 Citespace 软件进行聚类分析,分析选取字段,得到结果关键词共现网络,此网络可以反映出某一领域当前研究热点及过去产生过热点研究,如表 6.1 所示。

表 6.1 2011—2020 年研究热点

频次	中心性	Sigma 值	关键词
218	0.85	1	社会服务
128	0.39	1	高职院校

续表

频次	中心性	Sigma 值	关键词
69	0.5	1	高等职业教育
52	0.2	1	职业教育
44	0.13	1	高职教育
26	0.11	1	校企合作
13	0.03	1	人才培养
10	0.04	1.12	产教融合
9	0.02	1	社会服务能力
8	0.02	1	区域经济
7	0.04	1	实训基地
6	0.02	1	内涵建设
6	0.02	1	人才培养模式
5	0.01	1	专业建设
5	0	1	地方经济
4	0	1	实践教学
4	0.01	1	工学结合
4	0	1	协同创新
4	0	1	可持续发展
4	0.02	1	内涵发展
3	0	1	能力建设
3	0	1	生产性实训基地
3	0.01	1	创新发展
3	0	1	专业教学资源库
3	0.01	1	师资队伍
3	0.01	1	高等院校
3	0	1	技术技能积累
3	0.01	1	中原经济区
2	0	1	中职学校
2	0	1	社区学院
2	0	1	提升策略
2	0	1	学术创新
2	0	1	专业教学团队
2	0	1	地方高职院校

频次	中心性	Sigma 值	关键词
2	0.01	1	双师结构
2	0	1	服务经济社会
2	0	1	区域经济发展
2	0	1	四化两型
2	0.01	1	综合素质
2	0.01	1	课程改革
2	0	1	可行性
2	0.02	1	体制机制创新
2	0.02	1	企业培训
2	0.01	1	办学质量
2	0	1	中高职衔接
2	0	1	高职教师
2	0.01	1	办学特色
2	0	1	成人教育
2	0	1	办学模式
2	0	1	产学研
2	0	1	技能培养
2	0	1	教育硕士
2	0	1	服务能力
2	0	1	指标体系
2	0	1	多元化
2	0	1	农村劳动力转移
2	0	1	教师培养
2	0	1	服务社会
2	0	1	协调发展
2	0	1	国家示范
2	0	1	新生代农民工
2	0	1	发展定位
2	0	1	职业外延
2	0	1	体制机制
2	0.01	1	发展策略
2	0	1	科研兴校
2	0	1	区域经济社会发展

从图 6.4 中可更清晰地看到研究主要集中在学术创新、综合素质、应用价值、实训场地、协同创新、人才培养、内涵建设及发展内容上。

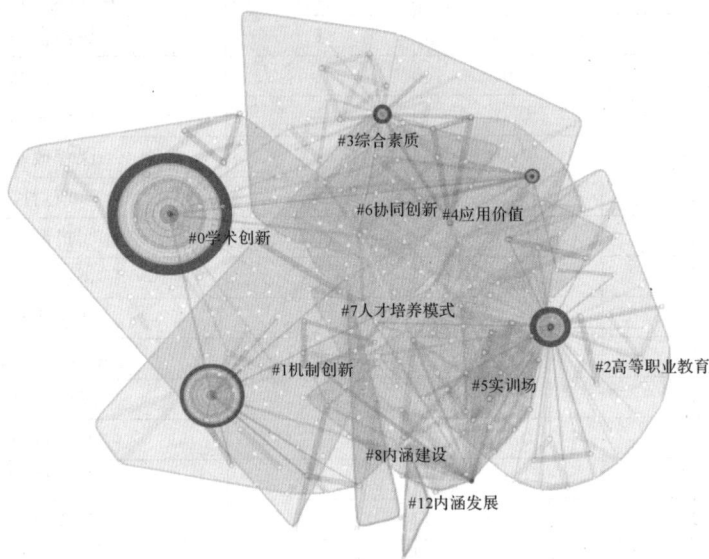

图 6.4 研究重点

2. 研究前沿

通过 Citespace 软件绘制关键词突现可以定量地表示出不同研究热点的热度以及变迁规律,可以展现不同阶段高等职业研究在社会服务方面研究热点的变迁,在这十年间,沿着时间脉络的研究焦点演变,热点出现了快速的切换(见图 6.5)。2011—2013 年,研究热点集中在协调发展、工学结合、发展定位、内涵发展上,2014—2016 年逐步转向实践教学、产学研、专业建设、中高职衔接、人才培养等方面,在近几年,人才培养模式研究仍然持续,同时在更加细化的社会服务指标体系、能力评估、提升策略、机制创新等方面,更加注重社会服务的技术技能积累、协同创新机制建构、创新发展推动等。

3. 研究机构

研究机构主要以高职院校为主,又以工科技术类院校最为集中。哈尔滨职业技术学院、大连职业技术学院、重庆工贸职业技术学院、株洲职业技术学院发文在五篇以上,辽宁金融职业学院、武汉船舶职业技术学院、淮安信息职业技术学院、湖南汽车工程职业学院有四篇(见表 6.2)。

关键词	年份	热度	起始年份	结束年份	2011—2020年变迁过程
协调发展	2011	0.9659	2011	2012	
工学结合	2011	1_9372	2011	2012	
发展定位	2011	0.6856	2011	2013	
专业教学资源库	2011	1.4509	2011	2012	
四化两型	2011	0.6856	2011	2013	
内涵发展	2011	1.7646	2012	2013	
社会服务能力	2011	1.8918	2012	2013	
高职教育	2011	2.0737	2012	2013	
农村劳动力转移	2011	0.8538	2013	2014	
产学研	2011	0.8538	2013	2014	
中原经济区	2011	1.2824	2013	2014	
实践教学	2011	1.0272	2014	2015	
专业建设	2011	0.7622	2014	2015	
中高职衔接	2011	0.8598	2014	2015	
可持续发展	2011	1.0272	2014	2015	
人才培养模式	2011	0.347	2016	2017	
提升策略	2011	1.0419	2016	2017	
人才培养	2011	1.8617	2016	2018	
指标体系	2011	0.9238	2016	2018	
技术技能积累	2011	1.3366	2017	2020	
服务能力	2011	1.104	2017	2018	
体制机制	2011	0.8898	2017	2020	
协同创新	2011	0.82	2017	2018	
创新发展	2011	0.8931	2018	2020	
地方经济	2011	0.5618	2018	2020	

图 6.5　研究热点变迁

表 6.2　研究院校

频次	Sigma 值	院校
8	1	哈尔滨职业技术学院
7	1	大连职业技术学院
5	1	重庆工贸职业技术学院
5	1	株洲职业技术学院
4	1	辽宁金融职业学院
4	1	武汉船舶职业技术学院
4	1	淮安信息职业技术学院
4	1	湖南汽车工程职业学院
3	1	浙江工商职业技术学院
3	1	中山火炬职业技术学院
3	1	北京政法职业学院
3	1	重庆城市管理职业学院
3	1	陕西铁路工程职业技术学院
3	1	长江工程职业技术学院
3	1	常州信息职业技术学院

4. 作者分布

相关研究排名前十的作者分别是周建松(14 篇)、蔡新职(12 篇)、邹瑞睿(11 篇)、张杰(11 篇)、王继辉(9 篇)、吴一鸣(7 篇)、刘月(7 篇)、罗源(7 篇)、熊惠平(6 篇)、邵建东(6 篇)(见图 6.6)。

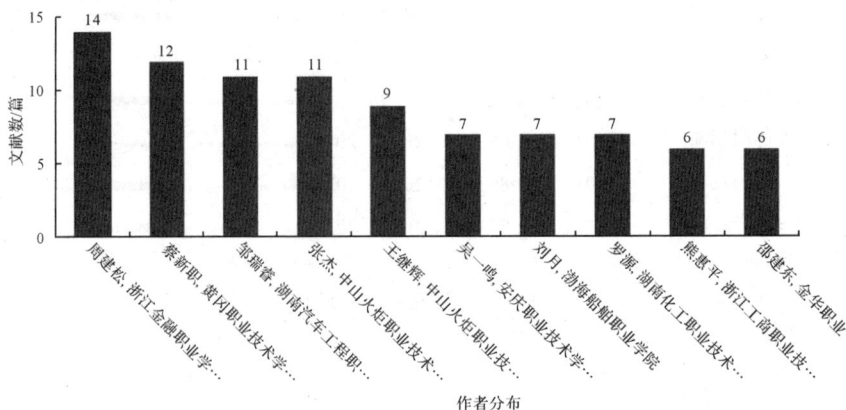

图 6.6　研究作者分布

二、研究领域与主要观点

　　高职院校社会服务能力的研究者们主要是对社会服务的内涵、社会服务的模式、社会服务的平台、社会服务的机制、社会服务能力的提升策略等进行理论和实践层面的相关研究,并取得了较为丰硕的成果。

(一) 高职院校社会服务内涵研究

　　研究者对高职院校社会服务本质内涵的剖析日趋深入。黄炎培先生在其倡导的"大职业教育主义"中强调办职业学校必须同时和一切职业界、教育界努力地联络沟通,提倡职业教育的同时,需分出一部分精神,参加全社会的运动,因此办理职业教育要力求因时制宜、因地制宜。潘懋元在其主编的《新编高等教育学》中对高校社会服务职能的内涵进行了深入阐述。

　　随着高职教育的快速发展,高职教育从规模扩张全面向内涵发展转型的过程中,学界对高职院校社会服务职能本质内涵的剖析愈发全面和深入。如仇雅莉(2010)认为,高等职业院校社会服务的内涵体现为创新人才培养模式,培养社会需要的高技能人才;开展职业培训,为社会、行业、企业提高劳动者的素质;开展技术服务,为行业和企业解决应用技术难题;对口支援与交流,促进区域职业教育的发展。邱开金(2009)认为,地方高职院校社会服务从内容上看包括文化服务、技术服务和科研服务;从范式类型看包括基地式、项目式、教育集团式、活动式,无论是哪种类型,其服务品质集中体现为"公益性",是一种"良心工程"。胡全裕(2014)认为高职院校内涵建设的目的就是社会服务,而社会服务包含人才支撑、技术支持、文化服务、参与新农村建设服务等,主要是满足社会对高等教育的需求。邓志良(2010)认为,高职院校的社会服务主要任务是向区域和行业提供高技能人才培训与培养,提供技术创新、推广和服务,实施先进文化的传播和辐射,使学校成为区域的技术技能培训中心、新技术的研发推广中心、区域学习型社会中心,具有鲜明的区域性和行业性特征。他指出高职教育只有走内涵式高职发展道路,构建质量型人才培养模式等,才能在促进区域经济发展的同时,实现自身可持续发展。

　　高校社会服务的内涵有广义与狭义之分,广义的概念是指:"高校作为一个学术组织,为社会做出直接和间接的所有贡献。"狭义的概念是指"直接服务社会,即高校的教育教学资源直接地、迅速地转化为社会生产力",具体指"高校在保证正常的人才培养和科学研究活动前提下,依托高校的教学、科研、人才、知识、信息等资源优势,向社会提供直接的、服务性的、促进经济和社会发展的活动"。

李晓明(2014)提到高职教育具有服务地方经济社会发展的职能,在经济社会发展的进程中具有重要意义。当前,我国促进高职教育服务地方经济社会发展方面的政策法规相对匮乏,李晓明对高职教育服务地方经济社会发展中存在的问题及相关政策法规进行了深入分析,并借鉴国内外的相关政策法规,从政府、高职院校、行业企业三个层面分别提出了促进高职教育服务地方经济社会发展的具体对策建议。

张菊霞(2017)认为高职院校是高等教育机构的重要组成部分,社会服务是其重要职能之一。高职教育的地方性、职业性、应用性等特点,决定了高职院校社会服务不同于普通高校,除了具备双向性、丰富性、针对性、实体性等共同特征外,还具有区域特色浓、企业参与性强、社区互动程度高等特征。她研究社会服务的狭义概念,主要考察高职院校在人才培养与基础科学研究之外,利用学校的教育教学资源,以多种形式为区域经济社会发展提供直接具体的服务性活动。她参考《国务院关于加快发展现代职业教育的决定》中提出的三大"服务域"理念,将服务内容划分为"服务中小微企业的技术研发和产品升级""促进区域技术技能人才素质提升""服务社区教育和终身学习"三大主要方面。

耿金岭(2011)认为高职院校社会服务职能的性质,应当是结合人才培养,根植专业建设,以专业促进与推动产业,以专业链服务于产业链。高职院校社会服务职能的内容界定,应当是实用技术推广、生产工艺改进、参与项目研发、政策咨询论证等。社会服务是高职院校社会责任担当的一种方式,作为具有中国特色的社会主义高职院校,应当紧密围绕国家的经济社会发展需要和不同时期的中心任务开展自身的教育教学工作。高职院校是生长在特定经济社会环境中的一种主体组织,必须面对和服务于经济社会,担当社会责任,服务经济社会发展应当成为高职院校重要和核心的办学理念。经济社会发展为高职办学提供基本条件、人才需求和环境氛围,使高职院校的生存与发展成为可能,高职院校的办学反过来为经济社会发展尽一己之责是义不容辞的逻辑必然。

王永红(2012)认为高等职业教育应该定向为社会服务,以此为定位的高等职业教育社会服务的具体职能主要有三个方面:为社会培养、输送应用型人才,科学技术传播与推广,职业技术的培训与服务。王海丽等从狭义角度定义社会服务:"在完成国家下达的教学与科研任务之外在各种教育活动和教育过程中以各种形式为社会发展所做的经常性的、具体的、服务性质的活动,即指高校利用自身优势为社会提供的直接服务活动。"

（二）高职院校社会服务模式研究

社会服务模式是指在服务社会的实践活动中形成的一种较为稳定的、具有代表性的、可被推广借鉴的社会服务方式。严中华在其《高职院校管理创新理论与实践指南——基于校企双主体教学企业构建与管理》一书中，系统地探讨了我国高职院校面临的三个层面（宏观、中观、微观）的管理创新以及相互之间的理论与实践管理，为提高高职院校社会服务能力提供了很好的指导。卢冠明（2010）在《高职院校社会服务模式述评》中提到高职院校社会服务的六种模式：一是组建职业教育集团的社会服务模式；二是"订单式"人才培养服务模式；三是岗位技能再培训的社会服务模式；四是政府支持下的校企共建职教科教园区的服务模式；五是对口支援的服务模式；六是"三下乡"服务模式。吴岳军（2015）认为以行业为背景衔接区域经济社会发展确定办学定位，以产业升级为引领对接区域产业结构布局设置专业，以就业为导向培养区域产业具有不可替代性的专业人才，以服务为宗旨对接区域产业开展技术研发和成果转化，是实施"差异化"战略的基础、关键、落脚点和有效路径，也是破解高等职业教育"同质化"和提升地市高职院校服务区域经济社会发展能力的着力点。丁银辉（2017）对案例院校社会服务情况的调查，以需求为出发点，从服务意识、服务主体、服务方式、服务机制四个方面进行改进与突破，构建了新型的社会服务模式。刘亚西（2019）参照布迪厄的"场域—资本—惯习"分析框架，针对目前高职学校在建立共商共建共享的社会服务关系网络、各类社会服务资本占有和传统社会服务惯习倾向方面存在的挑战建议从优化场域结构，厘清高职学校社会服务战略布局；夯实资本要素，注重高职学校社会服务内涵提升；重构惯习体系，强化类型教育社会服务发展理念三个方面着手，提升高职学校社会服务能力。

（三）高职院校社会服务平台研究

高职院校不但要树立为社会企业服务的理念，还要不断提升自身服务社会的能力。在专业设置、创新平台搭建等方面都要着眼于地方经济发展需求，联合政府和企业开展丰富多样的社会服务项目，建设推动地方经济社会发展的高职院校服务平台。

高职院校多功能社会服务平台的构建，能够有效解决教学与科研的关系、教师个人与学校整体发展的关系等问题，而促进产学研的深度合作，是高职院校可持续发展的有效途径。王丹利（2008）在《高职院校构建多功能社会服务平台的探讨》一文中,就为何构建多功能社会服务平台,怎样有效解决构建过程中的关键问题以及如何设计平台的框架进行了探讨。张菊霞等以浙江省 47 所高职院校 2016 年度和 2017 年度质量报告中社会服务的数据与案例为例,从科技研发、社会培训、文化资源等服务几个方面,探讨高职院校社会服务的发展态势。

莫志明(2015)通过探讨当下高职院校社会服务运作模式和特征,并根据市场对院校社会服务的需求,从办学特色、运行机制、能力提升、政府扶持等方面提出建议,为充分发挥高职院校的社会服务职能提供策略性参考。

李蕾(2015)提及产学研平台对社会服务的重要性,认为构建创业孵化平台,实现成果转化和技术推广对提升社会服务能力多有益处。企业、中心、学院的三方互动共振,使得学院的人才培养、应用技术开发研究和推广中心的运行、园区企业的发展三者之间形成了需求驱动的良性循环模式,从而创建了以"技术服务为重点,项目开发为载体,产业孵化为依托"的持续发展机制。

(四) 高职院校社会服务机制研究

当代职业教育权威人士罗志教授(2015)对我国高职院校办学特色形成机制进行了实证研究,指出"政府主导机制是高职院校办学特色形成的保障,社会(市场)竞争机制是高职院校办学特色的形成机制,院校自主办学机制是高职院校办学特色形成的关键"。

王江涛、张丽娟(2021)两位学者在《高职院校社会服务体制机制研究——以北京劳动保障职业学院为例》一文中认为,建立健全服务社会的组织管理制度是社会服务体制构建的关键。曹爱民以济南职业学院为案例,探索了服务区域经济发展能力的模式,并归纳为五种类型:一是校企合作共建"校中厂",二是校企合作共建"厂中校",三是建立经济实体,四是成立中德合作订单班模式,五是校企共建仿真实习基地。他进行了高职院校服务地方经济社会发展体制机制创新研究。首先,搭建"政府、学院、系部"三级校企合作组织机构,如学院成立济南职业学院校企合作理事会、各系部建立校企专业建设理事会;其次,增强服务区域发展战略的能力,发挥政府办学的主渠道作用,建立完善政府主导、部门联动、行业企业参与的校企合作体制机制;再次,探索服务地方经济社会发展的具体实现模式,包括厂中校、校中厂、经济实体、订单班、仿真实训模式等,从而实现以体制机制改革创新为突破口,以提高人才培养质量与办学水平、提升社会服务能力为目标,不断创新服务地方经济社会发展体制机制。

蒋小明(2014)认为,建立良好的社会服务机制是高职院校服务地方社会发展的保障。高职院校应建立以学校主要领导为负责人的校企合作管理委员会,统筹协调学校社会服务工作,加强对社会服务的领导与指导,由继续教育学院归口管理培训工作,科研处归口管理技术服务工作。

(五)高职院校社会服务能力提升研究

对相关文献的梳理可以发现,目前学界对高职院校提升社会服务能力策略的研究相对多元化,但总体仍然呈现出两个较为鲜明的特点。一是院校个案研究较多,主要是示范性高职院校在示范建设期内推进社会服务能力建设的一些经验介绍;二是研究对象过于泛化,对高职院校社会服务的本质内涵把握不够清晰,导致讨论的问题过于宽泛,未能对高职院校社会服务有效聚焦。大部分研究是从理论层面来分析,而在实践层面,虽然高职院校近年来在社会服务上做了很多努力,但不同建设层次、不同区域的高职院校在社会服务能力方面还是存在很大差距。客观层面上,一般高职院校比国家示范(骨干)性高职院校获得政策的扶持和资金的投入更少,所以社会服务能力偏弱;欠发达地区高职院校因区域产业比较分散、区域需求不够强烈,所以其社会服务能力弱于经济发达地区高职院校。林凌敏、刘明星、雷久相等人认为:"高职院校社会服务能力建设是高职院校核心竞争力最直接的反映和体现,已成为当前高职教育领域关注的热点问题。提升高职院校社会服务能力是一项系统工程,必须强化服务意识、夯实服务基础、创新服务模式、构建服务机制、健全服务体系。"

肖称萍(2019)提出,面对规模扩张与质量提升的双重任务,高职院校需要从优化专业布局,提高人才培养与产业发展的匹配度;实行校企"双主体"育人,建立人才培养共同体;探索多元办学机制,创新人才培养模式;创新培训工作机制,打造终身教育基地等方面施策。

王永红(2012)提出应该从以下四个方面来创新高等职业教育实现社会服务的路径:一是改革职业院校的教育体制,为创新职业教育实现社会服务提供契机;二是高等职业教育依托社区学院,向社区提供完备的职业教育;三是高等职能院校通过校外社会实践基地,承担社会服务的职能;四是职业院校构建"三向"开放式职业教育培训体系。

蒋小明(2014)以常州高等职业园区为数据指出了提高社会服务能力的三条路径,围绕地区新兴产业、中央重点工作、为地方企业搭建科技创新平台,实现科技成果转化。

王凤华、王海丽(2017)以聊城职业技术学院为例,提出提升高职院校科技社会服务能力对策:建立科技社会服务配套机制,推动专业和产业的对接融合,在科研"三融合"的理念下构建"多方位、立体化、开放式"的科研服务体系,加强科研带头人及科研创新团队建设,探索拓宽科技社会服务路径,纵横项目联系,加强应用技术研究,强化"区域化"意识,以服务求支持,努力实现互惠双赢。

杨玉春(2013)对山东省近四年高职高专院校人才培养数据采集平台社会服务能力的数据进行了统计分析,认为对高等职业院校的社会服务能力进行评价是一个系统的工程,企业服务年收入、企业培训职工、企业开发教材、社会捐赠四项指标构成了一个相对完整的系统。

邬小撑(2013)提到高职院校与研究型大学的合作,成为近年来我国高等教育领域的一个新亮点。双方有共同的合作基础,社会服务都是其最重要的功能之一。双方合作具有现实基础和重要意义:增强合作创业可能;形成教师合作团队,提高教学、科研和成果的推广水平;促进资源共享,降低办学成本,提高办学效益;增加对投融资的吸引力,提高创业与成果转化概率。双方合作一般借助课程专业、基地平台、师资队伍等载体来实现。

顾准(2012)认为专业社会服务能力建设的实践,要依托政府建立专业培训基地,统筹兼顾构建职业教育体系,联合企业搭建科技服务平台,进而完善社会服务机制。

(六) 高职院校社会服务能力绩效评价研究

向延平(2012)分析了绩效评价体系在社会服务中的重要作用,认为要了解地方性高等学校社会服务的特点,拓宽其服务途径,有针对性地开展社会服务活动,应建立科学、规范的地方性高校社会化服务绩效评价体系,促使地方性高校社会服务职能更加完善,只有这样才能实现学校与社会的双赢。

从整体上看,目前对高职院校社会服务能力建设的研究成果较为丰硕,但"学院派"纯理论成果和"草根派"纯经验成果相对较多,系统思考尤其是将高职院校社会服务置于区域产业发展大背景下去做中观层面思考和研究的成果相对稀缺,有必要予以进一步丰富、拓展和深化。高职院校社会服务能力建设需要因地制宜、因时制宜地在办学实践中不断探索、改革创新,也有必要对实践中成功的个案进行深入地调查研究,探究其背后的环境因素、政策因素、机制因素,以资借鉴和推广。

屠立峰、李晶通过灰色关联度算法,对2005—2011年30个样本省份高职教育事业收入余额与29个产业发展指标进行研究,发现每个省份产业发展对高职教育社会服务功能的依赖方式与程度体现出地区差异性、局部一致性和不同程度的协同性,认为高职院校在社会服务和收入来源多元化上要走专业化和品牌化道路,发挥溢出效应,并形成动态核心竞争力。

缪涛江(2019)以无锡科技职业学院为例,介绍了无锡高新区紧缺人才实训学院、新吴区社区学院、科苑职业技能鉴定所等继续教育载体,形成了以中高端紧缺人才实训和社区教育培训为特色、成人学历教育和职业技能鉴定为主线的多元化的终身教育体系,在中高端人才引育、社区教育、学历教育和技能提升等方面进行了有益探索与实践,以产业转型升级为契机,以实训学院为平台,实现服务地方经济的目标。

(七) 存在问题研究

蒋小明(2014)提到目前高校社会服务实现存在几个问题:高职院校服务地方社会发展观念没有与时俱进;高职院校科技研发与企业实际需求不匹配,成果转换能力不强;高职院校与地方企业之间的合作机制不完善。王凤华、王海丽等(2017)提出高职院校在科技社会服务方面存在的问题:研发基础薄弱,技术服务、横向项目技术含量低;产教融合不足,服务地方优势不明显;科技社会服务的运行机制尚不完善。

张菊霞等(2017)分析;浙江省47所高职院校质量报告发现,高职院校在社会服务参与度、服务领域、服务方式等方面呈现出逐年发展的良好趋势,科技研发、社会培训及文化资源三个重点服务领域的整体成效初步凸显。但存在科技服务、社会培训及文化资源服务的"服务域"强弱不均衡,社会服务的整体层次不高,示范与非示范院校间社会服务能力差异较大,社会服务体制机制不健全等问题。莫志明(2015)认为高职院校在社会服务发展中存在问题,例如盲目追求办学规模,造成优势资源分散、办学理念滞后、思想观念认识不足、地方政府缺乏良好的导向性、缺乏有效信息平台、供求渠道不畅、研发能力相对薄弱、实验设施设备落后等后果。

三、研究反思与展望

从目前的研究成果来看,国外学者对于高职院校社会服务的研究处于优势地位,无论是理论研究成果还是一些实践应用成果都优于国内。尤其是国外学者关于高职院校社会服务职能以及高职院校与社会发展关系的研究,对国内高职院校的社会服务能力研究有非常重要的启示作用,不仅对我国学者研究高职院校的社会服务职能有所启示,同时也为高职院校社会服务体系的发展和完善提供理论支撑。对国内的研究成果进行梳理,我们发现相关研究经历了从服务社会的概念研究到实际的服务模式探究,再到进一步对高职院校的三个职能关系进行研究,最后到探究高职院校的服务社会职能的发展趋势。国内外学者关于高职院校社会服务职能的研究成果,为本书提供了理论依据,也为高职院校社会服务能力的提升提供了宏观方向。总体来看,无论是国内还是国外,对高等职业院校的社会服务职能的研究主要集中在社会服务的内涵、评价标准的建立、社会服务模式的构建等基础研究中,还未形成全面、系统的理论,研究内容还有待深入。

(一) 社会服务愈加注重内涵发展

衡量地方高职院校的发展和存在价值要看其真正为地方经济发展起到了什么作用,科技社会服务工作是否流于形式、做表面文章。高职院校科技社会服务地方经济建设,需要政府、企业、高职院校、教师多维度全面推动。不同地方高职院校科技服务模式在运行过程中,拥有多条服务路径,每一路径都是服务要素在资源上的不同配置。在实际应用中应根据市场的需要,整合各自优势,构建多种路径。因此尚需进一步加强探索开展科技社会服务的实证研究。

(二) 社会服务需要协同创新发展

国内外部分学者对高职院校社会服务职能有过一定的研究和分析,但主要是针对高职院校社会服务职能重要性以及对高职院校社会服务职能产生过程进行论述,在实践基础上对高职院校和社会共同理论进行分析得却十分少。所以分析高职院校社会服务职能,使之更加科学化、具体化,从而找出规律性,帮助学校更好地履行社会职能,协助学校提高社会影响力,有利于高职院校在服务社会的同时得到更多的社会支持,求得更大的发展,真正实现高职院校与社会发展的共赢。高职院校需要更好地实施"协同创新计划",例如国内高职院校与研究型大学的合作在合作基础、意义、载体等方面做了初步探索,意在构建双方合作模式,促进共同发展。

第七章　高等职业教育治理研究

治理是公共权威为实现公共利益而进行的管理活动和管理过程。2010 年颁布的《国家中长期教育改革和发展规划纲要（2010—2020 年）》为我国教育改革与发展指明了方向。党的十八届三中全会把"完善和发展中国特色社会主义制度，推进国家治理体系和治理能力现代化"作为全面深化改革的总目标。这为高等职业教育治理的理论和实践研究明确了政策指向。2014 年，国务院《关于加快发展现代职业教育的决定》强调要"创新发展高等职业教育"。2015 年，全国人民代表大会常务委员会执法检查组对加快发展现代职业教育提出新要求。2019 年《国家职业教育改革实施方案》提出推进高等职业教育高质量发展。高职院校治理体系和治理能力现代化的进程，不仅在很大程度上反映着构建现代职业教育体系的进程，也反映着高职教育创新发展的进程。基于高职院校治理现实，总结以往研究的理论与实践经验，厘清我国高职院校治理之维，明确高职院校治理改革与发展的理论思考与实践方向，对推进高职院校治理现代化进程具有重要意义。

一、高职院校治理体系

高职院校治理体系既是构建现代职业教育体系的重要基础，也是创新发展高等职业教育的根本保障。高职院校治理体系现代化是一个开放系统、动力机制和学习过程，其关系模式、实现路径及发展趋势均在实践中呈现出独特性。

（一）理论意涵

治理这个概念在经济学、生态学、政治学、社会学、法学、管理学等学科被广泛运用。全球治理委员会在 1995 年联合国成立 50 周年之际发布《我们的全球之家》的研究报告中对治理做出界定：治理是多种公共的或私人的机构管理其公共事务的诸多方式的总和。它是使相互冲突的或不同利益的各方得以调和并且采取联合行动的持续的过程。依照教育社会学的观点，现代化本身是一种进程，教育是这一进程的重要组成部分及主要推动力量。随着现代化进程的深入，治理逐渐拓展到对教育领域的分析上，如联合国教科文组织就曾于 1997 年发布名为《治理和联合国教科文组织》的文件。作为一个特定类型的教育组织，高职院校治理体系现代化的本质是什么，又是如何运作的呢？这里包括三个基本问题：谁治理？如何治理？治理得怎样？这三个问题实际上就是治理体系的三个要素，即治理主体、治理机制和治理效果。

（二）实践模式

治理体系是规范权力运行和维护公共秩序的一系列制度和程序。高职院校治理体系既是构建现代职业教育体系的重要基础，也是创新发展高等职业教育的根本保障。一方面，高职院校治理体系现代化是一种理想状态。治理的目标在于寻求一个更美好的未来，而探讨和解决其中所涉及的种种问题，对这一目标来说具有至关重要的意义。治理体系体现着价值理性与工具理性的双重属性，是实现治理的手段。高职院校治理体系现代化承载着教育价值，同时具有一定的技术性。另一方面，高职院校治理体系现代化是一个实践过程。高职院校治理体系现代化表现为一个有机的、协调的、整体的和动态的制度运行系统，且这种制度体系和运作方式处于不断调整优化的实践过程之中。理解和把握高职院校治理体系要素间的特定逻辑，能够不断地促使治理机制臻于完善。

二、高职院校治理结构

（一）高职院校治理结构是一个开放系统

高等职业教育是我国高等教育的重要类型，更是职业教育的重要层次。高职院校兼具高教性和职教性，从高教性出发，高职院校必须认真履行大学的四大职能，认真把握好人才培养、科学研究、社会服务、文化传承和创新的关系，形成高职院校治理的基本框架；从职教性出发，产教融合是高职院校办学的基本特征，校企合作是高职院校人才培养模式的重要特点。开放开门办学意味着要整合和引进各种社会资源，这是推进高职院校特色发展的基本要求，其中就涉及校政、校行、校企、校会等组织间关系及其内外部运作过程。因此，高职院校治理体系是一个开放系统。如何在运行中统筹协调体现高教性的大学理念与大学精神和体现职教性的产教融合与校企合作是高职院校治理体系现代化的关键。同时,如何以治理体系现代化推进探索混合所有制办学、集团化办学和现代学徒制培养,也应纳入这一开放系统加以统筹解决,才能推动已经封闭甚至僵化的组织结构再度开放。

(二) 高职院校治理结构是一个动力系统

高职院校现存的治理结构还相对落后,具体表现为办学体制机制不能适应经济社会发展需要,学校运行成本过高而效率较低,院校内部基层治理主体的自治程度偏低,师生参与治理的渠道还不够畅通,内外部主要治理群体间的关系还不够协调,动态稳定的治理机制尚未完全确立,凡此种种,都意味着高职院校治理体系面临着诸多挑战,有些院校甚至存在明显的治理困境和局部性的治理危机,亟待重建新的治理体系。这些压力、挑战、冲突、困境和危机也是高职院校治理体系现代化的动力,但最主要的动力来自制度的变革,因为制度具有根本性。

(三) 高职院校治理结构是一个学习过程

治理原则是在人类社会生活经验积累中归纳筛选出来的。从发展阶段和环境看,自 20 世纪 80 年代特别是高等教育大众化十多年来,我国高职院校在专业门类、校园面积和在校生规模等方面均大为扩展,"百个专业""千亩校园"和"万名师生"已经成为不少高职院校发展的真实写照。在普遍经历了规模扩张阶段后,内涵建设正成为高职院校发展的核心议题,如何建立一套规范、科学、高效、有序的制度体系和运作机制,助力和保障以人才培养质量为中心的内涵建设,对高职院校治理体系提出了挑战,这不仅是外在的要求,更是内在的需要。在国家示范性高等职业院校建设计划实施期间,院校领导能力建设是一项重点任务;在国家示范性高等职业院校建设计划骨干院校建设期间,院校办学体制机制建设是一项重点任务,通过这两个阶段的重点建设,高职院校的领导能力得到较大提升,办学体制机制逐步健全完善。

三、高职院校制度建设

对于高职院校治理来说,制度建设是其治理的基础和依据,是治理之本。现代高职院校制度体系是适应当前高职院校的政治、经济和文化发展阶段,符合市场对高素质技术技能型人才需要的,也是协调高职院校内部和外部关系的制度体系。其中,外部关系指的是高职院校与政府、行业企业、其他院校以及社会公众等和高职院校发展相关的主体之间的关系;内部关系指的是高职院校内部的各种组织机构和人员的关系。目前高职院校制度具有现代化的特征,孙晓庆(2015)指出现代高职院校制度具有实施管办评分离、鼓励社会力量的多元参与、依法实施自主办学以及就业导向等特征;孙卫平(2010)认为现代高职院校制度构建是当前我国深化教育领域综合改革的重要内容和方向,高职院校制度建设应强调提升现代职业教育的创新发展能力。高职院校制度的制定、执行与评估是制度建设的三个方面的内容,学者刘献君(2010)认为我国高等职业教育的复杂性特征决定了高职院校制度建设的民主性、人本性和开放性,制度改革与创新应从决策制度、人才培养制度、教学评价制度和教师聘任制度四个方面着手。学者们认为推进现代高职院校制度建设及创新可以从两方面着手。一是制定和实施现代高职院校章程。制定高职院校章程是现代学校制度建设的重要内容,是设立高职院校的基本条件。胡正明(2015)指出,作为指导高职院校办学的"内部宪法",章程是其制度建设的载体,章程的制定要符合现代职业教育可持续发展的需要,关注各利益主体的利益关系,广泛吸收社会力量的参与,结合高职院校的办学和发展实际,维护利益相关者的利益。二是推进校企合作制度化建设。庄西真(2016)认为校企合作制度化包括不断完善职业院校和合作企业的课程更新、订单培养、生产实训、知识共享、员工培训、顶岗实习、协同创新等,制定合作办学章程,建立健全校企联合培养人才的机制;多种渠道开展校企合作,比如开展职业院校与企业共建实习实训基地、企业进校或校进企业等形式。

四、高职院校运行机制

目前我国高职院校治理机制不够完善、不够科学,导致高职院校治理中出现一系列问题,影响着治理的实效,剖析现行的高职院校治理机制中的不足之处,是完善治理结构的前提,可为高职院校改革提供理论和现实依据。当前,学者们从不同视角分析了我国高职院校治理中的问题。从院校权力分配来看,我国高职院校内部治理结构大部分参照本科院校,实行的是党委领导下的校长负责制,院校以校长为法人代表,在党委领导下行使职权。孙天华(2004)指出,表象上高职院校党政明确分工,但实际上党政权力与责任划分并不清晰,院校治理中制度建设和治理结构问题重重,高职院校治理结构有待进一步完善。周旺(2012)指出,从高职院校的发展与演进来看,我国高职院校治理结构在外部和内部都存在问题,即外部制约因素过于明显,影响治理实践;内部治理结构过于封闭,影响治理改革与创新。林春明(2015)认为我国高职院校制度建设可以通过规范内部关系、建立合理的内部组织架构、建立内部治理运行机制等途径进行治理结构改革,提升治理能力。从发展特点来看,孙云志(2017)指出我国高职院校存在治理理念陈旧,难以适应社会经济转型升级步伐,内部治理组织结构松散,治理难以形成合力,治理能力有待加强,治理文化内容不突出等问题。从法人治理的角度来分析治理结构的问题,杨建国(2012)指出我国高职院校治理存在的主要问题是法人制度不健全、办学自主权难落实、学术权力与行政权力矛盾、组织机构臃肿等。从功能来看,我国高职教育在人才培养、社会服务和社会发展方面的功能都有所体现,但是仍旧存在着高职教育制度设计不完善、组织结构不合理、理论准备不充分的问题。陈寿根(2012)认为引起高职院校治理结构一系列问题的主要是治理决策主体比较单一导致治理权力过于集中、行政权力越位与学术权力虚位、监督机制的缺失。总的来说,是治理权力分配不合理、治理职责权力边界模糊、治理决策不够理性造成的治理效果低下。从现实出发,周建松(2017)认为积极建设有中国特色的高职院校治理结构是职业教育现代化的要求,中国特色的高等学校治理结构也就是现代学校制度的核心,即党委领导、校长负责、教授治学、民主管理。构建具有中国特色的高职院校治理结构体现了我国高职院校治理科学化的时代要求,而健全内部治理结构是高职院校内涵式发展的要求。周建松等(2016)认为可以通过树立现代治理理念、完善治理制度、改革机构设置、建立健全多元参与体制机制等途径推进高职院校治理体系和治理能力现代化建设。

在深化职业教育改革的新时期,结合职业教育发展的实际情况,对我国职业院校治理现状重新审视,学者们认为现代职业院校治理结构需要体现开放性的特征,通过优化结构提升功能,提升治理体系现代化水平。周建松等(2015)将学校看作一个系统,其具有耗散结构的特征,在治理中,内部系统与外部系统必须协调,通过系统内外部质量之间的交换提升办学的活力。产权结构是关乎高职院校内部治理结构的重要问题,胡赤弟(2004)认为高职院校治理应注意产权结构的改革与完善,厘清政府和高职院校之间的关系,才能建立健全高职院校法人治理结构,形成院校治理结构内外部相互联系、相互制衡的机制。例如以明晰产权,促进高职院校成为权责明晰的独立法人;以政校分离保持高职院校的治理独立性。多元利益主体积极参与治理为高职院校治理结构完善提供了条件,现代教育治理改革强调行业企业的积极参与对优化资源配置与完善院校治理结构的重要作用。陈正江等(2019)提出了基于共同体理念构建高职院校治理机制。

当然,治理体系、治理结构、制度建设、运行机制究竟以多大程度和多快速度影响和改变着高职院校,还需要我们综合运用调查、访谈、案例分析等手段开展更为深入的经验研究,进一步解释高职院校治理体系与治理能力现代化新实践中的经验和教训,并通过持续的理论反思和实践探索提炼高职院校治理的真义。

第八章　高等职业教育文化研究

一、研究背景和基本情况

2011—2020 年,一系列对中国高职教育发展影响深远的决策出台并开始实施,中国高职教育在整体上发生了深刻变化。2014 年,国务院出台《关于加快发展现代职业教育的决定》,明确了我国现代职业教育体系建设的目标,描绘出体系的框架和建设路径。同年,教育部等六部门印发《现代职业教育体系建设规划(2014—2020 年)》,对现代职业教育体系的架构、任务、机制创新、制度保障等做了具体的制度性安排。这是历史上首次针对职业教育体系建设专门出台的国家文件。2019 年,国务院印发的《国家职业教育改革实施方案》提出,"完善学历教育与培训并重的现代职业教育体系,畅通技术技能人才成长渠道"。在高等职业教育领域提出了研究生层次的职业教育,即培养专业学位硕士研究生,明确要求"开展本科层次职业教育试点"。从高职教育文化的维度看,这一时期的高职教育文化出现了三个明显的变化。

(一) 立德树人与高职教育文化在多环节实现了深度融合

高职教育文化的首要任务就是通过文化育人,引领学生坚持社会主义先进文化的前进方向,树立社会主义核心价值观。高职教育文化,利用各个环节的文化元素和文化资源,全方位地进行立德树人的教育与引导。在这个过程中,两者实现了深入融合。从高职教育文化的实践看,立德树人与高职教育文化的融合,起码体现在以下几个方面:显性课程的资源共享和责任共担;隐性课程一体化和一致性;融合机制与运行体制的匹配与互适。

(二) 高职教育文化呈现多元化样态

这主要表现为高职教育文化中的职业属性特征进一步凸显。作为培养"技能型专门人才"的高职院校,其文化建设必须遵循高职教育的规律,充分反映专业文化元素,发掘文化育人的内在驱动力。由于高职院校所在区域的历史渊源、文化背景、民风民俗的不同,更由于不同区域经济发展水平及经济特色不同,与区域文化和区域经济密切关联的高职院校文化,必然不断引入具有鲜明区域特色或专业特性的文化资源和文化模式。尤其在高职教育的类型特征日趋成熟的背景下,高职院校因为本校所在区域的不同、专业设置的不同以及特色发展的诉求,呈现出越来越多元化的样态,大大丰富了我国高职教育文化建设的领域、结构、层次和模式。

(三) 高职教育文化的相关研究进一步细分

近十年来,多项针对高职教育改革和发展的政策落地,我国高职教育也随之取得了有目共睹的进步和发展,高职教育切实步入内涵发展、提质培优的良性轨道。高职教育原有的结构性矛盾不断得到释放和改善,在这一背景下,高职教育文化的相关研究也得到进一步细分。其突出表现为一方面高职教育文化的理论体系不断完善,对高职教育文化的概念界定、功能的区分更加清晰,框架更加完整、层次更加丰满;另一方面,高职教育文化内部的细化也更加科学和客观,研究内容从过去的粗线条和泛概念,细化为如今的不同领域、不同板块、不同环节、不同属性、不同维度的高职教育文化的类别研究或案例研究,出现了专业文化、诚实文化、校友文化、创业文化、就业文化、图书文化、校训文化、学生社团文化、职业文化、企业文化、行业文化等不同局部的表述和研究成果。

此外,值得注意的是,从 2011 年至 2020 年,国内高职教育文化领域的研究者也较前有了较大幅度的增多,而且研究者年龄结构、学历结构和职称结构更加趋于合理和丰富,一些高职院校和科研机构也开始整合高职教育文化的研究团队,结合自身的区域文化、院校文化特色开展专题研究,出现了一批高质量、重量级的研究成果。尤其值得提及的是,由中国高教学会高职高专分会主持、浙江金融职业学院承办的每年一次的高职教育文化论坛,成为近十年中国高职教育文化研究中的标志性事件,并出版了一批诸如《高等职业教育校园文化建设的理论与实践》《高职教育文化的建构》《文化自觉:高职教育可持续发展》等高职教育文化专著,在客观上起到了引领高职教育文化研究方向,梳理高职教育文化研究脉络,整合高职教育文化研究队伍,交流高职教育文化研究成果,扩大高职教育文化研究影响的积极作用。

二、研究领域和主要观点

我们通过中国知网、万方、维普、超星等学术信息平台对 2011—2020 年我国高职教育文化的相关研究进行了检索和梳理。近十年来，国内的高职教育文化研究相较于前一个十年有明显变化，即研究领域的进一步拓宽和研究内容的进一步细化，其中，关于高职教育文化生态、高职教育文化要素、高职教育文化功能等的研究成为研究主流，无论在数量上还是在质量上都较前十年有了明显增长和提高。

（一）高职教育文化生态的相关研究

1. 高职教育文化生态的内涵

有研究者认为，高职教育文化生态是高职相互关联和作用的文化体逐步形成的文化要素系统。培育高职文化，是建设有中国特色大学先进文化的重要内容，是高职院校培育与践行社会主义核心价值观的重要课题（斯文涌，2019），还有学者表示，高职教育文化生态是高职一系列文化特质在发展进程中的不断完善，是高职价值观念、制度体系、文化生活、高职教育文化等要素相互作用的结果。它展现着一所高职的发展状况与品牌特色，体现着一所高职院校校风、学风、教风等文化生活风貌，是学校良好风气生成的土壤，也是保持学校创造力、凝聚力与向心力的基础（王悠，2020）。也有研究者认为，高职院校文化生态的基本结构，主要是由高职院校办学思想、地方产业文化、大学精神三个方面凝练出的集体精神价值、集体性格、集体行为方式。良好的高职院校文化生态既能培养高级应用型技能人才，更能塑造高职学生美好心灵与高尚品格。文化育人是基于高职教育文化的更高层位的教育生态系统（田文凤，2018）。还有研究者将高职教育文化生态总结为四度空间，认为将教育生态学理论导入高职文化育人范畴，可以基于第一课堂、第二课堂、环境课堂、企业课堂，构建形成"四度时空"文化育人体系，提升育人质量，推动高职教育高质量发展（吴建新、许军，2020）。

2. 高职教育文化生态的功用

国内学者从不同维度进行了阐述，总结起来主要有三个方面。

(1)高职教育文化生态是高职院校提质培优的内生力和元动力

有学者认为，高职教育的概念于 20 世纪末成形，虽起步较晚，但进展很快（马明礼，2019）。如果把一所大学的综合实力分为硬实力和软实力两方面，高职院校在近些年的快速发展中,办学规模、师资队伍、生源发展等指标都已相对稳定,但作为大学,在精神传统、办学理念、办学特色、管理制度等软实力方面,还存在着一定"软""硬"实力失衡的现状(刘革,2019)。还有的研究者认为,高质量发展是高职院校办学从追数量到重内涵,从求规模到重效益,也是社会产业结构调整和高职自身快速增长后的战略决策(李超,2010)。

(2)良好的高职教育文化生态是高职院校人才培养能力提升的根本要求

有研究者表示,文化生态作为高职院校办学理念、精神信仰、价值观念等的集中体现,是实现高职院校内涵式发展,推动教育教学改革的坚实文化基础(司马丞,2018)。还有研究者认为,高职院校文化生活是建设高职文化向心力,提升软实力的有力抓手。高职教育文化体现的是师生的价值取向、思想交流、智性交往等,它形成于高职教育文化生活又引领和规范高职教育文化生活,随着文化生活的发展而发展。高职院校师生只有经过有品质的文化生态的浸润与淬炼,才能形成对高职教育的认知、认同与信赖。从这个意义上说,建设良好文化生态的过程,也是高职自我完善、自我提高,构建品牌的过程(王悠,2014)。

(3)文化生态建设是高职院校着力自身人才培养能力提升的现实需要

当前,高职院校从兴校向强校迈进,类型特征更加明确具体,双高计划以及提质培优,对教育教学质量和人才培养能力的提升比以往任何时候都更加强烈,对文化建设的需要比以往任何时候都更加迫切。国家发布一系列关于职业教育发展的文件和战略决策,部署当前和今后一个时期职业教育发展工作,就是要提高高职教育发展水平,增强高职教育核心竞争力,走自己的高等教育分类发展道路。高职教育在人才培养能力提升的道路上,遇到的挑战更加严峻,承担的责任更加重大,也存在着很多发展难题。高职教育的转型发展,核心是人的转型,做好"人"的工作。在这条道路上,高职教育文化生态建设的感召力、凝聚力、影响力,将越来越成为高职院校改革发展的源泉与保障,成为其办学实力的有力彰显(斯家宜,2017)。

3.高职教育文化生态建设策略

这是近十年来国内研究者关注较多的另一个领域,对此,总体有三种观点。

(1)应准确定位文化生态建设

物质文化是指为了满足人类生存和发展需要所创造的物质产品及其所表现的文化,包括饮食、服饰、建筑、交通、生产工具以及乡村、城市等,这些产品是文化要素或者文化景观的物质表现方面。学校的物质文化环境是作用于人的视觉感官的外显性的文化环境,具有直观形象的特点(刘洋,2014)。有研究者认为物质文化是构成学校生态环境的"硬件系统",包括学校的建筑、园林、标牌等,因而求特、求美、求品(胡良善,2015)。另外也有研究者认为,高职院校物质文化是高职教育文化的物质载体,是整个高职教育文化的外在标志。但建设物质文化不是目的而是手段,离开了精神文化建设,单纯的物质文化建设就失去了文化建设的意义。精神文化建设隐含在物质文化建设中,是高职教育文化建设的根本目的(杨丰文,2014)。

(2)应大力推进制度建设

教育制度的核心部分是学校教育制度。学校教育制度又称学制,是指一个国家各级各类学校的系统及其管理规则,它规定着各级各类学校的性质、任务、入学条件、修业年限以及它们之间的关系(牛源在,2018)。刘洋(2014)认为,随着社会的发展和进步,教育制度不断改革和完善,渐渐地产生了学校制度文化。在刁培萼先生的《教育文化学》一书中,学校制度文化是围绕学校核心价值观,要求全体教职工和学生共同遵守,按一定程序办事的行为方式及与之相适应的组织机构、规章制度的综合。

(3)应积极借鉴国内外先进经验

要积极借鉴国内外高职院校关于文化建设的先进经验,与国际教育水平接轨,使受过职业技术培训的人才尽快适应国际和国内劳动力市场的需要(刘洋,2014)。

(二)高职教育文化要素的相关研究

在不断的理论完善和实践探索中,高职教育文化的要素构成也日趋成熟、完善。梳理近十年来研究者的相关论述,主要包括以下观点。

1. 高职教育文化要素的构成

有学者认为,高职院校文化育人的要素实际上大致体现了社会学所主张的文化的六种要素构成:信仰(beliefs)、价值观(values),主要在历史性要素中体现;规范和法令(norms and sanctions),作为行为的指导,主要借助主体性要素予以体现;符号(symbols),主要在环境性要素中体现;技术(technology)和语言(language),主要通过开放性要素得以体现。当然,这种体现不是完全一一对应的,而是交错杂糅的,是诸多可以因循或借力的范式。经过近20年的发展壮大,高职院校的文化自觉已初步形成。育人的天平已经由早期的"知识育人"向"文化育人"倾斜,文化育人已成为高职院校内涵建设的重中之重(陈云涛,2017)。

陈云涛的观点得到学界许多学者的认可和回应,并在此基础上进行了更为细致地分析和梳理。陈云涛提出,高职教育文化的构成要素包括历史要素、环境要素、主体要素和开放要素等。一些研究者在掌握构成要素的基础上深入挖掘"四大构成要素"的内涵意蕴和价值意义,深刻体味其所具有的精神价值和理性追求。

(1)历史要素

有研究者指出,我们通常把客观事物或现象本身及其历史发展的过程称为历史性要素。高职教育文化的历史性要素主要应从中华优秀传统文化、高校的历史和精神两方面进行挖掘。第一,中华优秀传统文化。习近平(2018)强调:"深入挖掘和阐发中华优秀传统文化讲仁爱、重民本、守诚信、崇正义、尚和合、求大同的时代价值,使中华优秀传统文化成为涵养社会主义核心价值观的重要源泉。"这是中华民族特有的思维方式、价值追求、文明标准和人格品质(蒋艳,2019)。第二,高校的历史和精神。高校优秀文化的形成需要靠时间的积累和沉淀,优秀文化的延续需要靠高校学生的传承和发扬。高校学生在高校历史和文化发展中的某一阶段入学,发挥了高校文化承续者的功能,他们与高校过往是相互连接、继承发展的。因此,高校的历史发展和精神传承是文化育人的重要主题之一,其影响力会在相当长的时间内以校园实物、史料、校训和校风等多种形式存在和延续(王琦,2019)。

(2)环境要素

有研究者表示,高职教育文化的环境要素主要是指高校的物质环境和其所处的地域环境。物质环境即指校园内部的物化空间,是受教育者所处的最基本和直观的状态,在高职教育文化建设中较易得到关注。而地域环境所具有的丰富性、可控性和制约性等,在一定程度上影响和制约着高校育人方针的制定和实施。对学生来说,当初选择一所高校一般必然是考虑到这所高校所处的地理位置和地域环境。处于特定地域文化环境中的高校,可以较好地运用地域文化的优势,开展文化育人工作(陈云涛,2017)。

(3)主体要素

有研究者认为,在高职教育文化的语境中,学生的主体性主要表现为学生学习和行为方式中的主动性、选择性和创造性(蒋赟,2019)。还有研究者认为,高职教育文化已进入一个主体多元时期,其主体从过去的单一以学校为主转化为全社会不同界别、不同属性的组织或个体的参与,这些主体包括企业、行业、家庭、社会机构甚至一些知名企业家(邢运凯,2016)。还有研究者认为,高职教育文化的主体,主要在学校内呈现和发挥功能,这些主体包括显性和隐性、即时和滞后、直接和间接等不同的特质和属性(傅一休,2014)。

(4)开放要素

有研究者认为,开放办学是高职院校的本质特征之一,高职教育文化的内涵更具有综合性和开放性,其所涉及的亚文化包括行业企业文化、社会流行文化、外来文化等(蒋艳,2019)。

也有学者从更加宏观的维度对高职教育文化要素进行了分解,认为高职教育文化要素包括高职教育的核心思想、核心制度、核心环境三要素,三者相互作用、相互依存。核心思想属于精神文化的范畴,是精神文化的内涵;核心制度属于制度文化的范畴,是制度文化的核心;核心环境属于物质文化的范畴,是物质文化的核心。核心思想解决的是办学定位的问题,是核心文化的内涵:核心制度解决的是人才培养的问题,是核心文化的保障;核心环境是实现核心思想、核心制度的重要载体,是核心文化的基础。三者之间相互依存、相互作用。是作用与反作用、支配与反支配的关系(张正、陈欢,2011)。

(三) 高职教育文化特色的相关研究

近十年来,关于高职教育文化特色的相关研究,国内理论界主要分宏观和微观两个层次开展了讨论。相关研究多聚焦于高职教育文化中的专业文化、质量文化、中华优秀传统文化、企业文化、红色文化、网络文化、艺术教育文化、职业文化、图书馆文化、创业创新文化等。现择其要梳理如下。

1. 专业文化

已有文献对专业文化的内涵、特征、功能、内容体系以及专业文化建设的现状、模式、路径等进行了深入研究。

有研究者认为,专业文化是高职文化的重要组成部分,其所凝聚的特定价值观、思维方式、职业规范和行为习惯等内容对高职人才培养起着至关重要的作用。随着高职教育迈入"双高"时代,专业(群)建设成为高职院校关注的重点。加强专业文化的研究对于促进高职专业建设和专业群的融合,推进专业(群)实现高质量发展具有重要意义(王波,2020)。

(1)专业文化的特征与功能研究

关于专业文化的特征,邵庆祥(2011)认为,高职专业文化的特征包括职业性、行业性和多样性,高职专业文化应体现高职院校技术技能型人才培养特色的核心精神,具有区域性、行业性、开放性、跨界性等特征。

文献研究表明,专业文化对于高职人才培养、专业发展和院校文化建设都具有极其重要的作用。王木林(2014)认为,高职院校专业文化具有职业导向、行为规范、价值辐射、目标激励等基本功能,还有的研究者在文献中表示,高职专业文化是培养具有完整人格的社会人的有效途径,是促进学生专业技能持续提升的催化剂,能有效促进专业特色的形成(赵明亮、贾生超,2014),而融入行业、产业元素的专业文化建设是高职院校专业建设的灵魂,是引领高职院校不断发展的动力。专业文化对于专业师生具有明确的导向性、约束性、规范性(张新科、邓虹，2013）。

（2）专业文化的内容体系研究

有研究者认为，高职专业文化至少应包含"五要素"。一是历史要素，包括专业发展演变的过程、原因，每个发展阶段所处的地位及其对人类文明发展做出的贡献；专业在不同发展阶段与地域文化和其他文化的交互与融合；专业发展中具有典型意义的人物与故事；专业发展的趋势与规律等。二是精神要素，包括专业的核心价值、理想信念、思想意识、使命责任等。三是职业要素，包括职业认知、职业道德、职业伦理、职业情感、职业规范、行为准则等。四是特色要素，包括专业（行业）独特的思维方式、规则标准、制度规范、办事规程等。五是器物要素，包括专业发展中的重要物件、器物，专业（行业）标志物、象征物等（王波，2016）。一些学者进而提出了专业文化的五个建设维度：一是专业精神文化，是指在专业建设过程中确立并被共同遵循的专业意识、理念、人际关系和价值观等。二是专业物质文化，是指专业文化的外在物化形式，包括专业教学基地、教学设施等硬件环境，也包括以语言和符号等形式呈现的相对抽象的专业文化表现方式。三是专业制度文化，是指专业文化建设过程中形成的、要求师生共同遵守的办事规程或行动准则体系。四是专业课程文化，是指从行业文化、技术典籍中选择出需要学生掌握的专业内容，提炼行业文化、专业精神、专业技术的精华，构建既符合行业发展需要和企业用人需求，又能促进学生全面发展的课程体系。五是专业行动文化，是指专业建设活动的过程中形成的活动状态、方式、程序和效果（孟男，2013）。

2. 质量文化

关于质量文化的内涵，有研究者认为，质量文化概念缘于企业质量管理理论，20世纪80年代由现代质量管理领军人物、美国学者约瑟夫·M.朱兰提出。"质量文化是人们与质量有关的习惯、信念和行为模式，是一种思维的背景。"之后，人们对质量文化的定义和内涵展开了深入研究。由于质量概念本身的模糊性、文化概念本身的多义性，进而导致质量文化概念的复杂性，迄今学界尚未形成有关质量文化的统一定义。20世纪初，欧洲大学联合会发起了"大学质量文化工程"，质量文化成为大学质量评估的重要指标，成为学校质量研究的重要范畴（周应中，2020）。周应中进而将高职学校质量文化界定为：高职学校在长期办学历程中自觉形成的，以人才培养质量为核心，以教育教学过程为主线，具有校本特色的质量意识、理念、方针、价值观、制度、形象、程序、环境等物化的、精神的、行为的诸要素的总和。

3. 企业文化

关于企业文化融入高职教育文化的研究，多数研究者聚焦了高职教育文化内化企业文化的途径,主要观点包括如下。第一,融入企业文化精神要素,为学生形成良好的职业道德做准备。企业文化的精神要素是用以指导企业开展生产经营活动的各种行为规范、群体意识和价值观念,是以企业精神为核心的价值体系。它集中体现了一个企业独特的、鲜明的经营思想和个性风格,反映着企业的信念和追求,是企业群体意识的集中体现。企业文化最核心的部分就是企业文化的精神要素,主要体现为企业的价值观及哲学信念(王红艳、吴全华,2015)。第二,融入企业文化的规范体系,规范学生的"准职场"行为。在企业中,企业文化的规范体系是人与物、人与企业运营制度的结合部分,企业文化的规范体系是企业为实现自身目标对员工的行为给予一定限制的文化。它具有共性和强有力的行为规范性,它规范着企业的每一个人。高职院校应让学生了解企业文化的规范体系,并在学校的日常生活与教育教学过程中引进切实可行的企业规范体系加以实践,规范学生的行为方式,以便学生更适应职场环境(叶澜,2015)。第三,融入企业的语言和象征符号要素。企业的语言和象征符号要素主要指企业的宣传口号、语言、广告、报刊文章、图案、标志、宣传仪式、英雄事迹、典型故事、惯例、传统等,这些既是企业文化的载体,也是企业文化的标识,高职教育通过对这些内容的内化,不但能影响高职学生的态度与行为,还能强化学生的准职业人角色意识(王红艳、吴全华,2015)。

4. 网络文化

国内研究者多从网络安全的维度对高职教育文化中的网络文化现象及机理进行研究。有研究者认为,校园网络文化的多元性主要包括网络文化内容的多元性及大学生价值的多元性(田自鸣,2016)。在网络文化内容中有现代主流的文化,也有非主流甚至低俗的文化,不同文化交织在一起,大学生的价值观念难免受到碰撞、冲突,这也使得大学生的价值取向越来越多元化,在价值取向上做出正确选择更加困难(马海峰、刘明新,2012)。还有研究者认为,微文化对高职教育文化建设产生了一定影响。微文化是指以微博等为新传播载体,通过信息传播与所处的社会文化背景相互影响而形成的一种微观的文化形态。从社会文化学和传播学的角度来看,它的传播具备传播主体个体化、传播内容多元化、传播方式交互化等特征,然而,随着微文化传播弊端的不断显露,如过分强调个人色彩、传播信息碎片化等,易造成大学生失去自我判断能力、价值观扭曲等问题,进而影响到整体的高职教育文化建设(钱铮、羊悦,2017)。

(四) 高职教育文化建设案例研究

从 2011 年到 2020 年,高职教育文化的实践风生水起,成功案例的增多也体现在案例研究成果的丰富上。从统计结果看，这一研究主要集中在地方文化元素案例、行业文化元素案例、专业文化元素案例和校本传统文化元素案例四个方面。

1. 地方文化元素案例

有研究者指出，地域文化是指在一定的自然环境、特定的历史背景和独有的人文精神等条件下所形成的一种亚文化，具有很强的地域性、传统性和独特性，它是民族文化的一个重要组成部分，是不同地域所特有的一种文化。地域文化既包括显性的文化载体，如文化历史遗迹、著名景点、博物馆、纪念馆和杰出人物等，也包括隐性的地方精神，如行为准则、风俗习惯、道德规范、思维方式等。对于身处不同文化区域的人们而言，不同的地域文化各具特色，会给人带来独特的历史记忆和生命体验（董泽民、吴正毅，2020）。

例如，临沂职业学院依托临沂悠久的历史文化资源成立了"孙子兵法研究会""王羲之书法研究会""新时期沂蒙精神研究会"，承办了"孙子兵法与经济发展战略国际高峰论坛"，论坛以孙子兵法在当今的应用为主题，突出"兵学文化与区域经济发展战略""孙子兵法与企业发展谋略"等（王一群，2011）。江阴职业技术学院在吸收和传播优秀地域文化中进行了"霞客文化进高校""非遗项目进课堂"文化实践的分析（董泽民，2020）。广州城市职业学院进行了"国学精粹＋书画琴茶"文化实践模式的分析（罗香萍，2020）。江苏食品药品职业技术学院进行了运河文化、西游记文化、明代文化以及红色文化研究（仲淑秋，2016）。毕节医学高等专科学校关于沙滩文化、阳明心学、红色文化及少数民族文化实践进行了研究。湖北工业职业技术学院针对汉水文化、抚治文化、武当文化、移民文化、民俗文化等郧阳文化进行了研究（王静、汤琼，2020）。汕头职业技术学院进行了湖商文化的研究（康志平，2020）等。

将区域文化资源与高职教育文化有机结合，开展多方面的实践引起了当地高职教育文化研究者的高度关注。中国知网、维普期刊等平台收录此类研究文献共1965篇，研究者以当地高职院校为主，涉及文化元素主要包括红色文化资源、历史文化资源、中华优秀传统文化资源和民风民俗文化资源四类。

2. 行业、企业文化元素案例

如浙江金融职业学院对于"三维文化"育人体系案例的研究。该校的三维文化是指"诚信文化""金融文化""校友文化"在育人工作的三个维度上的交融。"三维文化育人体系"在高度上致力于职业精神文化（诚信文化）的构建，在深度上致力于职业能力文化（金融文化）的构建，在广度上致力于职业生态文化（校友文化）的构建，使学生的人格走向、从业素养在一个切实的育人目标下达到了和谐统一（陈云涛，2011）。在此基础上，还有研究者对该校的货币文化、钱庄文化、金融史文化等案例进行了研究。

再如一些研究者对重庆水利电力职业技术学院、安徽水利水电职业技术学院、福建水利电力职业技术学院、长江工程职业技术学院、广东水利电力职业技术学院、黄河水利职业技术学院等高职院校的水文化教育案例进行了个案研究，认为水文化教育逐渐呈现出与专业课、思想政治教育、人文通识教育相结合的趋势，而且部分高校通过课外活动或社会实践、校园环境、地方特色和网络媒体等进行水文化教育。部分水利高校已经将水文化教育纳入专业人才培养方案，更多高校则面向全校学生开设水文化选修课（金绍兵、张焱，2011；张盛文，2014）。还有些学者通过案例探讨将水文化教育与思想政治课及人文通识教育相结合，进而通过课外活动或社会实践、校园环境或媒体网络等对学生进行水文化教育，探讨水文化教育与地方特色相结合的路径与意义（程得中，2014；刘欣，2017）。

四、研究反思与展望

（一）高职教育文化的系统性研究

高职教育文化研究成果数量近十年来有较大增长，但整体而言，局部研究、案例研究、要素研究较多，仍需要在现有基础上进一步开展系统性研究。包括全面梳理高职教育文化的内涵。从文化本体论上对高职教育文化的元概念、子概念以及由本体衍生的高职教育文化体系进行界定；对高职教育文化的基本命题和内在逻辑关联进行梳理，并在学界达成基本共识；开展从文化自觉到文化自信的递进式研究。从基于四个文化自信、践行社会主义核心价值观的高度和维度，全面分析高职教育文化在立德树人、内化修养等方面的功能和作用机理；开展高职教育文化重大课题的研究，从国家文化安全、民族文化自信、优秀文化传承三个方向开展一系列的重大研究。

（二）"职业"属性的研究

我国的高职教育经过几十年的发展，在政策导向、市场需求、培养定位、专业设置等叠加效应下，"类型"的特征日益显现，但高职教育文化的"类型"特征显然滞后于高职教育本身，即现有高职教育文化的研究，在研究选题、研究逻辑、研究方法、研究价值选取以及研究范式上，仍然部分的带有普通高校文化研究的痕迹和取向。事实上，高职教育文化由于其原生化的职业属性，在高职教育这个机体内生成、发育和作用于高职教育的文化，和普通高校有着内在的区别。因此，今后的高职教育文化研究，应着眼于体现高职教育文化的职业特质和个性，从职业化的研究理念开始，从高职教育科学的规律和文化学的规律出发，对高职教育类型观下的文化实践进行梳理和总结。

（三）职业文化国别比较研究

由于历史、文化、地理以及国情的不同，新加坡、德国、澳大利亚等高职教育较为成熟的国家的职业教育文化与我国的高职教育文化呈现出不同的特征。在文化与课程、文化与职业精神的培养、文化与个人素养的相融机制上，我国高职教育文化的实践和研究都起步较晚，而国外诸如美国、德国、英国、澳大利亚的职业教育文化，多结合本国职业需求，在企业文化嫁接、职业精神渗透、职业文化实现以及优化职业教育文化环境生态等方面各有特点。他们的文化建设理论框架、要素集成、运行机制以及质量保证中的做法是值得我国高职教育文化建设借鉴。因此，应该在坚持文化自信、坚持社会主义核心价值观的前提下，加大高职教育文化的比较研究力度。

（四）高职教育文化相关性研究

文化既存在于高等教育的内部，又存在于高等教育外部，同时它还起着沟通高等教育内外部关系的桥梁作用（潘懋元，2000）。但现在的高职教育文化的研究，多从高职院校文化的内部开始，并结论于高职院校文化内部。从根本上说，这种研究范式上的内循环，在一定程度上弱化了高职文化研究的质感和层次，因此，很有必要加强高职教育文化相关性的研究，如高职教育文化主体由一元向多元转化，高职教育文化传播模式从线性向网状迁移，高职教育文化环境生态对高职教育文化的干扰与影响等。

第九章　高等职业教育信息化研究

《国家中长期教育改革和发展规划纲要(2010—2020年)》明确提出:"信息技术对教育发展具有革命性影响,必须予以高度重视。"以教育信息化推动教育现代化,破解制约教育发展的难题,促进教育创新与变革,必将推动我国加快从教育大国向教育强国迈进。2011—2020年是我国高等教育快速发展的十年,也是高等教育信息化快速发展的十年。高等教育信息化是教育发展的必然趋势,是时代发展的必然选择,也是高等教育现代化的必由之路。高等职业教育信息化是高等教育信息化的重要组成部分,是教育信息化在高等职业教育这个教育类型上的实践与探索。高等职业教育信息化和高等教育信息化运用现代教育理论基础和教育信息化理论基础是相同的,信息技术应用于人才培养的本质特征是一致的,在信息化教学环境、数字资源、教学模式、学校治理、教学评价等领域具有相似性、可借鉴性,但在教育的类型特征上又有差异,在发展政策环境、内涵应用范畴、实践创新特色等方面有着各自的发展过程和特点。因此,对高等职业教育信息化的研究应涵盖高等教育信息化研究的共性内容和高等职业教育信息化的个性内容,从而形成相对完整的结构体系,研究主要从教育信息化本质内涵、学习环境、数字资源、教学模式、绩效评估、学校治理、创新特色、发展路径、难点问题、发展趋势等十个方面展开。

一、近十年来高等职业教育信息化的研究情况

(一)学术论文的研究成果统计分析

我们以"高职＋信息化""高职＋教育信息化""高职＋智慧教育"为关键词在中国知网数据库进行精确检索,共搜索学术期刊论文9065篇,其年份分布如图9.1所示。从图中可以看出,2010—2020年,关于高职教育信息化的研究呈现逐年递增趋势。

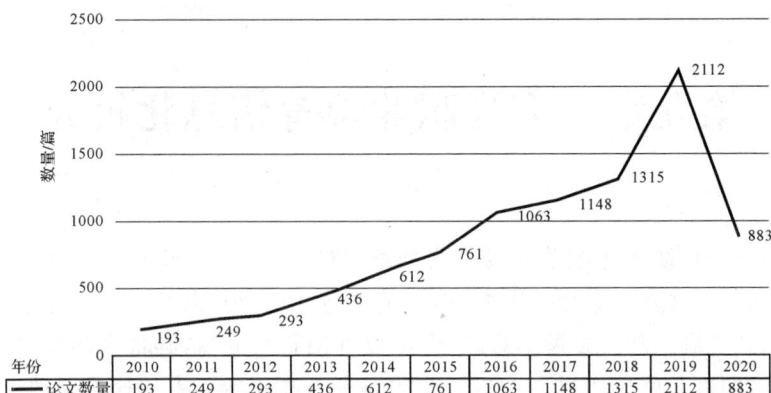

年份	2010	2011	2012	2013	2014	2015	2016	2017	2018	2019	2020
论文数量	193	249	293	436	612	761	1063	1148	1315	2112	883

图 9.1　2010—2020 年高职教育信息化学术期刊论文分布

（二）学位论文的研究成果统计分析

我们以"高职＋信息化""高职＋教育信息化""高职＋智慧教育"为关键词在中国知网中国博硕士学位论文全文数据库进行精确检索，共检索到 2010—2020 年的学位论文 252 篇，其中硕士学位论文 246 篇，博士学位论文 6 篇，其年份分布如图 9.2 所示。

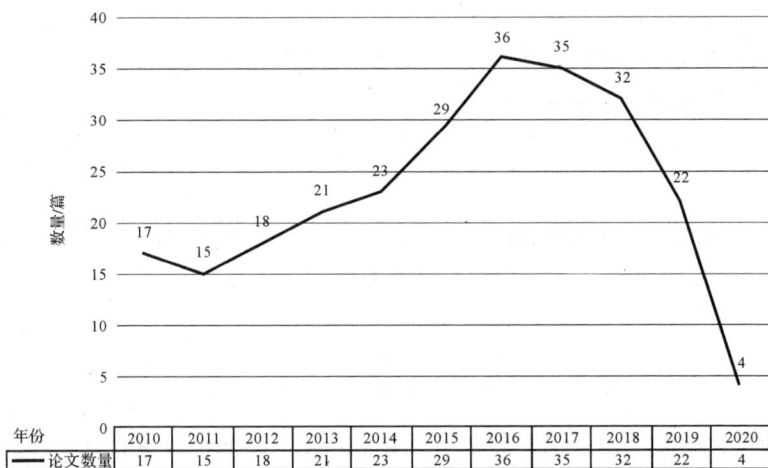

年份	2010	2011	2012	2013	2014	2015	2016	2017	2018	2019	2020
论文数量	17	15	18	21	23	29	36	35	32	22	4

图 9.2　2010—2020 年高职教育信息化学位论文分布

（三）著作研究的成果统计分析

我们在中国国家图书馆数字图书馆以"高职信息化"为关键词进行检索，2010—2020 年共有相关专著七本，包括程聪主编的《高职院校信息化建设的研究与实践》(2012)，陈泰峰主编的《网络教学平台下高职信息化教学研究》(2017)，童光政主编的《高职院校教育信息化建设的设计思路与实践探索》(2017)，张苏主编的《信息化思维在高职教学中的应用研究》(2017)，何俐主编的《信息化环境下高职院校专业教学资源库建设研究》(2017)，田晓艳主编的《信息化环境下高职院校教师信息化教学探索》(2018)，马琴主编的《信息化视阈下高职专业教师素质提升研究》(2018)等。

二、近十年来高职教育信息化重大政策发展

在全球信息化发展的过程中，我国始终密切关注信息化的走势及其对教育的影响，这种关注体现在一系列的政府教育改革发展纲要和教育战略计划之中。我国教育信息化的政策内容经历了一个不断发展、逐渐具体的过程，国家把教育信息化当作　种政府行为，并且与时俱进地做出相关的决策，是我国教育信息化发展的根本保障之一。

2012 年 3 月，教育部发布的《教育信息化十年发展规划（2011—2020 年）》（以下简称"发展规划"）具有里程碑式的指导意义。这是教育信息化的顶层设计，其从总体战略、发展任务、行动计划、实施要求等方面，为 2011—2020 年我国的教育信息化发展描绘了宏伟蓝图。对于职业教育信息化，《发展规划》提出"加快职业教育信息化建设，支撑高素质技能型人才培养"的发展任务，并在加快信息化基础环境建设、有效提升教育实践与教学水平、有力支撑高技能人才培养三个方面，明确了职业教育信息化的具体建设内容。

为落实《发展规划》，切实推进信息技术在职业教育中的广泛、深入应用，以信息化推进职业教育现代化，教育部于 2012 年 5 月印发《关于加快推进职业教育信息化发展的意见》，明确了"十二五"时期职业教育信息化发展的基本思路和总体目标，涵盖了信息化基础设施配置、数字校园建设、虚拟仿真教学环境及资源、职业教育综合管理系统等重要内容，从提升职业教育信息化基础能力、开发职业教育数字资源、增强职业教育电子政务应用能力、提高职业院校数字校园建设水平、提升职业教育工作者的信息素养、大力发展现代远程职业教育等关键环

节,推进职业教育信息化的改革创新;同时从组织管理、经费支持、应用研究、落实机制、规范管理几个方面加强管理,为职业教育信息化健康发展提供制度保障。

2014年3月教育部办公厅发布《2014年教育信息化工作要点》指出,2014年教育信息化的重点工作之一是推进职业院校"宽带网络校校通"建设。

2014年6月国务院印发《关于加快发展现代职业教育的决定》,提出要逐步实现所有专业的优质数字教育资源全覆盖,将现代信息技术应用能力作为教师评聘考核的重要依据。《现代职业教育体系建设规划(2014—2020年)》中明确要求:"加紧用信息技术改造职业教育专业课程,使每一个学生都具有与职业要求相适应的信息技术素养。"

2015年教育部发布《关于"十三五"期间全面深入推进教育信息化工作的指导意见》,要求职业教育要充分利用信息技术手段提升实训教学水平,通过开发虚拟仿真实训教育应用软件,建设一批融汇仿真技术、体感技术等新技术的职业教育信息化实训基地;要开发校企合作的职业教育信息化课程,通过远程教学、同步操作直播等方式,提升职业学校日常教学水平。

2015年教育部印发《高等职业教育创新发展行动计划(2015—2018年)》,一方面提出大力推动职业教育现代化,另一方面特别重视以信息化推动职业教育现代化。

为加快推进职业教育信息化,全面推动信息技术支撑引领职业教育发展,2017年9月,教育部印发《关于进一步推进职业教育信息化发展的指导意见》(以下简称"指导意见"),指导意见在职业教育信息化已经取得重大成就的基础上,面对新的重要发展机遇,提出了新的发展目标和重点任务:提升职业教育信息化基础能力,推动优质数字教育资源共建共享,深化教育教学模式创新,加快管理服务平台建设与应用,提升师生和管理者的信息素养,增强网络与信息安全管控能力。《指导意见》有助于推进职业教育信息化发展,提升职业教育信息化建设应用水平,以信息化支撑引领职业教育现代化,为我国经济社会发展加快培养大批高素质技能型人才。

党的十九大报告提出中国特色社会主义进入新时代,新时代的中国教育信息化进入了快速发展的新征程。2018年,教育部印发《教育信息化2.0行动计划》(以下简称"行动计划"),提出了"三全两高一大"的教育信息化发展目标。教育部制定的《行动计划》提出,到2022年实现信息化教学应用覆盖全体教师,信息化学习应用覆盖全体适龄学生,数字校园覆盖全体学校,推动实现从教育专用资源向教育大资源转变,从提升师生信息技术应用能力向提升信息素养转变,信息化教育教学从融合应用向创新发展转变的发展目标。针对职业教育领域,《行动计划》提出了"升级职业教育专业教学资源库建设,丰富职业教育学习资源系统""继续开展职业院校校长和教师网络学习空间人人通培训,培训 3000 名校长、6000 名教师""培育 300 所标杆学校,探索信息技术环境下的差异化教学、个性化学习、精细化管理、智能化服务""建设 1000 堂职业教育示范课""落实《职业院校数字校园建设规范》,加强学校虚拟仿真实训教学环境建设,服务信息化教学需要"等具体建设任务。《行动计划》开启了职业教育信息化发展的新征程,通过各项重点建设任务大幅提升职业教育信息化建设与应用水平,推动实现以职业教育信息化支撑引领职业教育现代化。

2019 年 9 月,由教育部等 11 部门联合印发的《关于促进在线教育健康发展的指导意见》,提出扩大优质在线教育资源供给的五大举措:鼓励社会力量举办在线教育机构以挖掘新兴教育需求,加大在线教育资源的研发和共享力度,实施"教育大资源共享计划",推进在线教育产学研用一体化发展,加强专业建设和在线教育人才培养力度。

十年来出台的一系列教育信息化推进政策,为职业教育信息化的发展指明了方向,对各阶段职业教育信息化的发展提出了明确的要求,使职业教育信息化的发展从初级发展阶段逐渐转向深入发展阶段。

三、主要研究成果的梳理

(一) 高等职业教育信息化的内涵

教育信息化的本质是运用信息技术深刻改变教育,建构时代化的新型教育,随着信息技术的不断分蘖发展,以及教育信息化的不断创新实践,教育信息化定义的内涵也在不断延展和深化。中国电化教育开拓者与奠基人南国农先生指出,教育信息化就是在现代教育思想和理论的指导下,主要运用现代信息技术,开发教育资源,优化教育过程,以培养和提高学生信息素养为重要目标的一种新的教育方式(南国农,2011)。近十年,教育信息化被赋予新的内涵,教育信息化有了新的定义,比较有代表性的是陈琳教授团队提出的。教育信息化是指在先进的思想指导下,在教育领域充分而有效地运用现代信息技术,建资源、搭平台、拓空间、筑体系、创模式,促进教育改革,促进师生的全面发展和创新发展,促进教育公平,促进教育质量提升,支撑、引领、推动新时代教育现代化加速实现的过程(陈琳等,2020)。教育信息化新的定义内涵更加丰富,体现了新时代社会发展对教育的新要求,也充分体现了教育内涵式发展的转变。在人工智能、大数据等新一代信息技术推动下,教育信息化向适应社会发展的高度发达的教育形态——智慧教育转变,形成教育发展的新境界。智慧教育的基本内涵是通过构建智慧学习环境,运用智慧教学法,促进学习者进行智慧学习从而提升成才期望,即培养具有高智能和创造力的人,利用适当的技术智慧地参与各种实践活动并不断地创造制品和价值,实现对学习环境、生活环境和工作环境灵巧机敏地适应、塑造和选择(祝智庭、贺斌,2012)。高等职业教育信息化是信息技术在高等职业教育领域的运用和实践,利用技术改造高职院校的教育教学和管理服务,将学校的人、财、物以及各种行为、相互之间的关系,用数据来描述并变成有价值数据的过程,其本质是形成一种思维方式或是一种管理的概念,而不是单纯的用技术来解决教育教学问题或形成新的教育应用(李建国,2019)。电化教育(录像、录音等技术)、教育技术(视频、多媒体等)、教育信息化(计算机网络等)、智慧教育(人工智能、大数据等技术)等名称的发展变化,也充分反映了不同时期教育信息化的技术特点和时代特征,也符合何克抗(2014)提出的"教育技术理论实质上是在按螺旋方式上升"的规律,其内涵也将不断发展变化。

(二)高等职业教育信息化的学习环境

学习环境是指为学习者的学习活动提供的条件。简婕等(2011)提出教学论视角下的学习环境包括教学资源、教学媒体、教学组织形式、教学方法、教学实施和教学管理六个方面,并从学习环境构成的五个要素——情境、资源、工具、支架和学习共同体进行耦合分析。他们也提出数字化学习环境是一种技术应用高级方式,其支撑学习活动需要有更适切的保障,教学资源需要更加丰富和形象,才能支持学习者开展真实与虚拟之间的联想;教学媒体与设施需要更加适应学习者,才能保证其心智与感官同步穿梭于真实与虚拟之间;教学的组织形式、教学方法以及教学管理都需要更加开放,才能给予学习者充分的自主使之获得徜徉于超越课堂时空的学习空间。同时,简婕等还提出教师运用技术到教学中要经历五个阶段,即初始、采纳、适应、领会和创新,前三个阶段分别通过数字化学习环境来实现传递知识、提高效率和适应环境的目标,领会和创新阶段的目标就是高品质的学习,即能力的养成。李克东(2001)提出信息化学习环境是以多媒体计算机和网络为核心的信息技术所支持的学习环境,具有信息显示多媒体化、信息传输网络化、信息处理智能化和教学环境虚拟化等特征。它包括设施(如多媒体计算机、网络教室、校园网等)、平台(网上的信息发布平台、互动教学平台、资源管理平台等)、通讯(保障远程教学的实施)、工具(支持学习者进行自主建构和解决问题的学习工具）等几个基本组成部分。

信息技术的快速发展及在信息化社会环境下成长起来的"数字土著"对高端学习环境的诉求不断提高，促使数字学习环境向智慧学习环境发展。智慧学习环境是普通数字化学习环境的高端形态。智慧学习环境是一个新的研究领域。祝智庭等（2012）认为智慧学习环境是以先进的学习、教学、管理和利用的思想和理论为指导，以现代信息技术、学习工具、学习资源和学习活动为支撑，可以全面感知学习情境信息并获得新的数据，或者对学习者学习过程中形成的历史数据进行科学分析和数据挖掘，能识别学习者特性和学习情境，灵活生成最佳适配的学习任务和活动，引导和帮助学习者进行正确决策，有效地促进智慧能力发展和智慧行动的新型学习环境。黄荣怀等（2012）认为智慧学习环境是一种能够感知学习情景、识别学习者特征、提供合适的学习资源与便利的互动工具、自动记录学习过程和评测学习成果，以促进学习者有效学习的学习场所或活动空间。智慧学习环境的构成要素包括学习资源、智能工具、学习社群、教学社群、学习方式和教学方式六个组成部分。该定义认为智慧学习环境构建的目的是促进学习者有效学习。程玫、单美贤（2013）认为，构建智慧学习环境要遵循"有效学习环境"的原则，即有效的学习环境应遵循的首要原则是以学习为中心，能够鼓励学习者积极参与，使学习者意识到其主体身份。他们由此提出"智慧学习环境的真谛就是通过利用智能化技术形成环绕智能，即所有的外部条件围绕学习者发挥效用，最终实现学习者能力的提升"。

信息化教学环境建设是高职院校开展信息化教学的基础，是教师应用教育技术的前提保障。职业教育智慧学习环境是以先进的职业教育思想和理念为指导，能够感知学习发生的物理空间、设备类型、带宽，以及网速等客观性物理信息和识别课堂教学、实验教学、实训中心和顶岗实习等学习情境信息，并以新的信息技术、学具与教具、学习资源等为支撑，识别职教学生的学习特征，生成并提供最合适的学习资源与工具，自动记录与分析学生的理论与实践学习过程并评测学习成果，最终促进职教学生知识技能提高的一种新型学习环境（徐显龙、钱冬明、吴永和等，2014）。关琰芳等（2017）提出高职院校智慧学习环境建设应重视顶层设计，强化对教学模式变革的核心要求，提供多元化的服务促进创新能力的培养，注重社交性，增强协作与互动等策略。

（三）高等职业教育信息化的数字教学资源

数字教学资源的研究主要集中在资源建设与共享的创新对策、模式机制、服务体系等方面。在高等职业教育信息化教学资源方面，目前国内研究主要集中在资源共享的现状、模式、资源内容等方面。研究的方法以个案研究为主,即具体以某一区域、某一高职院校或者某一资源网站为案例,多以调查、统计等方式追踪变化,得出问题。

国家将数字教学资源及平台建设作为推动教育信息化发展的一项关键任务,近十年出来的各项政策对此都高度重视。《国家中长期教育改革和发展规划纲要(2010—2020 年)》明确提出"建立开放灵活的教育资源公共服务平台,促进优质教育资源普及共享"。《国家高等职业教育发展规划(2011—2015 年)》明确提出:"以现代信息技术为支撑,选择与国家产业规划及经济社会发展联系紧密、布点量大的专业,建设 50 个左右代表国家水平、具有高等职业教育特色的标志性、共享型专业教学资源库,解决高等职业院校专业共性需求,实现优质资源共享,带动全国高等职业院校专业教学模式和教学方法改革,整体提升高等职业教育人才培养质量和社会服务能力。"2012 年 3 月颁布的《教育信息化十年发展规划(2011—2020 年)》和 5 月份颁发的《教育部关于加快推进职业教育信息化发展的意见》(教职成〔2012〕5 号),进一步明确了职业教育数字化教学资源建设的主要内容,提出要采取优质数字教育资源建设与共享行动,加快开发职业教育数字化优质信息资源。教育部印发的《教育信息化 2.0 行动计划》提出"建成国家教育资源公共服务体系、国家枢纽和国家教育资源公共服务平台"。

何谓教学资源?从广义上来讲,教学资源指在教学过程中被教学者利用的一切要素,包括为教学服务的人、财、物、信息等,通常包括教材、案例、影音、图片、课件、试题(库)等,也包括教师资源、教具、基础设施等,更大意义上也应该涉及教育政策、文件等内容。从狭义上来讲,教学资源主要是指可供教与学的资源,包括教学材料、教学环境及教学后援系统。数字教学资源就是指把为教学的有效开展提供条件的各种可被利用的素材虚拟化、数字化,形成包括数字多媒体教室、远程协作教室、网络课程、虚拟仿真实训平台、工作过程模拟软件、通用主题素材库(政策文件库、行业标准库、实训项目库、教学案例库、考核试题库、技能竞赛库等)、视频公开课、教学录像、专业群(课程群)网站、教师业务档案、网络教学平台、电子阅览室、数字图书馆等多种形式的数字化教学信息资源。高等职业教育信息化数字教学资源是指应用信息技术,以数字化形式呈现的,高等职业教育内容及教学辅助拓展的课程资源、学习资源、信息化工具及作为技术载体的服务平台的总和。数字教学资源具有处理数字化、存储海量化、管理智能化、显示多媒体化、超文本结构组织和良好的交互性等特征(冀国强、陈国强、邱召法,2015)。作为数字教学资源的一种形式,有学者对交互式数字教材的开发、特征、推广进行了专门的研究。

数字教学资源建设模式从可持续发展的角度不断演进,其模式主要有自发建设模式、共建共享模式以及公建众享模式。陈琳教授提出的公建众享模式的基本思想是：由政府通过国家财政拨款提供建设资金，并组织建设信息资源，建设后的信息资源原则上不加限定地供人民广为享用，其最大特点是可在更大的范围内选择最为优秀和合适的人士进行资源建设，从而确保建设质量（陈琳、王矗、李凡、蒋艳红、陈耀华，2012）。当前我国数字教学资源建设的实现机制主要有国家项目引动、产业利益驱动、公众媒体推动、网众互动生成、多方合作联动，这些实现机制维护资源建设的可持续发展（祝智庭、许哲、刘名卓，2012）。

高校数字学习资源共享机制的总体架构包括：技术支撑体系、共享实现方式、组织管理结构、共享保障机制、共享激励机制和共享平台。也有学者将数字化教育资源共享的过程界定为信息传播与商品交换的过程，并以数字化教育资源提供者、共享者和数字化教育资源共享平台三大要素构建了数字化教育资源共享的传播—消费模式（李智晔、邓承敏、刘世清，2016）。有学者提出参考知识共享许可协议（CC协议）研究建立数字教学资源共享协议制度，搭建资源协议存储数据库，并寻求建立版权保护和资源共享的机制。

从公共产品的视角可将数字化教学资源分为私人产品、准公共产品和纯公共产品；从公共产品的非竞争性、非排他性、可分割性、成本收益性以及制度的约束性来判断公共产品的纯度以及与供给模式之间的关系。根据纯度不同，将作为公共产品的数字教学资源供给模式分为政府供给；市场供给或校际共享、政府购买或补助、政府管制；市场供给，政府管制；市场供给四大类（苏小兵、祝智庭，2012）。有学者从教育生态学视角，透视数字教育资源建设与应用，提出数字教育资源将趋向多元化形态与转换、共创式建设与发展、精准化定位与推送、过程性评价与建设。数字化教育资源的个性化推送服务较为成熟的有协同过滤推荐、基于内容的推荐和基于知识的推荐（余亮、陈时见、吴迪，2016）。根据大数据背景下数字教育资源服务的内涵和特征，余亮、陈时见、赵彤（2017）提出了基于共建共享、基于群体定位以及个性化追踪等三种数字教育资源服务模式。

高职院校数字化教学资源库建设是职业教育信息化建设的核心内容及重要举措，为高职院校教师提供教学支持、为学生自主学习提供平台、为社会学习者提供学习资源。数字化教学资源库的基本建设思路以需求为导向，自建为主、购买为辅，多元合作、优势互补，系统设计、分步实施，动态更新（曾小亮，2013）。信息化丰富了教学资源的多样性和智能性，提高了教学资源的优质度与利用率，拓宽了教学资源的覆盖面等，教学资源现代化也在稳步推进，各级职教部门已在教学资源建设方面开展了大量工作，建设了中国职业教育信息资源网和职业教育教学资源和数字学习中心；开发了国家级职业教育专业教学资源库项目管理平台、职业教育专业教学资源库专栏和高等职业教育优质教学资源全库；提出了国家示范性职业学校数字资源共建共享计划等,这些均为职教教学现代化提供了有效支撑。

(四) 高等职业教育信息化的教学模式

何克抗(2014)认为信息技术应用与教育"深度融合"观念的提出,是想真正触及教育系统结构性变革,而不是只用于改进教学手段、方法。能否实现"信息技术与教育的深度融合",也就是能否让信息技术对教育发展真正产生出"革命性影响",唯一的衡量标准就是:传统的课堂教学结构改变了没有。通过信息技术改变传统课堂的教学结构,将信息技术真正融入课堂教学过程中,不断摸索信息技术在课堂教学中的创造性使用方式,不断总结、归纳和构建富有成效简单便利的信息化教学模式。刘邦奇(2016)认为,互联网已从纯粹的技术手段转为引领深层次的思维变革的工具,基于互联网的教学模式也拥有了新的内涵与特征,高校也在不断探索新型教学模式。

李大千(2019)认为高职教育中运用信息化教学模式在专业知识与技能教授的基础上,更加重视学生个人的发展表现,教师制订更加有效的教育方案,转变课堂教学组织形式、学生学习方式,建立良好的课堂师生互动关系,并展现学生学习的整体过程,可提升课堂教学的效率和教学质量,在有效提升专业能力的同时,促进学生个性的成长,促使学生素质得到全面发展。

利用信息技术创新教学模式与方法是教育改革与发展的永恒主题,信息技术发展将推动教学模式与方法的推陈出新。有学者凝练了当前主流的九大类信息化教学模式和方法,包括三通两平台、名师与优课、翻转课堂、微课应用、电子书包、创客教育、慕课、增强现实和学习分析等(胡小勇、朱龙、冯智慧、郑晓丹,2016)。其中翻转课堂、微课应用等模式得到了广泛应用。不少学者从不同角度进行了探究,如基于微课程的翻转课堂(郑娅峰、李艳燕、黄志南、蒋梦璐,2016),基于 MOOC 的翻转课堂(曾明星、周清平、蔡国民等,2015),基于 SPOC 的翻转课堂(薛云、郑丽,2016)、基于混合学习的翻转课堂(陈怡,2014)、基于深度学习的翻转课堂(张国荣,2016)。翻转课堂的主要特征表现为:教学主体的多元、动态、协商,教学资源的集成、全面、共享,教学载体的创新、高效、立体,教学过程的自主、灵活、可控(郭文良、和学新,2015)。翻转课堂教学模式要发挥良好的教学效果,须重视教育理念、课程设计、学生参与、课程评价和信息技术五个关键要素(张萍、DING Lin、张文硕,2017)。通过对已有翻转课堂变式进行统一、整合,形成包含目标、准备、教学视频、回顾、测试、活动和总结七个环节的通用翻转课堂教学模式,提高翻转课堂模式的普适性、可操作性、灵活性和理论性(郭建鹏,

2019）。翻转课堂 1.0 实现了教学方式的创新，有学者从重构育人模式角度，聚焦学生创造能力、思维品质和行动能力的培养，对翻转课堂 2.0 的智慧基石、理论框架和内涵进行了深入解析（祝智庭、雷云鹤，2016）。翻转课堂教学模式在高职院校中也得到了广泛地应用。

微课是一种符合高职教学特点的资源形式，是对高职人才培养的完善（杨明，2014）。微课经历了微资源构成、微教学过程、微网络课程三个低级到高级、不断完善的发展阶段。从教学设计层面微课的演变可划分为微视频、微讲座、微讲课和微课程四种形式（赵国栋、王冰一、刘京鲁，2016）。微课具有简短不简单、位后不位卑、量微不量少、步小不步慢的特征，王国光等（2014）基于建构主义学习观提出精确的选题、精心的设计、精当的聚合三个维度的微课开发策略。微课在高职教学改革中要遵照"精美、简洁、具体、生动"四大原则，在高职课堂课前预习、课堂讲解、课后复习三个阶段应采取不同的应用策略（张灵芝，2014）。微课为智慧教育提供泛在的、优质的学习资源，为翻转课堂、混合式等学习模式的创新运用提供较好支持，促进智慧学习的发生（王觅、贺斌、祝智庭，2013）。从智慧教育和微课的本质出发，微课设计的智慧在于开放、多元、立体。微课只有置于智慧教育框架下，才有旺盛生命力，智慧教育中只有微课的加入，才能实至名归（陈琳、王运武，2015）。

（五）高等职业教育信息化的绩效评估

教育信息化绩效评估是依据教育信息化目标或绩效标准，采用定量和定性相结合的思路，运用信息技术等手段采用科学合理的绩效评估办法，对区域或机构的教育信息化实施过程、目标完成情况、实施效益等给予评价（卢春、尉小荣、吴砥，2015）。从信息技术推动教育发展、促进教育改革的视角出发，教育信息化绩效评估是指评估人员根据评估的目的和一定的评估标准设计评估方案，系统、科学和全面地采集、筛选、取样、分析教育信息化建设中的有关信息，确定评估的指标体系，由此对评估对象进行分析和综合判断，建立评估活动的档案，为改进和优化教育信息化的发展提供依据。高校教育信息化评估以系统评估理论为指导，从系统整体层面进行综合评估。评估的主要过程包括确定评估目标和评估对象，创建评估指标体系和模型，选择权重计算方法和评估方法，分析评估结果等（周平红，2012）。教育信息化绩效具有广泛性、相关性、递进性、迟效性、无形性、不可评估性、不确定性等特征（张喜艳、解月光、魏俊杰、王海，2011）。

国内不少学者对高等教育信息化评估模型进行了研究。评估模型的研究中比较典型的有六要素模型、教育信息化四层分析模型（简称 CIPO 模型）、区域效益评估模型、成熟度模型、基于数据包络分析(DEA)的评价模型、效果—效益—效率评价模型(简称 EEE 模型)、教育信息化评价元模型和生态评价模型等。六要素模型包括教育信息网络基础设施建设、教育信息资源建设、信息资源的利用与信息技术的应用、信息化人才的培养和培训、教育信息产业、信息化政策、法规和标准建设等六个方面。教育信息化六要素模型参照国家信息化指标体系框架,被研究者广泛接受。CIPO 模型是在教育信息化六要素的基础上关注教育信息化语境和应用过程的评估模型。区域效益评估模型是在借鉴平衡计分卡和 StaR 评估量表的基础上提出的评估模型。成熟度模型是借鉴项目管理成熟度模型而提出的关注教育信息化实践域和绩效进阶条件的模型。DEA 模型是依据数据包络分析理论提出的一种基于理论、科学且可操作性强的数据分析和处理模型。EEE 模型是借鉴 Star 评估思路和 SRF 评估结构构建的效果、效益和效率模型。教育信息化评价元模型是在分解教育信息化的支撑与建设对象的基础上构建的教育信息化评价通用模型。生态评价模型是立足生态学视角,从物质流、能量流和信息流出发构建的评价模型(谢幼如、常亚洁,2015)。

不同的学者对教育信息化评价指标体系设计的原则提出了不同的观点。吴砥等(2014)提出宏观通用性原则、科学动态性原则、可采集易统计原则。周平红(2012)提出科学性原则、系统全面性原则、普遍性原则、开放性原则、可操作性原则、可比性原则。

高等教育信息化评估中有多种指标权重确定方法,大体上可分为主观赋权法和客观赋权法两大类,主观赋权法包括 Delphi 法、层次分析法、平衡计分卡法、模糊综合评价法、专家调查加权法等,客观赋权法包括有数理统计评价方法和数据包络分析法等(周平红,2012;卢春,2015)。

通过对近十年来学者专家对高等教育信息化的评价研究,整理出表 9.1,包括 2010—2020 年高等教育信息化评价的主要研究者、研究方法、一级评价指标数及相应的一级指标评价内容。

不同时期的学者对高等教育信息化评价模型和指标体系的研究侧重点不一样。吴海燕等(2012)根据教育信息化业务模型建立了绩效评价元模型和相关绩效评价指标体系。王丽红(2013)提出了适用于学校层面的教育信息化绩效评估模型。陈敏(2017)等从信息化应用视角,构建针对高校教育信息化应用的核心评估模型,并开展应用评估实践。党建宁等(2019)基于教育信息化 2.0 框架,结合信息化 2.0 下绩效评价的成本、可用性、效率和效用等四个维度,对教育信息化 2.0 的九个关键因素和"三全两高一大"的基本目标进行对应分析,构建了教育信息化 2.0 绩效评价关键因素解释结构模型。

表 9.1　2010—2020 年高等教育信息化评价主要研究方法及指标体系

年份	主要研究者	研究方法	一级评价指标数	一级指标评价内容
2020	李璐	德尔菲法专家排序法	6	组织管理、智慧学习环境、智慧学习资源、创新融合应用、创新人才培养、特色发展
2019	党建宁	层次分析法	4	成本、可用性、效率、效用
2019	李志河	模糊综合评价法层次分析法	6	运行机制建设、基础设施、教研创新、师生信息素养、智能管理服务、网络安全保障机制
2018	王树乔	DEA-SBM 模型测度	4	人员投入、经费投入、物质投入、信息化服务与人才投入
2017	杨文豫	比较研究	5	教育资源、基础设施、管理信息化、教学信息化应用、信息化保障水平
2016	蒲善荣	主成分分析法	6	基础建设、应用系统建设、资源建设、管理体制及运行机制的建立与运行、标准规范建设与应用、信息化应用效果
2015	谢幼如	元建模方法	6	环境建设与应用、组织管理、资源建设与应用、信息技术应用、队伍建设、创新发展
2014	吴砥	比较研究	5	数字教育资源、基础设施建设、教与学应用、保障机制、管理信息化
2012	周平红	结构方程模型分析法	5	教育管理信息化、资源建设、信息化保障、基础设施建设、教学科研应用
2012	吴海燕	比较研究	6	基础设施建设、事业发展、业务活动与流程、用户效果、信息化队伍、信息化系统与数据
2011	高文香	验证性因子分析	4	信息基础设施建设、科研信息化、管理信息化、教学信息化
2010	吴亚丽	模糊综合评价方	6	战略地位、基础设施、信息化应用系统、信息资源、人力资源、信息安全和管理

表 9.1 可以反映出，高等教育信息化的评估研究方法多采用主观赋权法，很少采用客观赋权法，对于一级评价指标体系从六要素的硬性指标逐步向投入、效用、效率等软性指标发展。

高等教育信息化的评估体系将职业教育信息化纳入范畴,制定职业教育信息化评价模型和指标体系。李丹艳(2014)将高职教育信息化指标从投入产出角度,分为基础设施、信息资源、学校管理等投入,毕业生人数、教学效益、管理效益等产出,建立了模糊 DEA 模型,并对八所高职院校进行了实证研究。边加敏(2020)将高职院校信息化水平指标从硬件建设、信息化教学资源、信息化教学应用、信息化管理及信息化保障机制等几个方面,对 2013 年到 2018 年的数据进行归纳总结,发现高职院校信息化水平评价指标从明显偏向硬件及信息化保障向五个方向均衡发展转变。

(六) 高等职业教育信息化之智慧校园

智慧校园是指一种以面向师生个性化服务为理念,能全面感知物理环境,识别学习者个体特征和学习情景,提供无缝互通的网络通信,可有效支持教学过程分析、评价和智能决策的开放教育环境和便利舒适的生活环境。技术发展是智慧校园建设的基础,支持智慧校园的关键技术包括学习情景识别、环境感知技术、校园移动互联技术、社会网络技术、学习分析技术、数字资源的组织和共享技术。智慧校园是数字校园的高端形态,是数字校园发展的理想追求(黄荣怀、张进宝、胡永斌、杨俊锋,2012)。数字校园是智慧校园的基础,对智慧校园起基础支撑作用,数字校园是智慧校园的必备条件,但不是充分条件(陈琳、李佩佩、华璐璐,2016)。智慧校园的发展目标是支撑高校四项基本职能与管理服务的改革创新,包括智慧型人才培养、智慧型科学研究、智慧型社会服务、智慧型文化传承创新、智慧型管理决策和智慧型生活服务(蒋东兴、付小龙、袁芳、吴海燕、刘启新,2015)。智慧校园的本质应该在于两个方面的支撑和服务:一是支撑与服务于教育方式、教育模式、教育流程的创新、重构、再造,二是支撑与服务于创新创造人才培养(陈琳、华璐璐、冯熳、王丽娜,2018)。智慧校园五种典型的体系架构包括:基于物联网构建智慧校园、基于云计算构建智慧校园、基于 WebGIS 构建智慧校园、基于应用服务构建智慧校园、基于网络立体化技术构建智慧校园(杨萍、姚宇翔、史贝贝、王运武,2019)。

"互联网＋"校园成为智慧校园建设的新阶段,吴旻瑜等(2015)提出智慧校园的形态特征:以"数字技术"为核心,形成智慧校园的新数据形态;以"云(云技术、大数据)网(互联网、物联网等)端(各类终端)"为核心,形成"智慧校园"的新技术形态;以"实时协同分工网络"为核心,形成智慧校园的新组织形态;加速高校的"开放化",形成智慧校园的新关系形态。"互联网＋"校园建设的关键策略包括施行高校信息化建设与应用首席信息官(CIO)负责制,建设高校"大数据库",组建高校数据分析专业团队。高校信息化进入智慧校园建设阶段,信息化的全局性、综合性、复杂性需要建立决策层、协调层和执行层组成的 CIO 体系来解决矛盾(蒋东兴、刘臻、沈富可、金永灿、付小龙,2016)。需赋予高校 CIO 必要的角色与职能,设立专职 CIO 并参与管理层的决策,优秀的 CIO 人选应具备良好的交流沟通能力和优秀的领导决策能力、IT 背景和多职位工作经验(孙立媛,2019)。

(七)高等职业教育信息化的创新特色

为适应时代对职业教育不断提出的新要求,十年来以信息化为引领的高职教育创新不断,形成了职业教育信息化的六大特色。一是以信息化教学大赛为抓手,有效促进职业教育界领导、教师和技术人员的教育信息化认识的提高,观念的改变,以及广大教师方法的更新,应用技术的提升,加速教学模式和学习方式的转变,并通过大赛网站宣传,发现典型、树立榜样,形成信息技术与教育教学深度融合的特色。二是国家统筹规划主导专业教学资源库建设,遵循"国家出资、顶层设计、名家建设、一流水准、创新引领"原则,率先在高等职业教育领域试行,通过职业学校数字化资源共建共享计划、建立共建共享联盟等,促进优质资源共享,该模式快速向中职推广,实现优质资源的"公建众享",初步形成政府工程项目、建设资源基地、推进协作共建、社会征集评审等多元的资源开发机制,保障职业教育优质数字资源源源不断地产生和供给。三是成立中国职业技术教育学会信息化工作委员会,由委员会统筹,推进职业教育信息化研究、实践、交流、建设、应用。四是成立全国教育领域的职业院校信息化教学指导委员会,开展职业教育信息化教学工作研究、咨询、指导和服务,形成寻求信息时代教育模式、学习方式变革的特色。五是出台针对职业教育信息化发展的专门文件,形成按照职业教育规律顶层设计中国职教信息化之路的特色。六是通过形式多样、内容先进、独具特色的信息化专题培训,形成不断将教育信息化推向新高度的特色(陈琳,2014)。

(八)高等职业教育信息化的发展路径

国内著名教育技术专家祝智庭教授认为"智慧教育是当代教育信息化的新境界,是素质教育在信息时代、知识时代和数字时代的深化与提升"。智慧教育是依托物联网、云计算、无线通信等新一代信息技术所打造的物联化、智能化、感知化、泛在化的教育信息生态系统,是数字教育的高级发展阶段,是当代教育信息化发展的新境界和教育现代化追求的重要目标。智慧教育旨在提升现有数字教育系统的智慧化水平,实现信息技术与教育主流业务的深度融合,促进教育利益相关者的智慧养成与可持续发展。与传统信息化教育相比,智慧教育呈现出不同的教育特征和技术特征。其教育特征主要表现为:信息技术与学科教学深度融合,全球教育资源无缝整合共享,无处不在的开放按需学习,绿色高效的教育管理,基于大数据的科学分析与评价。技术特征主要表现为:情境感知、无缝连接、全向交互、智能管控、按需推送、可视化(杨现民,2014)。

国内不少学者对智慧教育的发展路径进行了深入研究,陈琳(2012)提出实现高校教育信息化新跨越,需攻坚克难的六个方面:①构建学科信息门户和学科网,实施学科信息资源"公建"工程;②打造高校开发式的专业课程教学网,突破名师资源不足瓶颈,促进教育公平;③实施高校网络学习与终身学习学分互认,搭建终身学习立交桥;④建立 CIO 体制,科学统领信息化管理和建设;⑤开发教育信息化网络培训平台,实施高校领导和教师信息化能力提升工程;⑥开展信息化绩效评估,促进教育信息化科学健康发展。陈琳教授认为智慧是教育的本源,知识、能力和创新是智慧教育的力量之源,智慧教育具有时代性,其发展空间无限;智能化不等于智慧化,两者存在着"智能化助推智慧化""智慧化引导智能化"的共轭关系。她还提出了智慧教育的"七更"时代路向:①更高——促进学习者创造发明思维及能力的发展,不断提升人类社会发展的高度;②更快——倍增学习效率,快速增进学习者的聪明才智;③更广——拓宽学习者的视界并培养其跨学科学习的能力;④更长——让学习者拥有终身学习的条件和能力;⑤更远——使学习者成为新时代所需的新型国际化人才;⑥更大——实现教育引领社会的大目标;⑦更先进——实现教育模式的重大时代改革(陈琳、杨英、孙梦梦,2017)。杨现民等(2017)提出智慧教育七大发展路径:①建设智慧教育公共服务平台,支撑智慧教育核心业务;②依托智慧城市建设基础,无缝接入智慧城市系统;③建设智慧教育示范区,探索智慧教育建设与应用模式;④实施 ICT 应用能力提升工程,发展教师数字教学智慧;⑤实施教育信息无障碍工程,服务广大特殊人群;⑥组建教育企业联盟,打造智慧教育产业链;⑦依托高校智力资源,建立智慧教育研发基地。陈耀华等(2016)提出"互联网+教育"的智慧路向在于:教育功能定位由适应社会提升为引领社会;教育基本遵循由知行合一走向知行创统一;教育目标由培养知识人转向培养智慧人、创新创造人;学习评价由简单评价向智慧评价转变;教师走向智慧化,成为创新创造的激励者、指导者、协同者、陪伴者;课程成为支持创新创造人培养的智慧型课程;教育服务走向公共服务的新范式。

（九）高等职业教育信息化的难点问题

国家在"十三五"开局之年确立了以教育信息化全面推动教育现代化的发展战略，在"十三五"即将收官之时，教育信息化并未产生国家期待的引领和推动教育现代化的巨大作用。陈琳等（2017）认为主要存在重大理论创新缺失、重大原始实践创新不足、技术变革教育的宏大设计缺乏、高校教育信息化引领缺位、教育信息化绩效不高、教育信息化学科地位不高、重建设轻创新、唯"商"、唯"美"、唯"量"、唯"新"等11个方面的问题，其中重大理论创新缺失、重大原始实践创新不足、教育信息化学科地位不高等三个问题，是直接制约教育信息化进一步发展的根本性问题。祝智庭等（2012）认为教育信息化当前问题主要表现为：①缺失大脑，即缺乏贴近产业实践的战略规划与顶层设计；②缺失引擎，即缺乏创新和核心成果孵化平台与基地，新技术、新设计难以有效转化为教育服务；③缺失链条，即完整健康的产业链仍没有形成，难以实现教育信息化产业的可持续发展；④缺失标准，即教育信息化产业缺乏规范引领机制和统一有效的市场标准、测评标准和绩效评估标准；⑤缺失人才，即能够胜任专业技术岗位、管理岗位和领导岗位的对口型人才相对不足；⑥缺失环境，即优质的、协作的、开放的教育资源和学习环境严重缺乏。

然而，学界对于职业教育信息化存在问题的研究不多。康蕊（2020）认为信息化未能完全融入高职教育教学体系，信息化未充分融入高职院校的日常教学，高职院校未及时更新教育信息化理念，高职院校教育信息化建设不足。杨英（2018）从三个方面分析了职业教育信息化存在的问题：①信息化教学实践活动中存在教学偏技术轻理论，实践教学活动软硬件设备跟不上，尚无完善的信息化实践教学评估体系等问题；②职教教师的信息化素质培养过程存在局限性，主要体现在职教学生的信息化学习力存在严重的区域性差异，国家层面上面向职教教师的全员、系统的信息化教学能力的提升培训工作缺位，信息化领导力培训不足；③在信息化教学资源共建共享方面跨院校或跨区域的资源合作建设较少，西部地区尤其是西北地区信息化资源建设水平薄弱，资源分布的失衡将严重阻碍区域职业教育教学水平的均衡发展。

（十）高等职业教育信息化的发展趋势

全球教育界采纳并发布"教育2030行动框架"，形成共同的教育愿景：迈向全面、公平、有质量的教育和全民终身教育。而实现此目标的关键则是"抓住数字机遇"，通过学与教的创新性和智慧性变革，提供高效、专业、智慧的教育服务，实现教育可持续发展（赵建华、李铭、王雷岩，2018）。

2020年是《国家中长期教育改革和发展规划纲要（2011—2020年）》以及《教育信息化十年发展规划》的收官之年。2019年2月，中共中央、国务院发布《中国教育现代化2035》，面向未来描绘了教育发展的图景，其十大战略任务之一即为"加快信息化时代教育变革"，提出以"智能"为驱动，以人才培养为核心，创新中国教育信息化未来趋势与发展走向的四大方面，包括围绕提升校园智能化水平，探索新型教学形式，创新教育服务业态，推进教育治理方式变革，并从政策角度描绘出教育信息化在人工智能环境与新兴技术支持下的五个方面内容创新，包括安全规范、多元共建的教育信息化发展机制，重点落实政策保障机制、市场规范机制和第三方监管机制；智慧校园以5G技术、新型技术为支撑，构建开放、联通的生态系统，遵循教育发展的供给侧改革，贯彻以人为本的服务理念；智能技术推进教育治理精准化、扁平化的同时加强教育治理规范与人机伦理建设；海量优质教育资源以教学设计与学生特点为需求进行多元开发、评估选择、精准推送和开放普及；在人工智能支持下创新教学组织形式，重构教育教学模式，支持教师技能与理念发展，实现因材施教。

新媒体联盟发布的年度《地平线报告》是国际教育信息化发展的参照系和风向标。2019年4月，《地平线报告》（2019高等教育版）揭示了未来五年可能影响高等教育变革的短期（重新设计学习空间、混合式学习设计）、中期（推进创新文化、日益关注学习测量）、长期（重新思考高校工作、学位的模块化和分解）六个关键趋势，以及可能制约高等教育领域技术应用的六大挑战：提升数字流畅力，需求日增的数字学习体验和教学设计专业知识、教育技术策略催生教师角色转变，成就差距，促进数字公平，重新思考教学实践（金慧、沈宁丽、王梦钰，2019）。孙立会等（2019）提出教育信息化的五大发展图景及核心举措：①安全规范、多元共建的教育信息化发展机制，依赖政策保障、市场规范和第三方组织资源的共同监督；②先进技术与人文关怀并存的智慧校园，以5G技术为支撑，加强供给侧改革与人本服务意识；③精准化、扁平化与人性化的教育治理，加强教育治理规范与人机伦理建设；④多元创生、评估、定制、普及优质数字教育资源，以教学设计与学生特点为需求进行评估选择与定制；⑤人工智能与因材施教的教学形式组合，从课程形式、师资层面提供因材施教的可能性。

四、研究现状及未来研究重点

2011年至今，国家陆续颁布了一系列推动教育信息化的政策性文件，推动教育信息化研究进入繁荣发展阶段，研究成果呈现持续上升的态势，研究视角也从宏观、中观、微观全面展开，全方位探索教育信息化的优化发展之道，既包括对国家宏观政策、方针、路线、策略等的研究，也有对各教育分领域信息化的研究，以及对信息技术、云计算、"三通两平台"、信息素养、教育技术、"互联网＋"、MOOC、微课程、翻转课堂、"人工智能＋"等实践应用层面的研究，相关研究内容、层次、方法、工具等趋于多元化（杨英，2018）。高职教育信息化的发展也引起越来越多学者的关注，高职教育信息化的研究探索也有一定的成果，主要集中在数字教育资源、课堂教学模式、信息化教学设计、优质资源推广、教育教学评价、智慧校园建设、信息技术实践、发展现状分析等方面，其中优质数字资源建设、应用、推广等研究是高职教育信息化的核心。

教育信息化相关的教育技术学科发展没有太大的进展，与高校教育信息化相匹配的人才培养存在错位，现有的人才培养无法满足高校教育信息化建设需要，对高校教育信息化的实践和探索没有带来根本影响，也导致了教育信息化研究的相对弱化，从事相关研究的人员较少，研究发展后劲不足。已有的研究成果层次普遍不高，有的研究成果往往以理念或综合性归纳为主，没有清晰的应用实践路径。对于新兴技术在高等教育信息化领域运用的研究仅停留在宽泛的可行性分析上，并没有足够有效的实践应用作为支撑。对已有实践应用的探索总结更多停留在某一门课程、某一个板块、某一个高校，与高校办学和管理的个性化互相矛盾，实际的可参照意义不大，研究缺乏现实借鉴价值。信息化教育的理论与实践应相辅相成，相互统一。当前教育信息化创新实践推进缓慢，没有形成大量有效的创新性实践成果，难以支持教育信息化理论的完善，基础理论创新难以突破，没有出现颠覆性理论成果，缺少科学的信息化教育理论指导的教育信息化实践举步维艰，与时代发展的要求相去甚远，要构建具有中国特色、国际水准的教育信息化与信息化教育理论体系，并实践信息技术与教育的深度融合，实现理论与实践的不断发展，推进教育的整体性变革，实现教育现代化，任重道远。

未来教育信息化研究应以国内外的政策为导向，以关键性问题为线索，突出理论与实践研究的热点和难点，聚焦未来教育的关注点，更多关注国际前沿发展、面向2035年教育信息化、人工智能与未来教育、教学中的创新技术、课程建设与优质教育资源供给、信息技术与高等教育深度融合、教育信息化与教育公平、教育质量与智能教育评价、教育决策与教育治理现代化、交叉视域下的跨学科研究等(汪燕,2020)。人类社会已经迈入信息时代,技术创新带动时代进步而产生的需求和供给之间的巨大张力带来了教育改革、创新和发展的动力,信息时代教育现代化被赋予新的内涵,学习型社会、创新型社会、终身化学习、个性化学习是新时代对教育提出的更高目标,教育信息化是教育现代化的核心动力,以教育信息化全面推动教育现代化,促进教育公平、提高教育质量、实现终身教育、提升教育治理是必由之路。

第十章　高等职业教育国际化研究

一、研究背景

（一）政策变迁

随着"一带一路"倡议与新时期教育对外开放战略的提出，中国与世界在政治、经济、文化、教育等诸多领域的互动融合将日益加深，我国在积极引进发达国家职业教育经验的同时，也需要向世界各国输送"中国方案"。此外，面临着产业结构调整与经济转型升级的中国也急需大批具有国际竞争力的高素质技能型人才。近十年来，我国从中央到地方相继颁布了 13 份与高职教育国际化直接或间接相关的政策文件，从创新人才培养体系、发展现代职业教育以及服务国家对外战略等方面倡导职业院校开展国际合作，培养国际化人才，对高职教育的"引进来"与"走出去"均给予高度重视，如表 10.1 所示。

表 10.1　我国近十年发布的与高职教育国际化相关的政策

年份	政策名称	发布机构	所属条目
2010	《国家中长期人才发展规划纲要（2010—2020 年）》	中共中央、国务院	实施更加开放的人才政策
2010	《国家中长期教育改革和发展规划纲要（2010—2020 年）》	工作小组办公室	扩大教育开放
2014	《关于加快发展现代职业教育的决定》	国务院	加强国际交流与合作
2015	《中国制造 2025》	国务院	健全多层次人才培养体系
2015	《高等职业教育创新发展行动计划（2015—2018 年）》	教育部	扩大职业教育国际影响

续表

年份	政策名称	发布机构	所属条目
2016	《关于做好新时期教育对外开放工作的若干意见》	中共中央办公厅、国务院办公厅	大力提升教育对外开放治理水平
2016	《推进共建"一带一路"教育行动》	教育部	开展教育互联互通合作
2016	《关于开展中国高等教育国际化发展状况调查的通知》	教育部办公厅	以调查促进开放
2017	《学校招收和培养国际学生管理办法》	教育部、外交部、公安部	加强校内管理
2017	《关于深化产教融合的若干意见》	国务院办公厅	加强国际交流合作
2019	《加快推进教育现代化实施方案（2018—2022 年）》	中共中央办公厅、国务院办公厅	推进共建"一带一路"教育行动
2019	《中国教育现代化 2035》	中共中央、国务院	开创教育对外开放新格局
2020	《职业教育提质培优行动计划（2020—2023 年）》	教育部等九部门	实施职业教育服务国际产能合作行动

资料来源：整理自相关网站

　　首先，在创新人才培养体系方面，《国家中长期教育改革和发展规划纲要（2010—2020 年）》中明确提出："开展多层次、宽领域的教育交流与合作，提高我国教育国际化水平，培养大批具有国际视野、通晓国际规则、能够参与国际事务和国际竞争的国际化人才。"2010 年 6 月，中共中央、国务院在《国家中长期人才发展规划纲要（2010—2020 年）》中指出："要建立学校教育和实践锻炼相结合、国内培养和国际交流合作相衔接的开放式培养体系，推进专业技术人才职业资格国际、区域间互认。"

　　其次，在发展现代职业教育方面，国务院在《关于加快发展现代职业教育的决定》中强调："完善中外合作机制，支持职业院校引进国外高水平专家和优质教育资源，鼓励中外职业院校教师互派、学生互换。实施中外职业院校合作办学项目，探索和规范职业院校到境外办学，建成一批世界一流的职业院校和骨干专业，形成具有国际竞争力的人才培养高地。"2015 年 10 月，教育部印发了《高等职业教育创新发展行动计划（2015—2018 年）》，其中明确提出："加强与信誉良好的国际组织、跨国企业以及职业教育发达国家开展交流与合作,探索中外合作办学的新途径、新模式。支持专科高等职业院校学习和引进国际先进成熟适用的职业标准、专业课程、教材体系和数字化教育资源;选择类型相同、专业相近的境外高水平院校联合开发课程,共建专业、实验室或实训基地,建立教师交流、学生交换、学分互认等合作关系。""加强与职业教育发达国家的政策对话,探索对发展中国家开展职业教育援助的渠道和政策。支持专科高等职业院校到境外办学,为周边国家培养熟悉中华传统文化、当地经济发展亟须的技术技能人才。"

最后,在服务国家对外战略方面,2016 年 4 月,中共中央办公厅、国务院办公厅在《关于做好新时期教育对外开放工作的若干意见》中指出:"要鼓励高等学校和职业院校配合企业走出去,鼓励社会力量参与境外办学,稳妥推进境外办学。开发与国际先进标准相对接的职业教育课程体系,积极参与制定职业教育国际标准。"2016 年 7 月,教育部在《推进共建"一带一路"教育行动》中明确了我国在职业教育领域与沿线国家加强合作的若干重点:"共商共建区域性职业教育资历框架,逐步实现就业市场的从业标准一体化。""发挥政府引领、行业主导作用,促进高等学校、职业院校与行业企业深化产教融合。鼓励中国优质职业教育配合高铁、电信等行业企业走出去,探索开展多种形式的境外合作办学,合作设立职业院校、培训中心,合作开发教学资源和项目,开展多层次职业教育与培训,培养当地急需的各类'一带一路'建设者。"

上述政策文件为推动我国高职教育国际化发展提供了新的外在机遇与内生动力,更释放出国家在战略层面上对高职教育国际化高度重视的信号。当前,我国高职教育国际化发展已初具规模,留学生数量逐年增加,中外职业教育合作办学机构与项目稳健增长。但从整体看,我国对高职教育国际化内涵的认识还较为模糊,与"引进来"相比,职业教育"走出去"依然任重而道远。

（二）文献统计

在文献数量上,利用中国知网期刊论文数据库,以"高等职业教育"＋"国际化"以及"高职"＋"国际化"为主题词进行精确检索,发现 2011—2020 年我国学者发表的相关学术论文为 728 篇(其中核心期刊 112 篇),不同年份的研究成果分布如表 10.2 所示。

表 10.2　2011—2020 年我国有关高等职业教育国际化研究的论文数量

年份	论文数	年份	论文数	年份	论文数	年份	论文数	年份	论文数
2011	23	2013	50	2015	46	2017	97	2019	135
2012	39	2014	64	2016	57	2018	107	2020	110

在关键词聚类上,利用 CiteSpace 软件对我国近十年发表的有关高职教育国际化研究的主题词进行分析后,生成了关键词共现知识图谱(见图 10.1)。其中,圆圈代表节点,颜色深浅及大小表示该节点出现的时间和频次,频次和中心值越高,就表示该关键词在高职教育国际化研究中的热度。

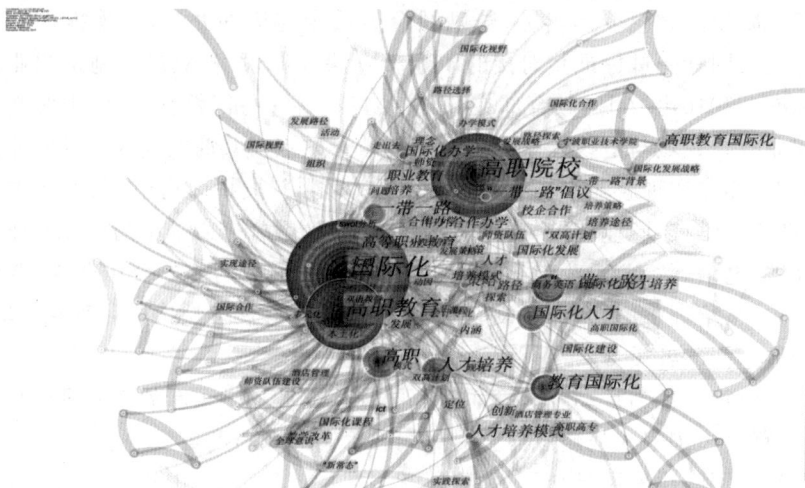

图 10.1　关键词共现知识图谱

二、研究内容

我们对国内高等职业教育国际化方面近十年来的研究文献进行了梳理,发现高等职业教育国际化研究涉及的主要内容包括:内涵定义、区域实践、世界经验以及"一带一路"视域下的高等职业教育国际化等几个方面。

(一)高等职业教育国际化的内涵定义

高等职业教育国际化是经济全球化的重要组成部分,高等教育国际化的一种特殊形式,体现了市场对教育资源的配置凝聚了高端技能型人才培养的时代目标,具有国外国际化和国内国际化两种形态。其要素主要包括:国际化教育理念、人才培养目标规定、课程的国际化、人员国际交流、实验实训的国际化、国际学术交流与合作研究以及高等职业教育资源的国际共享(潘晓明,2012)。

从院校的实践运作来看,国际化更倾向于表示一种过程。具体而言,其内涵主要基于三个维度:参与主体、动因—目标及过程—活动。对高职这个主体而言,动因和目标更现实地体现为提高人才培养质量,满足区域经济对国际化人才的需求;过程和活动则体现为国际化发展的路径与实现策略,具体表现为以校企合作、国际培训、获取职业资格证照和参与国际职业资格技能大赛为基地的策略路径(买琳燕,2014)。

高职教育国际化是高职教育这一载体在特定阶段条件下的一种路径选择与生存方式,是高等教育国际化与职业教育国际化的融合。它既需遵循知识与技术国际流动的本质诉求,也需要遵循生产要素国际流动的内在诉求。高职教育国际化其根本目的还是培养学生具有国际水准的职业技能和开阔的国际视野,从而实现在生产要素全球流动基础上的国际化就业。高职教育国际化载体呈现出一定的层次结构,包括理念层面的国际化(教育理念、办学理念等)、组织层面的国际化(国际化机构和制度规范)、活动层面的国际化(国际化课程、国际化评价标准、学生来源与就业的国际化、师资国际化、中外合作办学、走出去办学等)。高职教育国际化一般会呈现出从活动到组织,然后到理念的演变过程。因此,理念层面的国际化是最高级的,其次是机构层面,而活动层面国际化则处于最低层次(莫玉婉,2017)。

(二) 高等职业教育国际化的实践探索

国内关于高等职业教育国际化地方层面实践探索的研究对象主要集中于长三角和珠三角地区,如浙江、江苏、天津、广东等的部分高职院校。

有学者以长三角地区 159 所高职高专院校和珠三角地区 71 所高职高专院校资料为基础,分析了两个地区高职教育国际化与国际经贸往来区域间的适应性和高职院校国际办学专业的行业适应性,分析发现,长三角和珠三角的国际经贸合作水平会促进教育国际化的发展,优质教育资源丰富的国家和地区已经成为这两大区域高职院校教育交流合作最密切的伙伴。从合作办学院校占比来看,同发达国家和地区的合作仍是两大地区高职教育国际交流合作的重点,且长三角地区高职教育国际交流与合作的范围比珠三角地区更广泛,服务业类专业的教育国际化程度非常高,主要集中在批发与零售、金融业、住宿与餐饮业等七个行业门类里。但相比珠三角地区,长三角地区第二产业类专业的教育国际化程度比较低,需要加快发展(胡坚达等,2015)。

刘伟(2016)采用八维蛛网模型法对广东省28所高职院校国际化现状进行抽样调查分析。结果表明,各高职院校已树立了较好的国际化发展理念,将国际化目标纳入了学校的发展规划,师生对教育国际化的重要性达成了较高的共识。分类比较结果显示,示范(骨干)建设工程的院校,其国际化工作的开展状况明显优于非示范(骨干)院校。部分院校因经济社会发展实力或区位优势,国际化程度也领先于粤东西两翼院校,但地方院校与行业院校相比,国际化程度差异则不明显。而深入各个维度中各观测点微观层面进行分析,无论院校间还是同一学校各维度间,其差异依然十分明显,表明国际化的各个层面均存在程度不同的发展的不均衡情况。

浙江金融职业学院探索形成了"专业＋语言＋国别"的国际化应用人才培养模式。该模式基于系统设计、自主构建、全面覆盖、全员提高的改革理念,以国际化应用人才能力模型中的专业、语言、文化为着力点,一是培养"精专业"的国际化应用人才,其核心在于探索产教融合人才培养模式的"国际版";二是培养"懂外语"的国际化应用人才,围绕英语与第二外语两方面开展工作;三是培养"融文化"的国际化应用人才,要在全面提升跨文化交际能力的基础上,形成"订制化"人才的国别区域特色,从而实现全面提升高职院校学生的国际化能力的人才培养目标,为"一带一路"建设及企业"走出去"发展输送合格的高素质技术技能人才(张海燕等,2019)。宁波职业技术学院承办的"发展中国家职业教育管理官员研修班"和"发展中国家港口管理官员研修班"等援非教育项目,经历了政府主导、学院主动和跨区域协同等三个发展阶段,依托援非培训平台和国际社会网络紧密协同关系,中非协同广度不断扩大,协同速度不断提升,协同深度不断拓展,探索出了具有地方特色的高职教育外向型国际化之路(张慧波等,2016年)。

无锡商业职业技术学院与无锡红豆集团确立了驻外职业培训、来华留学生学历教育和共建柬埔寨海外应用技术大学"三步走"战略。第一步和西港特区公司签订合作协议并开展国际化驻外人才培养培训;第二步与红豆集团的西港特区公司共同资助开展来华留学生学历教育,开展"订单式"柬埔寨本土应用型人才培养;第三步双方共同出资成立了柬埔寨西港教育发展有限公司,联合在西港特区共建西哈努克大学,开展普通高等学历教育和职业技术培训,并成立柬埔寨西哈努克港工商学院。江苏海事职业技术学院与新加坡韦立国际集团、山东魏桥创业集团、山东烟台港集团、几内亚 UMS 集团组成中国赢联盟企业联合体,重点针对"一带一路"的非洲国家发展贸易和国际投资,在非洲国家开展国家层面的合作,建立政府、学校、跨国企业资源的优化组合,以培养非洲学生为纽带,将政府资源、企业集团资源与学校资源进行融合,创新非洲国家本土化办学的实践模式。苏州健雄职业技术学院与德国工商行会上海代表处合作,签约成立AHK(德国海外商会联盟)—上海、健雄职业技术学院专业技术工人培训中心,引进德国双元制模式,创立中国特色的国际化产教资源组合模式,采取学校专业与跨国企业生产岗位匹配化培养模式,将技能与定岗相结合,培养高职机电、模具专业应用型技能人才(申俊龙等,2020)。

鲁班工坊是旨在助力天津职业教育走出去,服务企业走出去的创新型国际化职业教育服务项目,是以鲁班的"大国工匠"形象为依托,采取学历教育与职业培训的方式,将天津作为国家现代职业教育改革创新示范区的优秀职业技术和职业文化输出国门与世界分享,搭建起的天津职业教育与世界对话与交流的实体桥梁(吕景泉等,2017 年)。该项目发展模式多元化,创新国际教育合作新形式;办学方式注重本土化,强化因地制宜;教学元素注重国际化,发挥与信息化的充分融合;建设载体依托工程实践创新项目(EPIP),注重培养复合型人才(李名梁等,2019)。

(三) 高等职业教育国际化的世界经验

近十年来,国内学者主要针对欧美和亚洲等国家的高职教育国际化办学举措与经验开展了一定探索。

日本高职教育国际化办学以本国高等教育国际化战略思想为指导,尊重高职教育的基本属性和基本职能,将"国际维度"融入办学实践中,以国际通行的教育标准为基准,在不断的教育改革中创造自身特色,提高自身的国际化发展能力。一是政府通过完善公私二元结构办学管理体制,建立健全国际化办学运行机制等方式,统筹构建了完善的国际化办学管理运行机制。二是政府、学校、企业三方合作普及国际标准化教育,提高高职教育国际化程度:2006 年以小学、中学、高中、高专为对象,开设了关于规格和标准化的课程,后来约有 80 所学校实施了这些课程,其中 60% 是普通高校、高等专科学校、工业学校,2009 年开始扩大到高等专门学校领域,在最初实施的木更津工业高等专门学校的帮助下逐步普及,充实教学计划和课程内容。此外,文部科学省等对国内外职业能力开发进行调研,明确了"就业基础能力""社会基础力""共通能力"等职业能力的概念及诸要素,通过宏观层面职业能力开发指导推动高职院校层面的职业能力开发,高等专门学校开设了"智慧财产教育""技术者伦理教育"等国际标准化教育课程。三是加强保障机制建设,不断提升国际化办学质量:日本技术人员教育认定机构2001 年面向包括高职教育在内的高等教育机构进行相关认定工作,此后不断参照国际教育质量标准修改完善认定基准体系,确保高职教育质量的国际可比性和技术人员资格的国际互换性(韩玉等,2015)。

美国社区学院的课程国际化策略具有自身特色。一是提供丰富的外语课程,有 84 所社区学院共提供了 27 种不同的外语课程,有 24 个区的社区学院提供了 5 种以上外语课程。二是为国际化学科专门设立副学士学位和证书,激励校内课程国际化,主要包括国际研究、多元文化研究、跨文化研究、国际商务和营销等学科。三是积极利用政府财政投入进行课程国际化改造,联邦政府为此专门设立了"Title VIa/b"专项资金,各社区学院每年也在预算中拿出专项资金用于课程国际化,激励教师改革教学内容,增加全球化课程内容,鼓励教师积极参与国外访学和国际教学项目,提高教师开发课程国际化的能力。四是注重校内课程国际化和海外留学融合发展,学生通过长短期海外留学、临时性国外工作和国际志愿者项目,获得多元文化知识、技能以及跨文化交流经验。面对低收入、多种族的学生群体,社区学院开设了多种海外留学项目,以满足学生的个性化发展需求(廖华,2016 年)。

随着工业 4.0 和第四次工业革命的来临,德国在职业教育领域展开了一系列重大改革,以求实现职业教育与其他国家的平稳转化对接,保持其在国际经济市场和教育市场的优势地位。一是学位制度的国际化"转换",实现职业教育的可迁移性:应用技术大学获得颁发学士、硕士和博士学位的资格,并注重与国外院校合作培养,从制度上保障了德国职业教育和高等教育的文凭等价,在国际上提升了德国职业院校的竞争力、吸引力和影响力,让职业教育毕业生继续深造的渠道变得更宽、更广。二是学分体系的国际化"互认",实现职业教育的可兼容性:作为提高职业教育衔接和贯通性的一套可兼容评估机制和学分管理系统,德国职业教育学分体系(DECVET)在内部兼容性上,分别与德国国家层面的教育政策和教育结构体系相融合,与德国高等学校(综合性大学)改革后的学分体系相衔接,并与其中的利益相关者相贯通,获得他们的支持与认可;在外部兼容性上,DECVET 与欧盟教育政策、框架和体系相匹配,与欧洲学分互认系统和职业教育与培训学分系统相兼容。三是搭建"终身学习资格框架",实现职业教育的可通用性:德国终身学习资格框架(DQR)以欧洲资格框架(EQF)为蓝本进行制定和构建,以逐级提高的原则来强调受教者从新手到专家的成长、转变过程,以学习成果为导向,将资格框架的各项指标定位于人在职业资格过程中所要具备的整体综合能力,为不同教育与培训部门之间搭建起"立交桥"式的框架结构。DQR 实现了职业教育与普通高等教育、继续教育和培训等方面的互通,将各个不同资格和证书囊括其中并系统分类,激发出个体内在发展动机及对长远价值的追求,促进终身学习理念的深入发展和对个体学习目标的生命关照(肖凤翔等,2017)。

新加坡通过人才国际化(提供优惠政策条件,面向世界招聘高水平高技能外籍教师,并充分保障教师赴外培训进修)、课程国际化(与国际院校或企业保持联系,确保专业及课程设置的先进性以及推行海外实习项目)与知名国际企业合作开展国际培训等举措,建立起了符合本国国情、具备本土特点且服务于经济社会发展的国际化高职教育体系(买琳燕,2018)。

澳大利亚自20世纪90年代初起,陆续制定各项政策,将职业教育国际化作为应对国际挑战、满足国家政治与经济需求的有效工具,主要包括:加强职业院校与世界的联系,推动教职员工发展的国际化,促进学生的国际流动,保障跨境职业教育办学质量以及推进本国资格框架与国外相关资格框架的对接。其政策理念以持续改进与最佳实践为取向,政策制定以联邦政府为主体,政策内容以本土招生与境外办学为核心(梁帅、吴雪萍,2019)。

为迎接全球化时代带来的机遇和挑战,荷兰大力推进职业教育国际化发展,构建与国际接轨的国家职业资格框架,采用国际化的职业教育学分转换体系,营造"在地国际化"的多元学习环境,大力促进职业教育的跨国流动,走出了一条独具特色的职业教育国际化发展路径(李国英等,2019)。

受经济全球化、欧洲青年失业率居高不下以及人口结构变化的影响,欧盟制定了促进职业教育和培训国际化的相关政策,通过实施跨国流动项目、开发欧洲共同工具、加强国际合作和开展多语言培训等举措,在增加跨国流动人数、提升师生能力方面取得了明显成效,但同时也面临着机构障碍、透明度障碍和语言障碍等问题(袁李兰等,2019)。

国际劳工组织于20世纪70年代开发并推广MES(manufacturng execution system)模式,以应对当时世界范围内的就业危机,随后,MES模式在世界各国得到了广泛应用。国际劳工组织在推广MES模式的过程中逐渐形成了以项目载体、师资培训、教材内化、资格互认四项措施为基础的较为稳定高效的国际化路径模式,该路径模式体现出以标准化模式为引领、以理念导入为手段、以因地制宜为原则的模式特点(潘海生等,2020)。

(四)"一带一路"视域下的高等职业教育国际化发展

"一带一路"倡议为职业教育的国际化发展提供了重要机遇,是实现我国职业教育"走出去"战略的坚实一步,同时,职业教育也为"一带一路"倡议实现提供了文化保障与智力支撑。职业教育国际化发展应该秉持"平等合作""开放包容""创新共享"的职业教育国际化发展理念,坚持适应国际规则与制定新规则相结合、文化输出与文化输入相结合、国际化人才培养与引进相结合,形成"以职业教育理念为先导,以职业技术人才培养为核心"的职业教育一体化建设(冯宝晶,2016)。

"一带一路"倡议背景下,高职教育国际化具有思想观念的包容性、专业设置标准的国际性、政策导向的开放性、人才培养的跨界性等基本属性。高等职业教育国际化在路径选择上,一要创新理念,打造"一带一路"倡议下的职业教育管理联盟;二要健全体制,加强"一带一路"倡议的运行机制建设;三要共享资源,建立"一带一路"倡议实施的支持服务保障系统;四要跨界融合,培养国际化特征的高素质技术技能型人才(徐华等,2016)。

"一带一路"倡议为高职教育"走出去"办学带来了新机遇,但在"走出去"办学的道路上,高职院校仍然处在狭窄的"慢车道",具体表现为:缺少明确的办学目标与规范的约束机制,国际化办学水平不高,国际化师资队伍建设滞后,与我国跨国企业合作的深度不够。针对上述困境,政府应做好必要的规划和支持工作,建立完善的质量保障机制;高职院校层面需要不断增强自身办学实力,转化已有中外合作项目(崔岩,2016)。

近年来,"一带一路"倡议内陆节点城市职业教育发展在积极引进、吸收国际先进职教理念和成功经验的基础上,在师资建设和对外交流方面取得了较为显著的成绩,国际化发展速度加快。但是,职业教育国际交流和合作在目前仍然存在着"窄浅化"发展的突出问题,一是形成了教育国际化的初步理念,但缺乏教育国际化的总体战略规划;二是专业师资队伍具备一定的国际视野,但国际教育教学能力仍然薄弱;三是职业院校积累了对外交流的宝贵经验,但职业教育国际化仍处于低层次发展水平。因此,内陆节点城市职业教育国际化需要提升办学实力,形成国际显性优势;加强多方沟通交流,建立国际化的沟通网络;掌握教育主动权,积极参与国际通行职教标准制定;加强各方的协调工作,推动政府、企业、院校各方的互动(李梦卿等,2017)。

在"一带一路"倡议的框架内实现高职院校高水平国际化,应定位于助力国家经济转型,推动"一流职院"建设,促进丝绸之路沿线国家发展等三个方面的功能。然而,院校输出能力尚显薄弱,利益相关主体尚显分散,跨境教育形式尚显初级是制约高职院校实现国际化的现实困境。因此,"知己知彼,科学规划"是前提,"多方参与,明晰权责"是关键,"评估反馈,持续改进"是保障(陈沛西等,2018)。

"一带一路"倡议下国际产能合作需要职业教育提供技术技能人才的支撑,职业教育在服务国家、产业、企业各个层面的产能合作上已进行了前期的行动探索。在中国全面提升国际治理能力的背景下,国内职业教育领域渐成共识,针对国际产能合作的重点目标,职业教育将进一步完善对外开放布局,通过校企协同的形式助推中国标准的国际化(蓝洁等,2018)。

有学者对 2019 年全国 1344 所高职院校质量年度报告进行分析发现,"一带一路"倡议背景下,我国高职教育国际化主要呈现出"原材料""半成品"以及"成品"的国际化等三种实践样态。虽然高职教育国际化水平逐年攀升,但也存在国际化战略不清、资源虚耗,国际化协作不够、各自为战,国际影响力地域相差悬殊,职教国际化品牌缺乏等问题。为进一步推进我国高职教育的国际化,应把握高职优势,寻求国际化战略突破口;开展多主体多方式协作,共同促进国际化发展;发掘区位优势,加强区域联动发展;建立职教"国—省—院"国际化品牌体系,扩大国际影响力(白玲等,2020)。

三、研究反思与未来展望

(一) 研究反思

综上,我国学者关于高等职业教育国际化的研究数量逐年上升,研究内容日益丰富,研究维度逐渐拓展,总体呈现良性发展态势。但当前研究也存在一定的局限性。一是研究数量较多,高水平研究成果偏少。已有研究主要聚焦宏观理论层面的高职教育国际化,对于高职教育国际化的实践路径,偏向于对政府或相关部门提出改革建议,而非基于高职教育国际化办学本身的事实分析,部分建议可操作性不强;部分学者的研究内容重复、观点雷同,对某些论点的分析及未来走向的判断缺乏科学、客观的数据支撑以及经典文献资料的引证,因而其结论的可信度与科学性不强,学术价值含量相对偏低。二是质性研究多,量化研究少。从研究方法来看,我国学者主要以质性研究分析高职教育国际化,例如文献研究、比较研究、历史研究以及案例研究等。此类研究注重理论思辨,偏重文献梳理、概念阐释与事实描述,部分案例研究主要是个别省市高职院校或其专业国际化办学实践的经验总结。采用量化方法的研究成果较少,已有的量化研究也主要以简单统计分析与实地观察为主,相对缺少广泛问卷调研、深度访谈调查、科学模型建构等实证量化方法。

（二）未来展望

我国高等职业教育走向国际已成为各界共识，也是高职院校本身的现实发展需求。作为新时期我国职业教育发展的关键领域之一，国际化也是职业教育现代化的重要支撑。今后，我国学者既要在学理层面上为高职教育国际化发展提供理论指引，更加需要以解决现实问题为导向，开展应用性研究。例如，进入新时期，高职院校国际化的影响因素有哪些？放管服背景下，国际化究竟是由政府统一布局还是院校自主谋划？类型教育特征下，不同种类、不同层次高职院校国际化的具体路径是什么？是否需要建立一套科学、客观的高职教育国际化评价指标体系，等等。因此，我们建议今后国内学者要围绕国家改革发展政策的宏观层面、高职院校治理能力的中观层面、教师与学生需求的微观层面开展针对性强、必要性大、实用性强的全面研究。同时，还应聚焦定量研究方法，在大量收集准确、客观的一手资料基础上，注重理论联系实际，以便有效地深化老问题、发现新问题、解决真问题，提出有助于我国高职教育国际化发展的新观点，提升高职院校整体层面的国际化水平与影响力。

纵观近十年来我国高等职业教育国际化的研究，不难发现，学者们正在试图找到一种"放之四海而皆准"的能够适应所有高职院校对象群体的国际化路径或模式。而我们认为，我国高等职业教育国际化研究应该以"百花齐放"的多样化原则为研究旨归，结合我国不同类型、不同地区高职院校国际化的多元化发展现状，适时吸纳发达国家职业教育国际化的成功经验，在共性中把握个性，对具有类型特色、地方特色、行业特色、中国特色的高职教育国际化开展分类研究。

第十一章　高等职业教育集团化办学研究

高等职业教育集团化办学是深化产教融合、校企合作,提升人才培养质量,促进优质资源开放共享的职业教育办学新模式。历经 20 余年的发展与积累,当前我国已形成了分布广泛、类型多样、特色突出的高等职业教育集团化办学发展格局。本章通过对 2010—2020 年高等职业教育集团化办学研究相关文献的梳理,对其概念、产生动因、功能、特征、类型、存在问题、发展对策等方面的研究进行了概述,提出了目前集团化办学研究的不足及未来研究展望。

一、研究背景及概况

(一) 研究背景

我国的职教集团化办学起步于 20 世纪 90 年代。当时由于部分地区职业学校设点和布局分散,资源重复浪费,当地院校为优化资源配置,提高人才培养质量,自发组建职业教育集团,开启了职教集团化办学的探索。2005 年,《国务院关于大力发展职业教育的决定》提出"推动公办职业学校资源整合和重组,走规模化、集团化、连锁化办学的路子",职教集团化办学的发展方向和思路得到了国家政策层面的支持。在政策的支持和号召下,全国各地的职教集团数量迅速增长,涌现出职教集团化办学的"河南模式""江苏模式""上海模式""天津模式"等,职教集团化办学实现量的突破。

2010 年后,政策层面对职教集团化办学的支持进一步加大,职教集团化办学进入战略化、规范化的统筹发展阶段。2010 年《国家中长期教育改革和发展规划纲要(2010—2020 年)》提出,"支持一批示范性职业教育集团学校建设,促进优质资源开放共享"。2014 年,教育部、发改委、财政部等六部门共同颁布《现代职业教育体系建设规划(2014—2020 年)》,明确了重点鼓励建设的职业教育集团类型、组建方式、治理模式等,并提出建成 300 所骨干职业教育集团的目标。2015 年教育部专门出台《关于深入推进职业教育集团化办学的意见》,鼓励多元主体组建职业教育集团,深化职业教育办学体制机制改革。同年,出台《高等职业教育创新发展三年行动计划》,提出开展多元投资主体依法共建职业教育集团的改革试点,以资产融合、人员互聘、平台共建等为纽带,探索建立基于产权制度和利益共享机制的集团治理结构和运行机制。

在政府的高度重视和大力推动下,职教集团迅猛发展。截至 2016 年底,全国职业教育集团数量达 1406 个。其中有 1095 个属于行业性职教集团,其中有98 个集团主要服务第一产业,有 530 个集团服务第二产业,有 467 个集团服务第三产业。在 1406 个集团中,共有成员 35945 个,其中行业企业占比 73％;参与集团的高职院校 1236 所,占高职院校总数的 91％。集团化办学已成为我国职业教育多元主体办学的重要实现形式。

(二) 研究概况

学界对职教集团化办学的研究最早始于 20 世纪 90 年代。这一时期的主要研究问题是对中等职业教育职教集团化办学可行性的研究以及部分地区中职集团化办学实践经验的介绍(路承恺等,1996;周达子,1998;张小林,1999;赵志强、林琅藩,1995)。整体来看,该时期的研究成果数量较为稀少;在研究方法的应用上,以思辨研究为主,且偏重经验总结;研究导向以应用性研究为主;研究人员主要为中等职业教育工作者。

2005 年后,在国家政策的引导下,学界对职教集团化办学的关注提高。该时期的主要研究问题有两个:一是对高等职业教育集团化办学的概念、特征、功能、体制机制等基本问题的研究(高卫东,2004;马成荣,2004;郭苏华,2005;余秀琴,2008);二是对高等职业教育集团化办学典型案例的介绍(郭苏华、马树超,2008)。此外,还有一些研究人员将研究视野扩展至海外,研究发达国家与地区的职教集团化办学经验(匡瑛、石伟平,2008)。相较前期,该时期的研究数量成果大幅增加,实现了量的突破;研究方法仍以思辨研究为主,但哲学思辨法、比较研究法的应用逐渐增多;研究人员背景呈现多元化发展趋势,既有高职院校的教师、行政管理人员,也有各地教育研究机构人员、研究型大学教师;研究导向以基础性研究和应用性研究并重。这一时期的研究不仅从理论层面廓清了高等职业教育集团办学的基本问题、发展方向,也为后续集团化办学的研究及实践应用奠定了基础。

2010—2020 年,随着职教集团化办学的深入发展,集团化办学的复杂程度加深,体制机制等方面的问题日渐凸显。该时期的主要研究问题有:一是对职教集团化办学基本问题的进一步研究(曹晔,2012;高鸿、高红梅,2012);二是对职教集团运行机制问题的研究(郭静,2013;胡坚达、王孝坤,2013;高卫东,2012;刘晓、石伟平,2016;翁伟斌,2016);三是对部分地区职教集团化办学发展的经验介绍与思考(兰小云,2011;袁靖宇,2015)。同时,相关的比较研究成果增多(尹华丁,2011;李泽华、李倩,2011)。在研究方法上,总体仍以思辨研究为主,少数采用量化研究。研究人员以高等职业教育实践工作者为主。研究导向上,基础性研究比重增加,但大部分研究仍以经验介绍的应用性研究为主。此外,跨学科研究较前期增多,部分研究人员从管理学、经济学等不同学科视角分析、解决职教集团化办学中遇到的问题。

二、研究领域及主要观点

(一) 高等职业教育集团化办学的概念

关于集团化办学的概念,研究人员从不同的角度展开研究,但至今尚未达成共识。同时,现有对"职教集团"概念的研究较为丰富,而对"职教集团化办学"的研究较少,大部分研究认为"职教集团化办学"等同于"职教集团",对二者间的异同没有作明确区分。

在"职教集团"概念研究上,高鸿、高红梅(2012)认为其"是由多个具有集团特征的组织机构,以提高人才培养质量为核心,以深化产教融合、校企合作为主线,整合政府、行业、企业、科研院所、职业院校各个方面力量,而进行的集约化、规模化的职业教育办学行为";杨广俊(2012)认为职教集团是"以一个或多个发展较好的院校为核心,多个优势互补的独立法人主体以提高职业教育质量和效益为主要目的,以资产联结或契约合同为纽带,以集团章程为共同行为规范而构成的多法人联合体";欧阳恩剑(2016)认为职教集团是"现代职业教育发展中的一种高级组织形式,一般以一所职业院校或几所同行业、同地区院校为核心,联合在人才培养、技术服务、科学研究上有密切联系的企业、政府和事业单位,通过开展协同培养、技术开发与利用、技能培训或相互出资等合作办学活动而自愿组成的一个稳定的联盟性教育组织"。可见,"职教集团"概念主要包括三点:一是组成主体以职业院校、行业企业、政府、科研院所、其他社会组织为主;二是以资产或契约合同为联结纽带;三是组建目的为推进资源共享,促进产教融合、校企合作,提升人才培养质量,服务区域经济社会发展需求。

在"职教集团化办学"概念研究上,高鸿、高红梅(2012)认为职业教育集团化办学是指"具有集团特征的组织机构,以提高人才培养质量为核心,以深化产教结合、校企合作为主线,整合政府、行业、企业、科研院所、职业院校各方面的力量,而进行的集约化、规模化的职业教育办学行为";杨广俊(2012)认为职业教育集团化办学是指"具有职业教育集团特征的多法人联合体的办学行为";刘晓、石伟平(2016)认为职业教育集团化办学是"以职教集团为组织基础,以促进产学合作、产教融合,提升职业教育技术技能人才系统培养和服务能力为目的,以开放共享、优势互补、互利共赢为途径的多元主体合作办学模式"。

职教集团是否等同于职教集团化办学?欧阳恩剑(2016)认为职教集团与职教集团化办学既有联系又有区别。两者的联系在于集团化办学通过职教集团这一载体来实现集团化办学的预定目标;区别在于职教集团是通过主体联盟而形成的组织体,集团化则是一种具体的办学行为和资源配置方式。高鸿、高红梅(2012)认为职业教育集团是实施集团化办学的组织基础。可以看出,集团化办学是一种具体的办学行为,它以职教集团为载体开展活动。

(二)职教集团化办学的功能

曹晔(2013)认为职教集团是横跨职业教育与产业间的互益性中介组织,含有六个方面的功能。一是体制功能。职教集团作为一种突破传统职教办学体制的产物,通过搭建职业教育与产业间的协作通道,有助于推动我国职业教育管理体制的改革。二是组织功能。集团化办学通过将个体的、分散的办学力量组织到一起,提升组织的凝聚力与办学实力,促进校企结合,实现协同育人。三是合作功能。通过推进校际合作、校企合作、区域合作、城乡合作,实现优质资源共享。四是标准功能。当前我国职业教育正从外延扩张向内涵提升转变,客观上要求建立起专业标准、教学方案标准、课程标准等人才培养标准。五是服务功能。通过收集和掌握的信息,为政府决策提供信息来源,同时也为所属的学校和企业提供所必需的信息咨询服务。六是创新功能。职教集团的产生顺应政府权力基层化、社会化、分权化的新公共管理潮流,需要在实践中加大创新力度,促使职教集团承担起相应的公共管理职能。

崔发周(2016)认为职教集团最基本的功能是"提高资源利用效率,以尽可能少的资源获得尽可能多的成果",具体有四个方面的功能。一是聚集资源。"利用职教集团的平台,可以整合学校教育资源和企业生产资源,分别用于理论教学和生产实习,充分发挥各自的比较优势,避免在职业院校建设'校中厂'和在企业建设'厂中校'带来的资源浪费。"二是开发资源。由于传统的职业教育教学资源不能满足人才培养的需要,职业院校需与企业合作,联合开发教学资源,培养市场需要的人才。三是配置资源。职教集团通过吸纳一定区域内同类职业院校的参与,以协商的形式实现专业合理布局、资源的合理配置及交互利用,从而避免出现资源利用效率和职教质量不高的现象。四是资源利用评价。资源利用的评价主体包括职业院校和企业,有助于保证评价标准的全面性和准确性,形成共同认可的评价标准。

欧阳恩剑(2016)认为职教集团有六个方面的功能。一是创新办学机制,有利于突破单一依靠政府财政资金的制约,实现职业教育办学主体从单一到多方,投资从一元到多元转型。二是优化资源配置,通过整合优质职教资源,实现设施设备、专业课程、师资队伍等资源的共享与互补,提高资源的利用效益。三是提高人才培养质量,通过贯通中高职教育,职前教育与职后教育互补,人才培养与员工培训相得益彰,实现人才培养与市场需求的有效对接,培养出符合社会经济发展的技能型人才。四是深化校企合作,在合作育人过程中促进校企在技术研发、人员互聘、基地建设等方面的深度合作,促进产教融合和校企合作的深入开展。五是推进中高职衔接,通过中、高职教育分工合作、分段培养、有机衔接,衔接沟通人才培养、专业设置、办学层次、课程教材等方面,促进中高职的协调发展。六是提升服务能力,校企共建"校中厂""厂中校"、技术研发与应用中心、产学研融合基地等,促进技术成果转化,服务企业技术改造与升级。

(三) 职教集团化办学的特征

高鸿、高红梅(2012)认为职教集团化办学有五个方面的特征。一是办学主体多元性。职业教育集团化办学的主体为职业院校、政府、行业、企业、科研院所和其他社会组织等。二是办学资源共享性。职教集团化办学的主要功能在于整合资源,实现资源的优化配置。三是办学管理的协同性。通过明确集团内成员的权利和义务,建立多方联动机制,发挥各自在集团化办学中的管理作用。四是办学模式的多样性。不同地区的社会经济和职业教育发展状况,产生出不同的集团化办学发展模式。五是办学利益的共赢性。通过集团化办学,实现教育资源、经济资源和社会资源的整合,实现资源互补和利益共赢。

欧阳恩剑(2016)认为职教集团具有四个特征。一是多元性,具体表现在主体多元和合作多元,存在校校合作、校企合作、校政合作等多元合作形式,以及人才培养、基地建设、实习就业、师资培养、员工培训等多元合作内容。二是跨界性。职教集团由非同一行业的横跨教育、行政、经济等不同行业的主体构成。三是非营利性。职教集团的性质属于教育组织,组建职教集团的目的在于整合各种优质教育资源,更好地服务于职业院校人才培养,这是职教集团与企业集团的根本区别。四是协作性。职教集团成员在章程约束下,为了更好地提高人才培养质量,实现资源共享,信息互通,人员互派,以理事会等组织平台,相互协作、互利共赢。

翟志华(2014)认为职教集团有五个方面的特征。一是多法人。职教集团的成员单位在人、财、物、法人资格与隶属关系上保持不变,集团牵头单位与成员单位通过订立章程、签订协议,形成不具有独立民事责任主体资格,也没有相应法人财产权的契约型非法人职教集团,这种组建方式决定了职教集团有多少成员单位就有多少法人。二是多类型。职教集团按照地理位置及隶属关系、成员单位结合的松紧程度、组成对象、主导关系、扩展方式、业务活动方向、联结关系、资金来源等不同方式划分,有不同的类型和组建模式。三是多纽带。主要有以资产为联结纽带、以合作企业为联结纽带,以及行业牵头以社区联合、行政牵头、企业牵头以专业为纽带的职教集团。四是多功能。推进职教集团化办学,有利于实现引领办学理念更新,整合多方力量,创新办学机制,深化校企合作等多方面的功能。五是多组织。职教集团的组成主体包括政府机构、行业组织、企事业单位、职业院校、研究机构和社会组织等六类。

(四)职教集团化办学的类型

职教集团的分类,当前的主流划分标准有两个:一种是根据职教集团的服务范围,将其划分为区域型职教集团和行业型职教集团;另一种是根据集团的联结方式,将其划分为紧密型职教集团、松散型职教集团、混合型职教集团。

1. 行业型、区域型职教集团

行业型职教集团通常由行业集团公司牵头组建,行业背景突出,具有依托行业组建、受行业领导、行业参与建设、为行业服务的优势。兰小云(2011)认为行业型职教集团主要有三个方面的特征。第一,以专业为纽带,集团内成员联合开设同类专业,通过培养专业人才来实现校企合作。第二,以服务行业为宗旨,为行业培养输送技能型人才,服务行业企业的发展。第三,体现与行业的全面合作。校企合作由原有的个别学校与个别企业间的双边合作,变为职教集团与多个企业的多边、多向、集团式合作。"江苏模式"是行业型职教集团的典型代表。

区域型职教集团一般是指在某一行政区内政府、职业院校和行业、企业以发展职业教育为目的而组织起来的合作共同体。沈建根(2012)认为区域型职教集团具有以下特性。一是服务的区域性。区域型职教集团将职业教育的有关要素纳入统一体系,形成产业、技术、招生、人才培养、就业协调发展的统一体,能够有力促进区域内职教资源的整合,优化人才培养结构。二是管理的有效性。区域型职教集团以政府部门为领导核心,能够有效调动区域内职业院校、行业、企业的办学积极性,推动资源共享,实现高效管理。三是距离的接近性。区域型职教集团的成员单位主要集中在一个区域内,空间距离和文化距离十分接近,有助于资源的就近共享和集团内组织管理上的融合。"河南模式"是区域型职教集团的典型代表。

2. 紧密型、松散型、混合型职教集团

按联结方式分,职教集团可分为紧密型、松散型、混合型。紧密型职教集团以资产为联结纽带,各成员单位以投入的资本产生股权或产权关系。这类职教集团受产权制约,具有较强的凝聚力和向心力,集团的组织结构较为稳定。紧密型职教集团的优势有:成员单位因资产联结,形成了利益共享、风险共担的利益共同体;集团成员之间是建立在权利义务对等的资产占有关系上,有利于职教集团在内部治理上实现民主与公平。劣势主要有:某一成员单位的变动可能会对整个集团造成影响;约束成员进入或退出集团的灵活性。

松散型职教集团以协议、合同、集团章程等契约为主要联结纽带,成员之间不受产权、人事等关键利益的制约,组织关系较为松散。当前,我国大部分职教集团的组建方式以松散型集团为主。松散型集团的优势是:集团组建时的约束条件较少,成员单位容易联结,且可联结的成员单位范围广泛;成员单位能够保留集团内的自主权、选择权。不足之处有:由于契约的约束能力较弱,集团成员间的组织关系较为松散,成员之间缺乏凝聚力,"集而不团"现象突出。

混合型职教集团既有资产联结又有契约联结。这类职教集团既包括资产联结的紧密层,也包括契约联结的松散层。其中通过资产联结的为集团的核心层,主要由核心单位控股或参股的职业院校、企事业单位组成。松散层的成员则由承认集团章程,与核心单位有互惠稳定关系的相关单位组成。混合型职教集团兼具了紧密型和松散型的共有特点。

(五) 职教集团化办学存在的问题

1. 集团产权属性不明确

以章程为纽带是目前多数职教集团的联结形式,各成员单位在产权、人事隶属关系上不变,组织结构较为松散,不具有独立的法人资格。现有研究认为,职教集团身份属性的不确定存在以下缺陷。一是导致内部参与主体的人、财、物配置等方面无法实现高度融合,集团内部资源无法实现集中调配、有机整合、共建共享,无法形成集团主体学校及其成员单位的发展优势。二是集团的合法性缺失,导致集团运作上的随意性。成员单位只能与牵头单位签订契约,成员单位与集团的法律关系难以界定;成员单位权利、义务与责任不明确,主体的合法性存疑;缺乏法人资格的集团既无明晰产权边界,也无权整合成员单位的人财物、责权利等资源,成员在教育教学、生产经营等方面各自为政,难以突出集团的整体优势与规模效能;成员单位进出自由,没有实质性的权利和义务,集团稳定性不强。三是集团成员间的紧密程度受限,集团凝聚力不高。成员各方参与合作的动机、基础较为薄弱,无法形成统一的目标体系与行动策略;集团内开展合作只能通过成员与牵头单位签订契约的形式进行。四是职教集团法人身份的缺失及身份属性的模糊不仅导致了职教集团权责难以界定,也使得政府很难从政策、资金等方面为其提供实质性支持。

2. 政府支持与保障缺位

政府的重视和支持是职教集团化办学发展的有力保障。有研究认为,当前政府对职教集团化办学的实质性的支持和帮助不足。一是财政资金的支持和引导不足。二是法律及政策上的支持缺位。具体表现在:现有法律规范中缺失关于职教集团化办学的相关条文,没有明确界定教育行政机构、职业院校、行业协会、企业等在职业教育中的职责分工,也没有制定完善的法律法规约束企业参与职业教育与培训的行为和责任。同时,相关政府部门对集团化办学的重视程度不够,没有出台相关政策或政策没有得到有效落实。如高进军(2012)通过对江苏职教集团内 30 家企业和 9 所高职院校调研,发现由于政府没有建立引导、鼓励和支持企业参与校企合作的制度体系和有效机制,缺乏配套的税收、信贷方面的优惠政策,在岗前培训、劳动力准入制度方面没有制定相应的政策规范等,导致集团内部校企合作双方的责任权利不明确。三是政府对集团的运行缺乏有效的规划、指导、协调与监督。在宏观层面上,缺乏对职教集团化办学的有效规划。兰小云(2011)指出,政府部门在职业院校专业设置中的统筹协调与指导功能的缺失,使得同一地区的不同院校之间存在大量重复设置的专业,加剧了职业院校的竞争,导致职教集团院校间的资源难以整合。在微观层面上,政府在职教集团运作中的统筹、协调、投资、评估、指导等功能没有充分体现,出现了"成立时积极撮合,成立后不闻不顾"现象;在管理上仍以行政指令为主,不能适应职教集团成员单位诉求多元化特征,同时政府管理部门间条块分割,协调不畅,职教只能由教育部门管理推动,缺乏与其他相关部门的配合。

3. 内部治理机制不完善

现有研究认为,职教集团内部治理机制的不完善,导致职教集团自身"造血功能"缺失。一是组织形式松散,"集而不团"现象普遍存在。大部分集团的成员间是以协议、章程等"软约束"来规范各自行为,没有实质性的捆绑和约束,成员间合作关系不紧密,组织结构松散,难以形成有效合力。二是组织架构有待健全。沈铭钟等(2014)认为大部分职教集团的管理组织架构参照学术性团体建设,上层未设立由政府及产业管理部门广泛参与的协同指导机构,下层未建立开展具体合作的协商组织,导致政府的协同指导作用不足,成员间合作的深度不够;崔炳辉(2019)通过对江苏省职教集团的研究,认为江苏省高职教育集团的管理机构组织体系较为单一,"既缺乏上层的行政指导机构,也缺乏具体的民间协商组织,更缺乏跨界利益共享分配机制",机构功能不健全;周文涛等(2016)认为虽然大部分职教集团建构起了"一会三系统"治理结构,但缺乏相应的配套运行机制,如产权管理机制、利益协调机制、资产统筹机制、人员管理机制、监督评价机制等缺乏,使得集团运行效率不高。三是运行制度建设滞后。部分集团章程制订较为草率,内容过于简单,难以发挥章程的指导作用;在实际运行中,议事程序、决策程序不规范,考核评价体系不健全,常态化工作机制尚未形成,制度建设较为滞后。四是管理水平有待提升。大部分集团由发起单位把持集团主导权,集团民主治理得不到保障;管理服务人员多为兼职,专职人员配备不足,集团活动不能得到有效保障。

4. 校企合作深度欠缺

职教集团的组建目的主要为加深校企合作,实现资源共享。但当前职教集团在实际运行中存在"集而不团""貌合神离"的现象,各类职教集团的主要活动为例行召开理事会、联谊会、集团内招聘与就业工作会议、集团内技能鉴定等浅层次、表面性的合作交流,深层次、实质性、高质量的合作较少,职教集团的功能未有效发挥。

现有观点认为,职教集团校企合作存在五个方面的障碍。其中,除了上述提到的集团产权属性不明确,政府对集团的规划指导缺位外,企业合作意愿不强,院校服务能力欠缺以及合作机制建设不完善也是影响职教集团校企合作的重要原因。在企业合作意愿上,高进军(2012)通过对江苏职教集团的多家企业和院校调研,发现企业追求现实利益的观念、对校企合作重要性认知不足抑制了企业参与合作的内动力。部分企业认为"参与校企合作对企业来讲只有责任和义务,没有权利和利润",校企合作会影响正常的生产经营秩序,增加安全管理风险。在院校能力上,调研显示大部分高职院校缺乏解决企业技术难题和提供技术服务的能力,在校企合作中"企业对院校的贡献大于院校对企业的贡献"。

兰小云(2011)认为校企双方没有把握好利益结合点是校企合作难以深入的重要原因。职业院校长期以来"关门办学",培养的人才不能满足企业需要,而企业主动履行社会责任的意识不够,双方利益诉求不能有效结合,校企合作主动性不高。在合作机制建设上,他指出现有职教集团的校企合作主要是牵头单位与其合作单位的"单边合作",企业与集团内其他成员单位接触较少,难以形成理想状态的企业群与学校群之间的集群式合作。

（六）推进职教集团化办学发展的路径

1. 推进职教集团产权改革，明确集团法人身份

产权改革是促进职教集团跨越式发展的战略突破口。郭静（2013）认为产权改革可以转变目前松散型职教集团的运行模式，赋予职教集团独立的法人资格，提高集团的运作效率。具体而言，一是通过实质的物质利益联系，有助于将多个独立的法人单位转变为同一法人单位下具有共同目标和利益诉求的利益相关者。二是有利于减少成员间合作的交易费用。三是有利于产权主体从长远利益出发重视和设计职教集团的发展，并建立有效的激励与约束机制；四是有助于形成多元化职教集团办学模式。兰小云（2011）认为政府应明确职教集团的法人身份，赋予集团相应的法律地位和权利，如集团内院校间的资源整合权、集团内专业建设规划权、子集团内资源统筹分配权等。

在选择什么样的产权模式上，郭静（2013）提出建立以资产和契约为共同联结纽带的混合型职教集团。混合型职教集团兼具产权和契约两种联结形式，并根据联结形式分为核心层和边缘层两个部分。核心层是以产权为主要联结纽带，以政府、行业、企业、学校、研究所以及其他社会机构为主体的具有独立法人资格的紧密型职教集团。在产权改革的实现形式上，核心层可以多方主体入股组建股份制职教集团，推动职业院校产权重组或职业院校与其他权利方结构重组。边缘层是以协议、合同或章程等契约形式为联结纽带的松散型职教集团。边缘职教集团内的成员原有的人、财、物及原法人资格与行政隶属关系仍保持独立不变，以契约的方式实现资源共享、合作互动。在产权的实现形式上，边缘层可以采用"署名式"契约、"企业研发式"契约、"人才优先选用式"契约等形式。

2. 加强政府指导支持，强化外部激励约束

加强法规制度建设。高进军（2012）认为，政府应健全完善校企合作政策法规体系，明确校企合作中企业的社会责任。兰小云（2011）认为政府应通过立法或完善相关制度的手段，明确职教集团化办学的目的、组成、性质，明确牵头单位、成员学校、成员企业、行业协会、研究机构等不同利益相关者在集团运作中的权利和义务。

加强配套制度建设。胡坚达、王孝坤（2013）认为政府要结合地方实际，完善集团化办学各类配套制度，如创新职业教育成本分摊制度、校企融合型职业院校办学制度、灵活多样招生制度、中高职协调发展制度、现代学徒制培养制度、高技能岗位劳动准入与就业稳定制度、双证书融合制度，保障校企双方在职教集团体

制中的权力、责任和利益。刘晓、石伟平(2016)认为应从税收优惠政策、教育培训经费等方面为行业企业积极参与职教集团化办学创造有利条件。

加强财政资金支持。高进军(2012)认为,各地政府和行业主管部门应设置集团专项经费和项目建设经费,为集团在建设实训基地、推动产学研一体化进程、搭建信息平台等方面提供财政支持;积极协助集团开辟或拓展资金筹措渠道,出台鼓励社会捐资支持职教集团化办学的相关政策,面向社会各界募集资金,设立职教集团化办学发展基金。

加强宏观调控与微观指导,保障集团运作成效。兰小云(2011)指出,政府要对院校间的课程、师资、实训基地和合作企业等资源进行调整,整合优化职业教育资源。刘晓、石伟平(2016)认为,国家要支持建设一批具有良好建设基础、发展前景的职教集团,形成一批可供借鉴的集团化办学典型模式,引领全国职教集团化办学的发展。

搭建校企合作公共服务体系。胡坚达、王孝坤(2013)指出政府应建立校企合作公共服务体系,如兼职教师资源库、校企合作项目信息库、数字化终身学习网络系统、职业培训项目库、培训课程资源库、培训管理平台、培训教学平台、学分银行系统、考核测评系统等。

3. 优化内部治理机制,提升集团凝聚力

转变职教集团治理理念。一是要树立多中心协同治理理念。翁伟斌(2016)提出,职教集团化办学要突破单体化思维和局部性修正思维,树立多中心共同参与的协同治理理念和共享共赢的整体化思维,促使不同类型的成员形成一个具有核心凝聚力的发展共同体;刘晓、石伟平(2016)认为,当前的职教集团治理模式还是在传统的"政府—学校"二元主体的职教治理框架下,市场主体参与不足;须树立"政府—学校—市场"多主体参与、多中心协同治理理念,健全组织治理和利益协调机制。二是要推动职教集团数据治理。翁伟斌(2016)提出,加强数据基础设置投入,推动集团内部数据公开,建立数据交流与共享平台,培育大数据职教治理思维,开展职教大数据的开发和利用,推动数据驱动职教集团治理。

健全职教集团组织架构。刘晓、石伟平(2016)认为,职教集团在组织架构上,可"建立健全由联席会议协同指导,董事会、理事会或管委会民主决策,秘书处或办公室处理日常事务,各专业合作委员会或其他基层组织具体执行"的组织管理体系。翁伟斌(2016)提出构建以分权管理为主、集权管理为辅的扁平化的职教集团组织体系,提高决策民主化和决策效率。组织架构上,集团领导委员会负责管理与决策;委员会下设秘书处和专业委员会,分别负责具体执行和人才培养方案等的制定;专业委员会下设教育教学改革、就业指导中心、教师专业化、实训基地共享等机构。高卫东(2012)提出职教集团要设立相对独立的秘书处(办事处），负责日常工作的组织与落实；健全各类专业性委员会，负责集团内专业性工作的组织、管理与咨询服务工作；建立经营性实体，为集团化办学提供经费支持。

完善职教集团制度建设。翁伟斌（2016）认为，首先职教集团要实现"善治"的前提是完善章程研制工作。章程要体现各方意志、维护各方权益，要促进职教集团运行的规范化、民主化、科学化；其次建立科学有效的决策程序以保障决策的科学性、民主性是推动职教集团化办学的必要手段和要求；再次还要完善集团经费筹措制度、校企合作制度以及校际合作制度建设。高卫东（2012）认为，目前迫切需要建立和完善集团理事会会议制度、信息沟通制度、财务公开制度、成员资源共享成本补偿制度、协调统一的教学标准与质量考评制度等。

4．搭建校企合作平台，提升校企合作深度

搭建资源共享平台。翁伟斌（2016）提出，集团内部要搭建协同平台，以促进人力资源、基础设施和信息资源的共享。一是要建立优秀师资共享制度，建立集团师资库，制定师资在集团内部自由流动机制；二是建立校际间、校企间基础设施共享机制；三是建立集团内信息共享机制，通过薪资资源共享来实现信息多元向信息优势转变。

搭建合作服务平台。赵昕（2013）认为企业参与职教集团的动因主要有人力资源的回报和经济利益的回报，学校在提升人才培养质量、满足企业人力资源需求的同时，可提供培训支持。兰小云（2011）认为，职业院校要转变办学理念，积极开拓合作市场，针对企业需求提供量身定做的专项服务项目，如人才订单服务、员工技能培训与鉴定以及学历教育进修服务等，通过提供让企业满意的专项服务，获得企业的支持与合作。

搭建合作发展平台。胡坚达、王孝坤（2013）提出校企共建高新产品与优质服务产品研发体系，实现管理创新咨询服务体系、校企文化创新服务体系，实现优质人力资源配置与开发行动计划，校企共建教学团队、科研团队、管理创新团队、文化服务团队，全面深化集体成员合作层次。

三、研究不足及展望

通过对近十年我国高等职业教育集团化办学研究成果的总结，发现一方面学界对职教集团化办学的重视程度在不断提高，研究成果较为丰富；另一方面囿于研究范式的科学性、规范性不够，成果呈现数量多但同质化严重的现象，研究质量总体不高。今后我国高等职业教育集团化办学研究须从以下几个方面进行突破。

（一）实证研究方法有待加强

现有研究中,绝大部分研究所使用的方法以思辨研究为主,定性和定量的实证研究成果较为匮乏。首先经验总结是思辨研究中应用最多的方法,主要应用于对区域职教集团化办学经验的总结;其次为哲学思辨,主要应用于对职教集团化概念、特征、功能、体制机制等基本问题的思考;再次为文献综述及比较研究。思辨研究虽然有助于分析和解释职教集团化办学的一些基本问题,但相比实证研究,其科学性和客观性相对不足。在今后的研究中,需要加强对实证研究方法的使用,如通过对集团成员单位的调研,了解成员具体的利益诉求及职教集团化办学面临的实际问题;通过对集团内学生的调研,了解集团化办学的实际办学成效;通过量化研究方法的使用,构建衡量职教集团化办学成效的指标体系等。通过强化实证研究,有助于更加全面、客观、深入地了解职教集团化办学,弥补现有研究的不足。

（二）跨学科研究有待深化

近十年来职教集团化办学跨学科研究呈现多元化、多视角的发展态势。研究人员分别从管理学、经济学、生物学、复杂科学等学科理论出发,研究职教集团化办学的整体架构、组织形态、运行机制等问题。但总体来看,跨学科研究存在以下不足。一是研究深度有待提升。大部分跨学科研究的分析深度较浅,对理论及实践的挖掘不够。二是学科背景多元性有待拓展。职教集团作为一个由不同性质的组织所组成的利益共同体,其运行过程中不仅会涉及经济学、管理学的相关理论,还涉及法学、组织学等其他学科的相关理论,如从法学的角度研究集团的产权问题,从组织学的角度研究集团的组织架构问题等。因此,集团化办学跨学科交叉研究要进一步深化研究深度、拓宽学科背景。

（三）研究人员背景有待多元化

研究人员背景上,以高等职业教育工作实践者如高职院校教师、行政管理人员为主,普通本科高校教师尤其是研究型大学教师、研究机构人员、政府工作人员以及企业人员参与度不高。职教实践者的研究虽然为职教集团化办学提供了丰富的办学经验、实践案例等,但其理论深度不足、研究方法规范性不够,需要研究型大学教师、研究机构人员的参与和补充,提升集团化研究的高度和深度。同时，集团化办学不仅涉及职业院校，政府和企业也是同等重要的参与主体，但现有研究中，政府和企业的参与程度不够，尤其企业的参与度几乎为零。今后的研究中，需要推动不同背景研究人员的加入，提升集团化办学研究的全面性，有效反映不同主体的诉求。

（四）比较研究有待深入

一是对国外职教集团化办学模式的介绍较为浅显，对其内在的运行机制及存在问题的研究不足；二是研究的针对性不强。对发达国家先进办学经验的宽泛的介绍，缺乏针对我国职教集团化办学存在问题的具体研究。在今后的研究中，一是要加强对国外先进办学模式的深入研究，如对英国；二是要从我国职教集团化办学具体问题出发，借鉴发达国家集团化办学的先进经验，找到解决我国职教集团化办学存在问题的出路；三是走在我国职教集团化办学前列的地区，要加强与国外先进模式的比较，在比较中不断完善自身，同时也要积极总结提炼出自身的特色，打造职教集团化办学的"中国经验"。

第十二章　高等职业教育混合所有制研究

一、研究背景及发展脉络

"混合所有制"原为经济领域的专业术语,是财产权分属于不同性质所有者的经济形式,是集体资本、国有资本、非公有资本等不同所有制资本融合与交叉的组织形态。十八届三中全会公报明确指出建立以公有制为主体、多种所有制经济共同发展的基本经济制度,这是社会主义市场经济体制的根基。《国务院关于加快发展现代职业教育的决定》(国发〔2014〕19 号)中指出要"探索发展股份制、混合所有制职业院校,允许以技术、资本、管理、知识等要素参与职业教育办学并享有相应权利"。这是"股份制"和"混合所有制"两个经济领域专有术语首次被引进职业教育界,并被正式写进国家决策文件。在职业教育领域推动混合所有制改革,是所有制结构改革由经济领域辐射至社会领域的体现,亦是社会主义基本经济制度引领职业教育领域的实现形式。

(一) 政策演进

借鉴经济体制改革经验,发展混合所有制高职教育,对深化高职院校办学体制改革,激发办学活力具有积极意义。2010 年 7 月,中共中央、国务院发布《国家中长期教育改革和发展规划纲要(2010—2020 年)》指出深化办学体制改革,坚持教育公益性原则,各地可从实际出发,积极鼓励行业、企业等社会力量参与公办学校办学,健全政府主导、社会参与、办学主体多元、办学形式多样、充满生机活力的办学体制,形成以政府办学为主体、全社会积极参与、公办教育和民办教育共同发展的格局。

2010 年 9 月,教育部《国家高等职业教育发展规划(2011—2015 年)》针对职业教育中存在的"校企合作缺乏长效机制和制度保障、高职院校办学模式单一"等问题,提出了加快体制机制创新,探索充满活力的高等职业教育混合所有制多元办学模式。具体包括三大举措:一是各地要积极推动行业企业与高等职业院校合作,完善校企合作制度,明确政府、行业企业和学校在校企合作中的职责和权益,通过地方税收优惠、企业办学成本列支、安全责任分担等政策措施调动行业企业参与高等职业教育的积极性;二是鼓励地方政府和行业企业合作共建高等职业院校,发挥各自在产业规划、经费筹措、先进技术应用、兼职教师聘任、实习实训基地建设和吸纳学生就业等方面的优势,促进校企深度合作;三是探索建立高等职业院校董事会、理事会等多种形式的决策议事制度,形成利益相关方合作办学、共同育人的长效机制,增强办学活力。

2014年5月,国务院颁布《国务院关于加快发展现代职业教育的决定》(以下简称《决定》)提出深化产教融合,引导支持社会力量兴办职业教育。探索发展股份制、混合所有制职业院校,允许以资本、知识、技术、管理等要素参与办学并享有相应权利。社会力量举办的职业院校与公办职业院校具有同等法律地位,依法享受相关教育、财税、土地、金融等政策。健全政府补贴、购买服务、助学贷款、基金奖励、捐资激励等制度,鼓励社会力量参与职业教育办学、管理和评价。

2015年10月教育部发布《高等职业教育创新发展行动计划(2015—2018年)》指出深化办学体制改革,鼓励社会力量以资本、知识、技术、管理等要素参与公办高等职业院校改革。试点社会力量通过政府购买服务、委托管理等方式参与办学活力不足的公办高等职业院校改革。鼓励企业和公办高等职业院校合作举办适用公办学校政策、具有混合所有制特征的二级学院,鼓励行业企业和民办高等职业院校建立教师年金制度,支持营利性民办高等职业院校探索建立股权激励机制。以混合所有制办学作为激活办学活力的举措,鼓励地方进行探索研究,并对试点项目给予9975万元的预估经费支持。

(二) 发展实践

职业教育混合所有制改革的实质是产权制度的改革,是由单一办学主体转变为包括职业院校、企业、政府等在内的多元办学主体。据不完全统计,2014年以来全国近20个省份在政府文件中明确提出要积极探索混合所有制职业院校,教育部《高等职业教育创新发展行动计划(2015—2018年)》任务(项目)承接一览表显示,有22个省(区、市)提出关于"混合所有制"的项目,参与此次行动计划实施的全国性试点地区共有17个、试点企业8家、试点高职院校100所以及行业牵头单位11个。

20世纪90年代初国务院便出台了多项政策鼓励社会各类资本参与教育办学,20世纪末国内市场经济活跃地区的教育领域就已出现了"股份制"的萌芽。浙江台州椒江的书生中学是业内公认的"教育股份制"样本,1996年市教育局邀请当地32个企事业单位和个人集资入股,共同成立书生教育事业有限公司,次年创建了书生中学。我国高等职业教育领域"混合所有制"第一个吃螃蟹的是苏州工业园区职业技术学院,在政府、企业、学院管理层共同持股的多元化产权结构下,为分离与制衡"决策权""举办权""监督权""管理权",设立了股东会、董事会、监事会,并外聘职业校长,其中校董事会成员涵盖了市教育局、国内外知名高校、市劳动和社会保障局、行业领军企业及园区管委会等相关主体。

苏州工业园区职业技术学院是高校法人层面"大混合"的典型代表,而浙江金融职业学院德清学院、黑龙江农业工程职业学院成立的中兴通讯电信学院属于典型的高职院校二级学院法人层面"小混合"。具体来看,德清学院混合所有制由三部分组成,浙江金融职业学院占股51%,提供高职办学所需的师资、场地、管理,指导中职阶段和中高职衔接期间学生的教学活动;浙江省德清县人民政府占股29%,负责规划德清县职业中等专业学校,落实学校的办学场地与校内实训基地,招募各类专任教师和其他工作人员;浙江省农村信用合作社联合社占股20%,与学校共建师资队伍,共同定制人才培养方案,并为学校提供实训场地、为学生提供就业岗位。德清学院的建立为浙江金融职业学院带来了良好的声誉,提高了学院的影响力,同时也扩大了学院的办学规模,在一定程度上也为浙江金融职业学院带来了良好的社会效益。

二、研究领域与主要观点

2016年10月,全国21个省承接了"开展建设混合所有制高等职业院校的理论与实践课题研究",高职院校办学的研究进入正轨,纵观高职院校混合所有制相关文献,有理论研究、实践探索、经验总结,学者从不同角度出发提出了各自的观点,为深化高职院校混合所有制办学体制改革提供了重要的理论依据。以"混合所有制"+"职业教育"和"混合所有制"+"高等职业教育(或高职)"作为关键词在中国知网进行主题词精确搜索,发现2010—2019年收录论文分别为527篇(其中教育类期刊95篇,博士或硕士学位论文13篇)和456篇(其中教育类期刊87篇,硕士学位论文21篇),如表12.1所示。主要发表于《职业技术教育》《职业教育研究》《教育与职业》以及院校学报等报纸和期刊上。研究内容主要涉及可行性、理论依据、管理结构,办学模式的分析研究以及试点高职院校办学模式发展的现状。

具体来讲,学者主要从以下几个方面对高职院校混合所有制办学进行了研究。

表 12.1　2010—2019 年关于混合所有制职业教育研究的文献统计

年份	"混合所有制＋职业教育"	"混合所有制＋高职"
2010	0	0
2011	0	0
2012	0	0
2013	0	0
2014	26	6
2015	38	30
2016	67	58
2017	93	76
2018	160	151
2019	143	135

（一）高职院校混合所有制办学的定义、内涵

高职院校混合所有制办学或称混合所有制高职教育，一般是指在同一经济组织中不同的产权主体多元投资，互相渗透、贯通、融合而形成的新的产权配置结构和经济形式。它的基本特点在于产权结构多元化、治理结构多样性和运行机制灵活性（董圣足，2016）。早在职业教育混合所有制办学概念提出之前，相关探索和实践就已经展开，形式多样，各具特色。国内学者中最早提出混合所有制教育模式的是刘文江、赵学昌，他们认为需要从法律政策层面认可和规定职业院校的混合所有制办学模式，进行制度创新（刘文江、赵学昌，2009）。

关于混合所有制职业院校的内涵，学者们从不同的范围层面进行了阐释与探讨。混合所有制是不同性质的资本联合、融合或参股而形成的经济成分与资本组织方式，在多元办学主体下，职业院校混合所有制办学呈现出产权结构多元化、治理方式现代化、运行机制市场化三大特征（阙明坤，2015）。高文杰（2015）借鉴混合所有制经济的研究，将混合所有制职业院校作宏观、中观和微观的划分：宏观的混合所有制职业院校是指不同属性资本之间的融合，它既可以是公有资本与非公有资本的融合，也可以是国有资本与集体资本的融合，还包括不同属性的国有资本与国有资本的融合，不同属性的集体资本与集体资本的融合，不同属性的非公资本之间的融合；中观的混合所有制职业院校是指公有资本与非公有资本的融合，国有资本与集体资本的融合；微观的混合所有制职业院校是指公有资本与非公有资本的融合，不包括公有资本之间或非公有资本之间的融合。

俞林、雷世平(2016)从广义和狭义两个维度来解读混合所有制,广义维度主要指公有制和非公有制多种经济形式的并存;狭义维度主要是指多种由不同所有制形式的主体共同投资构建的经济组织。

对于混合所有制职业院校的边界或是判断标准,不同学者提出了相似却又有所不同的观点。部分学者认为混合所有制职业院校必须是公有资本与非公有资本的融合(谢笑天,2016;姚继琴,2016),并且混合所有制的主体必须为独立法人(王寿斌,2015;童卫军,2016)。基于此观点衍生出了混合所有制办学的两方面判断标准:一是投资主体多元;二是不同所有制资本的融合(雷世平,2016)。在实践中部分高校将民办公助、独立学院办学形式、委托管理、PPP(公私伙伴关系)合作都等同于混合所有制(胡卫,2016)。

目前,学术界的基本共识为高职院校的混合所有制是由两个以上不同性质的所有制主体通过以资本、场地、设备、人员等有形或无形资产"入股"的方式共同举办的职业院校,即国有资本与集体资本、私有资本、外资等不同资本中的一种或几种混合,共同举办职业院校,实现产权主体多元化。

(二) 高职院校混合所有制办学的作用、意义

混合所有制办学对于推进我国职业教育深入发展有着突出的现实意义,有助于解决公办、民办职业院校的发展困境(姚翔、刘亚荣,2016)。在单一所有制的职业院校中,公办或民办职业院校都有各自的优势和不足。民办职业院校虽然能够更好地适应市场需求,较灵活地自主办学,却也存在地位不高、生源危机、师资队伍不稳定等问题,难以和公办职业院校一样享受公平待遇。公办职业院校虽能够得到国家的财政支持,并能够享受国家的各项优惠政策,然而其办学存在行政化倾向,办学活力不足。探索发展混合所有制职业院校有四方面的积极意义。

1. 纾解资金困境

混合所有制办学能够扭转原有办学体制下社会力量参与投资意愿低的问题(杨公安,2014),促进职业院校可持续和高质量发展(谢红辉、程达军,2018)。我国高等职业教育中民办职业院校存在办学经费绝对数不足,公办职业院校虽然有政府财政支持,但是部分专业或项目仍存在经费相对数不足,且投入结构相对单一的问题(唐文忠,2015)。混合所有制办学有助于职业院校充分利用社会资源,也可在一定程度上减轻国家的财政负担。

2. 激发办学活力

混合所有制的办学结果更能激发学校的参与度。对于学校层面而言,混合

所有制有助于吸引企业加大资金和资源投入,减轻学校经营负担,同时解决高职院校引以为特色的校企合作、产教深度融合等实施环节中出现的瓶颈问题,进而有助于提升人才培养质量,实现学校的高质量发展(谢红辉、程达军,2018)。混合所有制的管理机制更能激发教职工的参与度。例如教职工持股,则他们的主人翁意识更强,参与办学的积极性也就越高。此外,混合所有制办学有助于双师型师资队伍的建设,最终利于提升学校的办学效率(高文杰,2015)。混合所有制的产出效能更能激发企业的参与度。企业是以盈利为目的的经营实体,国内学者在2014年时已预测相关领域的教育服务市场规模会达到3000亿元(刘丽娜,2014),现在体量已远高于该数据。混合所有制承认和保护了企业的办学主体地位,明晰的产权制度使得企业在办学过程既可以获得现实收益,也可以通过订单制的形式节约潜在员工的培养成本。

3. 创新现代办学体制

职业院校混合所有制改革,无论是学校层面的"大混合",还是二级学院层面的"小混合"办学体制,都会促使学校部分程度的实现产权多元化、投资主体多样化、出资者责权有限化、企业管理科学化等基本特征,配套而生学校股东会、董事会、监事会等权力机构以及学校法人治理机制,打破了一元化与"官僚化"的治理方式(高文杰,2015),有利于实现所有权和经营权的分离,形成一种兼容、优势互补、富有效率的组织形式(陈春梅,2017)。

4. 深化校企合作

混合所有制办学实现了企业文化与校园文化的深度融合,实现了人才培养和人才需求的无缝对接(赵东明,2016)。解决学校和企业"两张皮"的现象,利于提高学校人才培养质量,可以更好地满足经济社会发展对高素质技术技能型人才的需求(周俊,2014;阙明坤,2015),解决高职院校校企合作、产教深度融合等实施环节中出现的瓶颈问题(谢红辉,2018),通过优势互补实现参与双方的"双赢"。

(三) 高职院校混合所有制办学的路径、模式、实现形式

"职业院校的治理包括外部治理和内部治理。外部治理是指职业院校与政府、产业、市场和社会组织之间关系的规则与机制;内部治理是指职业院校内不同主体之间在教育运行和利益分配等方面的规则与机制的总和。"高文杰(2015)指出,在已有的混合所有制职业院校研究中,主要关注的是学校的内部治理,外部治理关注较少。

关于混合所有制高职教育办学的路径、渠道或实现形式属于职业院校内部

治理的范畴,国内学者们归纳总结了六种有效模式(陈艳艳、阙明坤,2016)、八种实现形式(童卫军,2016)、八个亟待解决的问题:运作机制、合作伙伴选择、出资方式选择、商业模式设计、股权结构设计、法人治理结构设计、法律构架、投资退出机制(邢炜,2014)。

针对职业院校混合所有制办学类型的划分,有三种比较典型的观点。第一种是根据混合的范围将其分为"大混合"和"小混合"两个层次。"大混合"是院校法人层面的混合。以国有为前提,不同所有制资本共同出资举办职业院校。"小混合"则是指学校内部二级办学机构或具体项目层面的混合,包括二级学院、实训基地、研发中心等载体中的混合(王寿斌、刘慧平,2015)。如杭州职业技术学院、长沙航空职业技术学院等,就在二级学院试点混合所有制办学,加强与当地企业的合作、共建。第二种是根据混合的初始状态将其划分为"原发型混合"、"后发型混合"和二级学院"初步混合"的实践。"原发型混合",即一开始就由不同投资主体举办的院校混合所有制办学,如苏州工业园区职业学院、海南职业技术学院等;"后发型混合"则是原先为公办或民办职业院校,在之后发展过程中实现的院校混合所有制办学,如江苏紫琅职业技术学院;二级学院的"初步混合",如杭州职业院校的电梯实训基地等(安蓉泉,2015)。第三种是根据是否涉及实质性产权以及涉及实质性产权的程度将其分为涉及实质性产权的"真"混合所有制形态(如股份制教育公司、独立学院等);半产权性质的"类"混合所有制形态,如二级学院和中外合作办学;不涉及产权的"泛"混合所有制形态,如 PPP 模式共建、委托管理等(董圣足,2016)。此外,还有学者根据不同混合所有制职业院校中不同所有制所占股份的不同,将其分为公有制为主的混合所有制职业院校和非公有制为主的混合所有制职业院校(童卫军、任占营,2016)。

推动混合所有制办学模式是为了加强对校企合作中企业参与合作的利益的保障,但实践中显现出三大问题:一是部分院校仅仅看到政策红利,为利而"混",忽视办学主体的实质性重组,缺乏在法人治理结构优化方面的系统考虑;二是探索思路不甚清晰;三是有的试点过于冒进(胡卫,2016)。

(四) 高职院校混合所有制办学的主体

可预见的营利性是决定企业参与高职院校深度融合意愿的前提,因此如何通过双赢机制提高企业的投资兴趣,是发展混合所有制教育首先要解决的基本问题。混合所有制的治理需将高校党委领导下的校长负责制与股份制企业的董事会制进行有机结合,实行"党委领导、董事会监督、校长负责"的治理模式(童卫军、任占营,2016),通过制度创新,明确企业在混合所有制办学中的职责义务与权益所得,调动企业参与职业教育的积极性,发挥企业在职业教育中的办学主体作用。

1. 企业办学:混合所有制的应有之意

我国企业主导办学的可能性,包含企业参与混合所有制高职教育的意愿与能力。国外高校办学经验表明现代企业作为办学主体是职业教育走向成功的必要因素(金鑫、王蓉,2013)。改革开放前,我国职业教育主要是国有企业、行业办学。随着现代企业制度的建立和教育行业改革,原有模式已逐步被边缘化。我国民营和外商投资企业约占总数的84%,其余大多数是股份制改革后的国有企业或集体企业。要实现高职层面的混合所有制办学,必须释放政策红利激发企业的办学意愿。尽管高职教育市场前景广阔,但职业教育是典型的长线投资领域,短期效益的转化存在不确定性(俞林、崔景贵,2017)。在没有清晰的政策、法规制度保障的前提下,企业很难界定和保护自身收益,因此对于混合所有制办学以观望态度居多(陈春梅,2017)。

除了企业参与意愿外,办学主体能力或特征异质性也会影响校企合作效果。德国和日本等发达国家的经验表明具有行业垄断性的企业主导的混合制高职院校办学水平更高(金鑫、王蓉,2013)。因此,政府和高职院校普遍更为期待行业话语权大、经营规模适度、管理制度先进、产权归属明晰、市场美誉度高的企业参与混合所有制办学。例如国有大型企业的资源整合能力和扩张力更强,示范带动作用和影响力更高,比其他经济形式企业的经营持续性和稳定性更优。民营资本常常被贴上逐利更强、短视行为突出、可靠度低的标签(高文杰,2015)。

劳动力市场的高流动性和岗位需求的相对饱和性对各类企业参与职业教育办学的积极性带来了"釜底抽薪"的风险(孔德兰、蒋文超,2020)。一方面是企业利用高职院校参与混合所有制办学,雇用在读实习生需约9个月才能盈利;另一方面经济增速放缓使得企业对于一般技术人才的需求逐渐饱和,由于高校扩招与人才市场愈发成熟,每年大量的劳动力进入就业市场。企业可以十分轻松地在劳动力市场中招聘到合适的员工,并仅需要支付少许费用就可以培训他们上岗。因此,无论国企、民企,对于各种形式的高校合作实习项目均缺乏积极性。

2. 扶持与引导:行业协会的机遇与挑战

行业是否也有动力参与乃至引领混合所有制高职院校办学?欧美国家的行会制度历史悠久,行业组织通过制定框架、标准,既指导了高职教育的发展方向,也实现了与职业教育的嵌入与耦合。全球约140多个国家资格框架和执业标准是由行业主导制定的。将视野转回国内,由于发展路径和外部环境与国外存在显著差别,我国行业协会本身并不完善,还没有形成一股整体性和规范化的主导力量。国内行业组织尚不具备独立颁发证书、制定标准的能力和权利,目前混合所有制发展中的行业组织的作用和地位还有待进一步研究与修正(席东梅、刘亚荣,2014)。而这种不确定性和有限性也使得行业协会在教育政策指导下参与混合所有制高职办学的积极性不高。虽然国内高职院校与企业协同育人的实践一直在推进,但涉及行业协会和产权方面的办学合作规模仍有限。2014年5月,国务院颁布了《国务院关于加快发展现代职业教育的决定》,正式提出混合所有制办学模式,通过政府牵头和学校邀请,相关行业组织和协会参与职业教育混合所有制办学的热情有所回温,但是仍需观察和跟踪其参与的深度、广度与持续性。

3. 环境的营造:政府的现时义务

在混合所有制办学合作中企业、行业协会参与职业教育的动机与意愿仍显不足,高职院校亦需要外界督促和推动,因此需要中央和地方政府层面更加积极地引导。在日本,企业对教育市场投入资金的同时,也参与到学校管理、利益分配中,不仅提升了社会效益也保障了自身收益(李文英,2010)。德国、瑞士等国家由于职场文化、劳动力雇佣机制以及国家政策的引导,行业协会、企业大多愿意参与职业教育,并且承担较高比例的教育经费(姜大源,2006;汪静,2014)。总之,现阶段政府应该完善办学政策、明确产权法规。

国外职业教育的经验未必有立竿见影的成效,但具有重要的参考意义。现阶段我国混合所有制办学有三大亟待解决的问题。首先是立法的滞后性,国内现行法律中并无混合所有制这一概念,混合所有制职业院校的法人定位缺失,各主体在投资政策、运行规范、权益保护方面缺乏法律保护(刘家枢,2015)。其次是政策配套制度的缺失,政策提出后没有针对性的指导意见与关联制度,难以起到激励、引导或规范作用。最后是补贴支持力度缺乏系统性,随着城市间产业竞争的加剧,国内地方政府越来越重视职业教育,深圳、杭州等城市已经出台了各类补贴政策,但在补贴方式、发放时点等方面缺乏系统性设计,仍存在可优化空间。

三、未来研究趋势展望

(一) 混合所有制高职教育研究存在的问题

2014年至今,混合所有制高职教育研究形成了一定规模的研究成果,但仍处于初步探索阶段,存在以下亟待解决的问题。

1. 混合所有制的宏观理论积淀不够,导致相关高职教育研究似"无源之水"

混合所有制高职教育借鉴了经济领域的混合所有制改革。改革开放以来,国企开展了轰轰烈烈的混合所有制改革实践,积极探索提升经济活力的解决方案,但相关的理论研究却出现了滞后脱节的问题,即经济领域的混合所有制改革缺乏系统性理论支撑。这也导致了高职教育混合所有制办学缺乏源头上的理论供给,职业教育发展的很多议题同样有待解决。

2. 混合所有制办学实践不足,导致相关高职教育理论研究似"无绳之筝"

高职领域的混合所有制实践只能称之为有所推行,占主体的公办高职院校虽然提出了混合所有制办学的计划与想法,却没有强烈的参与意愿。实施过程中很多高校只在二级学院的层面开展了混合所有制的办学试点,即"小混合",并没有在学校法人层面开展"大混合"。混合所有制办学中理论研究与实践是紧密联系的,理论研究与实践都无法独立解决职业教育发展中的所有问题,理论研究需要实践的检验,实践的缺乏导致理论研究基本停留在设想与论证阶段,而研究内容的无法深入反过来又会致使政策建议略显空洞。

3. 结论先行的研究导向,导致理论层面的"一厢情愿"

混合所有制改革是一项重要的国家战略,其开拓意义不言自明。但这项改革是否能够真正落实以及最终的实施效果还需要检验。混合所有制改革及实施受诸多条件限制,不同的区域、不同的专业、不同的院校在实践环节也出现了各种问题。目前国内的研究大多先入为主地将混合所有制改革当成解决高职教育校企合作乏力、办学活力不足的终极方案。不加论证地将混合所有制作为高职教育的终极解决方案是一种理论研究的懒惰行为,最终也很难为实践提供指导。其次,关于混合所有制改革对企业的作用与意义的系统性研究比较少,主要聚焦于混合所有制对学校价值的分析方面。对企业参与意愿缺乏深入研究的结果是混合所有制办学仅停留在一厢情愿的怪圈中。

(二)混合所有制高职教育研究的前景展望

混合所有制高职教育改革是一项重要的战略决策,其理论研究和实践探索具有同样重要的意义。在理论研究方面,以下几个方面将是未来研究需要突破的关键点。

1. 混合所有制办学宏观视角的法律法规研究

混合所有制的宏观政策已经出台,但混合所有制的性质问题、盈利问题等的解决都有赖于教育法、公司法、证券法等相关法律的出台或修改。立法的目的不仅是给予混合所有制各主体以合法的"身份"，更是通过法律法规避免因制度的漏洞引发改革各主体的矛盾，保障混合所有制办学模式的健康发展。未来的理论研究需要系统理清两个关键议题：首先是要厘清混合所有制改革实践中存在的法律瓶颈，包括涉及哪些具体法律，现有法律与法理是否存在冲突；其次是要厘清高职院校混合所有制改革的立法建议问题，通过修正现行法律法规，完善混合所有制办学各个主体的权利保护体系，兼顾改革的公平与效益。

2. 混合所有制办学中观视角的产权研究

作为横跨经济发展与职业教育两大领域的混合所有制高职教育模式来说，产权问题一直是核心问题，也是开展相关制度改革的前提。在产权问题上，首要的问题是产权的估价问题。混合所有制涉及国有产权和私有产权，国有资产中的设备、场地、师资、品牌等硬、软资产的估价问题尤其要慎重，涉及产权估价的原则、程序、主体、方法等。其次，各主体产权的退出机制问题。混合所有制中的企业，可能会因为主观意愿或客观经营不善导致其无法参与混合所有制经营，或者混合所有制中的学校因未达到期望培养目标而不愿继续参与混合所有制办学，在此情况下，需要建立良好的退出机制，使得企业或学校能够合理地退出，或者探索产权流转平台，实现产权自由交易与转移，从而实现产权的自由流动。

3. 混合所有制办学微观视角的治理结构与管理模式研究

混合所有制办学涉及的各类投资主体在价值取向方面具有一定程度的分歧。企业是以盈利为目的，学校各项工作的首要目标则是高质量的人才培养。在这种情况下，需要通过利益相关者理论来厘清各利益相关方的具体诉求，通过建立合理的权利组织机构，科学的选举和投票制度、决策制度、仲裁制度等来保证双方的合理权利。例如，探讨如何通过院校治理结构上的合理安排，避免双方因价值取向的差异导致合作失败。

具体到管理模式，无论是传统意义的公立和民营高校，还是市场经济体制下的企业，都已经形成了各自行之有效的制度体系，包括人事制度、财务制度等。在混合所有制框架下，如何组建高职院校的管理层是内部管理的首要课题，其他管理问题还包括如何通过考核制度来不断引导教学与科研，使得混合所有制院校形成独特的教学与科研局面，真正实现科研为产业、企业服务，形成良好的产学研用深度融合；通过何种管理制度来吸引优秀人才；如何留住优秀的师资，使得教师能够有比较强的归属感和事业发展的前景；如何建立完善的学生培养体系，从硬件和软件上保障教学的高质量。

第十三章　高等职业教育现代学徒制研究

一、研究背景及发展实践

（一）政策演进

现代学徒制是近十年来职业教育的热点和重点，根据中国知网数据库检索2010—2020年的文献数据，我们将2010年后的现代学徒制发展划分为三个阶段：现代学徒制试点探索阶段（2010—2013年）、现代学徒制全面试点阶段（2014—2018年）、现代学徒制全面推进阶段（2019—2020年）。

1. 现代学徒制试点探索阶段（2010—2013年）

2010年7月，《国家中长期教育改革和发展规划纲要（2010—2020年）》提出重新审视和借鉴历史经验，探索建立有中国特色的现代学徒制。我国现代学徒制的发展是由地方试点的初步探索逐渐向全国范围内的实践推进演化而来的。2011年6月，时任江西省新余市市长在全国职业教育改革创新国家试点推进会上做了《建立现代学徒制探索职教新模式》的汇报，阐述了新余市开展现代学徒制工作以来取得的成效。对此，教育部给予了高度评价，提出按照"世界眼光、中国特色、国际标准"的总体要求开展新余试点工作，新余市内的江西职教园区被教育部列为国家现代学徒制试点平台。随后，新余市出台了全国首个现代学徒制试点地区推进方案《新余市职业教育现代学徒制试点工作方案》，并成立了试点工作领导小组和办公室，在教育部的指导下进一步开展当地的现代学徒制试点工作。这一地方先行的实践成果增强和坚定了教育部在全国范围内推进现代学徒制试点工作的信心与决心。2011年10月，"现代学徒制"一词首次在国家部委层面的政策文件——《关于推进高等职业教育改革创新引领职业教育科学发展的若干意见》中正式出现。2012年，教育部工作要点明确"开展现代学徒制试点"；2013年，教育部工作要点再次提出"启动现代学徒制试点"。

2．现代学徒制全面试点阶段（2014—2018 年）

2014 年 2 月 26 日，李克强总理主持召开国务院常务会议，部署加快发展现代职业教育，提出"开展校企联合招生、联合培养的现代学徒制试点"。同年，教育部下发了《关于开展现代学徒制试点工作的意见》，使得现代学徒制在我国成为"有政策依据，有意见指导"的职业教育发展内容。2014 年 1 月，教育部依旧将现代学徒制试点工作列为工作重点；2 月，国务院常务会议明确给出了开展现代学徒制试点的意见；8 月，教育部职成司印发《教育部关于开展现代学徒制试点工作的意见》，提出要建立有中国特色的现代学徒制；12 月，教育部召开专题会议，对试点工作做出了具体部署。伴随着国家政策的频繁出台，现代学徒制试点工作深入推进，学界的相关研究工作经历了从研究初期成果较少到成果多样的过程，并形成了开展"现代学徒制"人才培养的热潮。

3．现代学徒制全面推进阶段（2019—2020 年）

2019 年 6 月 4 日，教育部办公厅印发《关于全面推进现代学徒制工作的通知》（以下简称《通知》），这是国家全面推进现代学徒制的标志。《通知》明确指出，要在国家重大战略和区域支柱产业等相关专业，全面推广政府引导、行业参与、社会支持、企业和职业学校双主体育人的中国特色现代学徒。《通知》要求，各地要明确全面推广现代学徒制的目标任务和工作举措，引导行业、企业和学校积极推进学徒制。校企共同制订和实施招生招工方案，规范招生录取和企业用工程序，推进招生招工同步、先招工后招生、先招生后招工机制，明确学徒的企业员工和职业学校学生双重身份，保障学徒的合法权益。按照专业设置与产业需求对接、课程内容与职业标准对接、教学过程与生产过程对接的要求，校企共同研制高水平的现代学徒制专业教学标准、课程标准、实训条件建设标准等相关标准，做好落地实施工作。在现代学徒制专业率先试点实施"学历证书＋若干职业技能等级证书"制度。

（二）现代学徒制发展实践

实践出真知，亦是检验真理的唯一标准，在实践经验累积的基础上进行学理研究是解决现存问题和困境的有效方式。在我国现代学徒制理论研究形成热点的同时，教育部开展了现代学徒制的试点工作。

1．第一批现代学徒制试点

2015 年 1 月，教育部发布关于开展现代学徒制试点工作的通知，决定遴选一批有条件、基础好的地市、行业、企业和职业院校开展现代学徒制试点工作。

2015 年 7 月 24 日，人力资源和社会保障部、财政部组织发布《关于开展企业新型学徒制试点工作的通知》，提出了"在企业推行以'招工即招生、入企即入校、企校双师联合培养'为主要内容的企业新型学徒制"。国家发展改革委员会、教育部、人力资源和社会保障部、联合国家开发银行印发了《老工业基地产业转型技术技能人才双元培育改革试点方案》，核心内容也是校企合作育人。

2015 年 7 月，由教育部职教所和天津市教委联合主办的现代学徒制国际研讨会举行，来自澳大利亚、新西兰、英国和德国的驻华使馆官员、职教专家以及我国教育行政部门负责同志、职业教育科研（教研）机构专家、职业院校和相关行业企业代表共 200 多人参加了研讨会。

2015 年 8 月 5 日，教育部发布了《教育部办公厅关于公布首批现代学徒制试点单位的通知》，在 17 个省、8 所企业、100 所高职院校、27 所中职学校、13 家行业试点牵头单位共同进行现代学徒制试点工作（见表 13.1），这标志着我国现代学徒制试点工作真正落到实地，进入到由点及面实验探索阶段。之后各省、市、自治区相继出台了一系列关于现代学徒制试点文件，标志着我国现代学徒制从中央到地方，由国家级行政指令逐步落实为地方性行动，在探索中尝试构建符合时代特色、地域特色的现代学徒制。

表 13.1　第一批试点单位

试点地区 17 个（含计划单列市）				
吉林省吉林市	吉林省辽源市	江苏省无锡市	江苏省南通市	常州市科教城
浙江省杭州市	浙江省嘉兴市	浙江省湖州市	湖北省荆州市	湖南省长沙市
湖南省湘潭市	广东省佛山市	广东省中山市	广西区柳州市	四川省成都市
陕西省咸阳市	山东省青岛市			

试点企业（8 家）		
天津海鸥表业集团有限公司	天津渤海化工集团有限责任公司	招商局物流集团上海有限公司
济南二机床集团有限公司	郑州宇通客车股份有限公司	海澜集团
博世汽车部件（长沙）有限公司	江西省建材集团公司	

试点专科高职院校（100 所）		
省、市、区	学校名称	
北京	北京交通运输职业学院	北京电子科技职业学院	北京财贸职业学院
天津	天津中德应用技术大学	天津电子信息职业技术学院	天津职业大学
河北	河北建材职业技术学院	唐山工业职业技术学院	邢台职业技术学院
	石家庄铁路职业技术学院	石家庄邮电职业技术学院	渤海理工职业学院
山西	山西职业技术学院	山西工程职业技术学院	山西药科职业学院
内蒙古	内蒙古机电职业技术学院	内蒙古商贸职业学院	

省、市、区	学校名称		
辽宁	辽宁林业职业技术学院	辽宁职业学院	沈阳职业技术学院
	大连装备制造职业技术学院		
吉林	长春汽车工业高等专科学校	长春职业技术学院	
黑龙江	哈尔滨职业技术学院	哈尔滨铁道职业技术学院	黑龙江农业工程职业学院
上海	上海中侨职业技术学院	上海旅游高等专科学校	上海农林职业技术学院
江苏	江苏食品药品职业技术学院	无锡商业职业技术学院	南京工业职业技术大学
	南通职业大学	江苏农林职业技术学院	南京信息职业技术学院
浙江	金华职业技术学院	温州职业技术学院	浙江机电职业技术学院
	浙江商业职业技术学院	宁波职业技术学院	浙江建设职业技术学院
安徽	芜湖职业技术学院	安徽机电职业技术学院	安徽职业技术学院
福建	福州职业技术学院	福建林业职业技术学院	福建生物工程职业技术学院
江西	江西应用技术职业学院	江西航空职业技术学院	
山东	东营职业学院	滨州职业学院	山东商业职业技术学院
	山东交通职业学院	山东科技职业学院	青岛职业技术学院
	日照职业技术学院		
河南	河南工业职业技术学院	开封文化艺术职业学院	河南农业职业学院
	漯河职业技术学院	商丘医学高等专科学校	
湖北	黄冈职业技术学院	武汉铁路职业技术学院	武汉船舶职业技术学院
	武汉职业技术学院		
湖南	湖南石油化工职业技术学院	湖南工艺美术职业学院	长沙民政职业技术学院
	长沙航空职业技术学院		
广东	清远职业技术学院	广东科学技术职业学院	广东工程职业技术学院
	广东机电职业技术学院	广州铁路职业技术学院	广东邮电职业技术学院
	广州番禺职业技术学院		
广西	广西职业技术学院	广西建设职业技术学院	广西交通职业技术学院
海南	海南职业技术学院	三亚城市职业学院	
重庆	重庆工业职业技术学院	重庆航天职业技术学院	重庆电子工程职业学院
四川	四川交通职业技术学院	成都农业科技职业学院	四川邮电职业技术学院
贵州	贵州轻工职业技术学院	贵阳职业技术学院	
云南	昆明工业职业技术学院	云南国土资源职业学院	

续表

省、市、区	学校名称		
陕西	陕西交通职业技术学院	陕西工业职业技术学院	
甘肃	兰州资源环境职业技术学院	酒泉职业技术学院	
青海	青海畜牧兽医职业技术学院		
宁夏	宁夏职业技术学院		
新疆	新疆轻工职业技术学院	新疆职业大学	新疆石河子职业技术学院

试点中等职业学校（27 所）

省、市、区	学校名称	省、市、区	学校名称
北京	北京市昌平职业学校	河北	承德工业学校
内蒙古	呼和浩特市商贸旅游职业学校	辽宁	沈阳市化工学校
吉林	长春市农业学校	黑龙江	大庆市蒙妮坦职业高级中学
上海	上海电子工业学校	安徽	亳州中药科技学校
宁夏	中卫市职业技术学校	江西	江西省医药学校
山东	德州交通职业中等专业学校	河南	洛阳铁路信息工程学校
重庆	重庆工商学校	四川	四川省达州中医学校
贵州	贵阳铁路工程学校	云南	玉溪工业财贸学校
西藏	西藏日喀则市职业技术学校	陕西	陕西省电子工业学校
山西	平凉理工中等专业学校	青海	青海省工业职业技术学校
福建	福建省福州旅游职业中专学校 厦门工商旅游学校	新疆	新疆工业经济学校 第一师阿拉尔职业技术学校
浙江	宁波市鄞州区古林职业高级中学 宁波市北仑职业高级中学	广东	深圳市第一职业技术学校

行业试点牵头单位（13 家）

机械工业教育发展中心	有色金属工业人才中心	中国煤炭教育协会
中国建筑材料联合会	中国汽车工程学会	中国物流与采购联合会
国家康复辅具研究中心	中民民政职业能力建设中心	中国艺术科技研究所
山西省煤炭工业厅	山西省旅游局	广东省旅游协会
南宁市焊接协会		

第一批试点单位 165 家，其中中国艺术科技研究所的任务书备案审核结果不通过，被中止试点资格，中国汽车工程学会放弃试点资格，中国建筑材料联合会、辽宁职业学院申请中止试点获批。其余 161 家试点单位在第一批验收过程

中,2家试点单位申请延期验收,32家试点单位暂缓验收,3家试点单位未通过验收,通过验收的试点单位只有124家。经过第二批验收,1家未通过验收,其余延期及暂缓验收的33家试点机构都顺利通过验收。

2．第二批现代学徒制试点

2017年4月6日,教育部发布了《关于做好2017年度现代学徒制试点工作的通知》,提出了要"探索建立校企联合招生、联合培养、一体化育人的长效机制,完善学徒培养的教学文件、管理制度、相关标准,推进专兼结合、校企互聘互用的双师结构师资队伍建设""形成和推广政府引导、行业参与、社会支持,企业和职业院校双主体育人的中国特色现代学徒制"的试点目标。

2017年8月23日,教育部办公厅印发《关于公布第二批现代学徒制试点和第一批试点年度检查结果的通知》,按照"自愿申报、省级推荐、部级评议"的工作程序,确定第二批203个现代学徒制试点单位(见表13.2)。

表13.2 第二批试点单位

试点行业组织(4家)			
中国电子信息行业联合会	中国检验检疫学会	江西省船舶工业行业协会	广东省物联网协会

试点地区(2个)	
湖北省宜昌市	湖南省岳阳市

试点企业(5家)		
天津圣纳科技有限公司	吉林省汽车工业贸易集团有限公司	吉林大药房药业股份有限公司
九江明阳电路科技有限公司	长沙五十七度湘餐饮管理有限公司	

试点专科高职院校(154所)		
省、市、区	学校名称	
北京	北京工业职业技术学院	北京劳动保障职业学院	北京农业职业学院
	北京信息职业技术学院		
天津	天津城市建设管理职业技术学院	天津城市职业学院	天津交通职业学院
	天津青年职业学院	天津轻工职业技术学院	天津医学高等专科学校
	天津商务职业学院	天津冶金职业技术学院	
河北	邯郸职业技术学院	河北工业职业技术大学	河北软件职业技术学院
	石家庄职业技术学院	秦皇岛职业技术学院	石家庄科技工程职业学院
山西	山西华澳商贸职业学院	山西机电职业技术学院	运城职业技术学院
内蒙古	鄂尔多斯职业学院	包头职业技术学院	包头轻工职业技术学院

续表

省、市、区	学校名称		
辽宁	辽宁医药职业学院	辽宁冶金职业技术学院	辽宁水利职业学院
	辽宁农业职业技术学院	辽宁金融职业学院	辽宁建筑职业学院
	辽宁城市建设职业技术学院	辽宁石化职业技术学院	辽宁省交通高等专科学校
吉林	长春金融高等专科学校	吉林交通职业技术学院	
黑龙江	大庆医学高等专科学校	黑龙江建筑职业技术学院	黑龙江林业职业技术学院
	黑龙江农业经济职业学院	黑龙江生物科技职业学院	黑龙江职业学院
	佳木斯职业学院		
上海	上海邦德职业技术学院	上海城建职业学院	上海东海职业技术学院
江苏	常州信息职业技术学院	江苏建筑职业技术学院	江苏农牧科技职业学院
	苏州工业园区职业技术学院		
浙江	杭州职业技术学院	嘉兴职业技术学院	浙江工贸职业技术学院
	浙江工业职业技术学院	浙江旅游职业学院	
安徽	安徽工商职业学院	安徽国际商务职业学院	安徽交通职业技术学院
	安徽商贸职业技术学院	安庆职业技术学院	淮南职业技术学院
	徽商职业学院		
福建	福建船政交通职业学院	湄州湾职业技术学院	泉州工艺美术职业学院
江西	江西工业工程职业技术学院	江西工业贸易职业技术学院	江西建设职业技术学院
	江西泰豪动漫职业学院	江西冶金职业技术学院	九江职业技术学院
山东	山东城市建设职业学院	山东畜牧兽医职业学院	山东工业职业学院
	山东理工职业学院	威海职业学院	烟台职业学院
	淄博职业学院		
河南	黄河水利职业技术学院	济源职业技术学院	
湖北	长江职业学院	湖北交通职业技术学院	
	湖北生物科技职业学院	湖北职业技术学院	武汉城市职业学院
	襄阳职业技术学院	仙桃职业学院	
湖南	常德职业技术学院	湖南汽车工程职业学院	湖南铁道职业技术学院
	湖南现代物流职业技术学院	永州职业技术学院	

续表

省、市、区	学校名称		
广东	中山火炬职业技术学院	广东建设职业技术学院	广东理工职业学院
	广州城建职业学院	广东食品药品职业学院	中山职业技术学院
	广东环境保护工程职业学院	珠海城市职业技术学院	广州工程技术职业学院
广西	珠海城市职业技术学院	广西工商职业技术学院	广西工业职业技术学院
	南宁职业技术学院		
海南	广西经贸职业技术学院	海南软件职业技术学院	三亚航空旅游职业学院 三亚理工职业学院
重庆		重庆电力高等专科学校	重庆工商职业学院
	重庆三峡医药高等专科学校	重庆医药高等专科学校	
四川	成都纺织高等专科学校	成都工业职业技术学院	成都航空职业技术学院
	成都职业技术学院	广安职业技术学院	宜宾职业技术学院
	四川航天职业技术学院		
贵州	毕节医学高等专科学校	贵州交通职业技术学院	黔东南民族职业技术学院
	铜仁职业技术学院		
云南	曲靖医学高等专科学校	云南机电职业技术学院	云南能源职业技术学院
	云南锡业职业技术学院		
陕西	陕西国防工业职业技术学院	陕西邮电职业技术学院	陕西能源职业技术学院
	陕西铁路工程职业技术学院	渭南职业技术学院	西安航空职业技术学院
	咸阳职业技术学院	西安铁路职业技术学院	西安职业技术学院
	杨凌职业技术学院		
甘肃	甘肃工业职业技术学院	甘肃交通职业技术学院	
青海	青海柴达木职业技术学院		
宁夏	宁夏财经职业技术学院	宁夏工商职业技术学院	宁夏建设职业技术学院
	宁夏民族职业技术学院		
新疆	巴音郭楞职业技术学院	昌吉职业技术学院	克拉玛依职业技术学院
	乌鲁木齐职业大学	新疆交通职业技术学院	伊犁职业技术学院
	新疆农业职业技术学院		

续表

	试点中等职业学校(38 所)
省、市、区	学校名称
北京	北京市电气工程学校
辽宁	大连市轻工业学校
浙江	绍兴市柯桥区职业教育中心
河南	河南信息工程学校
湖南	醴陵市陶瓷烟花职业技术学校
云南	鹤庆县职业高级中学
陕西	陕西省电子信息学校
青海	西宁市第一职业技术学校
上海	上海海事大学附属职业技术学校、上海市杨浦职业技术学校、上海信息技术学校
广东	佛山市顺德区陈村职业技术学校、广东省食品药品职业技术学校
贵州	首钢水城钢铁(集团)责任有限公司中等专业学校、凤冈县中等职业学校
山西	山西省忻州市原平农业学校
黑龙江	哈尔滨轻工业学校
安徽	安徽金寨职业学校
湖北	湖北十堰职业技术(集团)学校
四川	攀枝花市华森职业学校
西藏	拉萨市第二中等职业技术学校
甘肃	天水市职业技术学校
河北	河北省科技工程学校、衡水市职业技术教育中心、石家庄工程技术学校、唐山市第一职业中等专业学校
江苏	常州刘国钧高等职业技术学校、江苏省常熟中等专业学校、江苏省太仓中等专业学校、南京金陵中等专业学校、盐城机电高等职业技术学校
重庆	重庆市江南职业学校、重庆市农业学校、重庆市渝北职业教育中心
新疆	阜康市职业中等专业学校、奇台中等职业学校、新疆安装工程学校、新疆生产建设兵团第三师图木舒克职业技术学校

经过第二批验收,2 家暂缓通过验收,2 家延期验收,第二批其余 199 家试点机构顺利通过验收。

3. 第三批现代学徒制试点

2018 年,教育部又确定了第三批现代学徒制试点单位共 194 家(见表 13.3)。

表 13.3　第三批试点单位

试点行业组织(4 家)	
中国电器工业协会	中国职业技术教育学会职业教育装备专业委员会
河南省建设教育协会	新疆马产业职业教育联盟

试点地区(1 个)
清远市人民政府

试点企业(4 家)	
深圳市讯方技术股份有限公司	廊坊精雕数控机床制造有限公司
浙江海亮股份有限公司	香港雅姬乐集团有限公司

试点专科高职院校(156 所)

省、市、区	学校名称		
北京	北京经济管理职业学院		
天津	天津滨海汽车工程职业学院	天津海运职业学院	
河北	河北轨道运输职业技术学院	河北对外经贸职业学院	沧州医学高等专科学校
	廊坊职业技术学院	河北化工医药职业技术学院	河北交通职业技术学院
山西	山西财贸职业技术学院	山西电力职业技术学院	山西建筑职业技术学院
	山西林业职业技术学院	山西轻工职业技术学院	山西水利职业技术学院
	山西交通职业技术学院	山西经贸职业学院	
内蒙古	包头铁道职业技术学院	内蒙古化工职业学院	乌海职业技术学院
辽宁	辽宁轨道交通职业学院	辽宁机电职业技术学院	辽宁经济职业技术学院
	辽宁职业学院	辽宁轻工职业学院	辽宁现代服务职业技术学院
吉林	吉林电子信息职业技术学院	吉林工业职业技术学院	吉林铁道职业技术学院
黑龙江	黑龙江交通职业技术学院	黑龙江民族职业学院	黑龙江生态工程职业学院
	黑龙江信息技术职业学院		
上海	上海工艺美术职业学院	上海济光职业技术学院	
江苏	江苏海事职业技术学院	江苏经贸职业技术学院	南京铁道职业技术学院
	苏州工业职业技术学院	苏州工艺美术职业技术学院	扬州工业职业技术学院
	徐州工业职业技术学院		
浙江	杭州科技职业技术学院	宁波城市职业技术学院	台州职业技术学院
	浙江同济科技职业学院	浙江艺术职业学院	

续表

省、市、区	学校名称		
安徽	安徽财贸职业学院	安徽电气工程职业技术学院	安徽国防科技职业学院
	安徽水利水电职业技术学院	滁州职业技术学院	合肥职业技术学院
	阜阳职业技术学院		
福建	黎明职业大学	泉州轻工职业学院	三明医学科技职业学院
	漳州职业技术学院		
江西	江西财经职业学院	江西工业职业技术学院	江西环境工程职业学院
	江西旅游商贸职业学院	江西生物科技职业学院	江西陶瓷工艺美术职业技术学院
	江西水利职业学院	江西外语外贸职业学院	
山东	德州职业技术学院	济宁职业技术学院	莱芜职业技术学院
	聊城职业技术学院	临沂职业学院	
	青岛港湾职业技术学院	青岛酒店管理职业技术学院	山东商务职业学院
	山东水利职业学院	山东医学高等专科学校	
	山东职业学院	泰山职业技术学院	潍坊职业学院
河南	河南经贸职业学院	河南水利与环境职业学院	河南职业技术学院
	三门峡职业技术学院	许昌职业技术学院	
	郑州铁路职业技术学院	郑州信息科技职业学院	
湖北	湖北城市建设职业技术学院	湖北工业职业技术学院	湖北国土资源职业学院
	湖北科技职业学院	湖北轻工职业技术学院	咸宁职业技术学院
	三峡电力职业学院	武汉交通职业学院	武汉软件工程职业学院
湖南	湖南化工职业技术学院	湖南环境生物职业技术学院	湖南理工职业技术学院
	湖南三一工业职业技术学院	湖南生物机电职业技术学院	长沙商贸旅游职业技术学院
	湖南邮电职业技术学院	娄底职业技术学院	岳阳职业技术学院
	长沙环境保护职业技术学院		
广东	东莞职业技术学院	广东碧桂园职业学院	广东工贸职业技术学院
	广东科贸职业学院	广东轻工职业技术学院	河源职业技术学院
	广东水利电力职业技术学院	广州科技贸易职业学院	广州民航职业技术学院
	顺德职业技术学院	深圳信息职业技术学院	

续表

省、市、区	学校名称		
广西	广西农业职业技术学院	广西水利电力职业技术学院	
重庆	重庆三峡职业学院	重庆财经职业学院	重庆城市职业学院
	重庆电讯职业学院	重庆科创职业学院	重庆水利电力职业技术学院
	重庆能源职业学院		
四川	成都工贸职业技术学院	乐山职业技术学院	泸州职业技术学院
	眉山职业技术学院	四川财经职业学院	四川中医药高等专科学校
	四川工程职业技术学院	四川建筑职业技术学院	四川信息职业技术学院
	四川长江职业学院		
贵州	贵州电子信息职业技术学院	贵州护理职业技术学院	贵州建设职业技术学院
	贵州盛华职业学院	黔南民族职业技术学院	
云南	昆明冶金高等专科学校	云南城市建设职业学院	云南农业职业技术学院
陕西	陕西航空职业技术学院	陕西职业技术学院	西安汽车科技职业学院
	西安医学高等专科学校		
甘肃	甘肃建筑职业技术学院	兰州石化职业技术学院	
青海	青海建筑职业技术学院	青海交通职业技术学院	青海卫生职业技术学院
新疆	阿克苏职业技术学院	新疆建设职业技术学院	新疆铁道职业技术学院
	新疆应用职业技术学院		

试点中等职业学校（29所）

省、市、区	学校名称
北京	北京市商业学校
山西	山西省铁路工程学校
黑龙江	黑龙江省商务学校
江苏	苏州工业园区工业技术学校
山东	单县职业中等专业学校、山东省莱阳卫生学校
广东	东莞理工学校、东莞市纺织服装学校
四川	四川仪表工业学校
贵州	贵州省交通运输学校、金沙县中等职业学校、遵义市旅游学校
青海	青海省水电职业技术学校、青海省重工业职业技术学校
河北	邯郸市肥乡区职业技术教育中心、河北经济管理学校

续表

省、市、区	学校名称
吉林	长春市第二中等专业学校
上海	上海市建筑工程学校
浙江	衢州中等专业学校、绍兴市中等专业学校
湖南	常德财经中等专业学校、湘西经济贸易学校
广西	广西理工职业技术学校
重庆	重庆市奉节职业教育中心、重庆市九龙坡职业教育中心、重庆市南川隆化职业中学校、重庆市女子职业高级中学
甘肃	甘肃省冶金高级技术学院
宁夏	宁夏回族自治区农业学校

二、现代学徒制研究领域与主要观点

在国家政策的推动下,学界对现代学徒制的研究逐渐增多,关于职业教育现代学徒制的文献数目随年份增长而增多。与此同时,推动中国制造转型升级,挖掘经济增长潜力已成为社会发展的强烈需求,而"现代学徒制"中所富有的价值意蕴与追求培养"技术技能人才"的价值需求不谋而合。该阶段的多数研究主要集中在以下几个方面。

(一)现代学徒制内涵探析研究

现代学徒制的概念内涵是开展现代学徒制试点工作的逻辑起点,继国务院和教育部等有关部门出台了一系列关于开展现代学徒制试点工作的指导文件后,现代学徒制的本质意蕴、要素内涵与实施路径逐步深化细化,基本实现了学理意义上的逻辑自洽。关晶、石伟平在《现代学徒制之"现代性"辨析》中从现代学徒制的名称表述进行解读,将其"现代性"的体现概括为:功能目的从重生产性到重教育性,教育性质从狭隘到广泛,制度规范从行会层面上升到国家层面,利益相关者机制从简单到复杂,教学组织从非结构化到结构化。赵志群、陈俊兰在《现代学徒制建设现代职业教育制度的重要补充》中指出现代学徒制是将传统学徒培训与现代学校教育进行结合的合作教育制度,是现代职业教育制度的重要组成部分。杜广平在《我国现代学徒制内涵解析和制度分析》中认为现代学徒制是基于传统学徒制建立的，但在教学主体和传授知识方面存在区别，并将现代学徒制定义为企业本位、基于工作进行学习的职业教育制度，它综合了学历职业教育和在职职业培训的优点，是一种理想的职业教育形式。

众多学者对现代学徒制概念内涵的多元探索，丰富了现代学徒制的语义表述，主要表现为三种观点。第一，认为现代学徒制为国家层面的教育制度。有学者指出，现代学徒制是与技术革新、教育理念创新相伴而生，将工作场所的学徒培训与职业学校教育融合起来的一种教育制度。第二，认为现代学徒制是一种人才培养模式。有学者认为，现代学徒制围绕人的全面发展和可持续发展，进一步深化了工学结合人才培养模式改革。第三，认为现代学徒制既可以是教育制度，也可以是人才培养模式。现代学徒制既是兼传统学徒制和学校教育制度优点的职业教育制度，也是实现职业人才培养的一种新型形式。学者对现代学徒制内涵的不同言述，进而引发对其特征的表达的各不相同。孙佳鹏等（2014）认为现代学徒制的典型特征在于国家在战略层面上对各项工作的统筹规划。王海林等（2017）指出，现代学徒制的基本特征是"以人为本、以学生（学徒）培养为中心，理论学习和实践学习相结合，与时俱新和持续改进"。诚然，视角不同，对现代学徒制特征的理解也各异，但纵观各家学说，研究者在"现代学徒制是对传统学徒制的扬弃和超越""学校与企业是两大育人主体""蕴含一系列'双重性'特点"等方面能够达成共识。

（二）现代学徒制的国际比较研究

由于学徒制历史悠久且具普遍性，除可追溯至中国古代职业教育中以官营手工作坊和私营手工作坊为主要载体的艺徒制外，古希腊和古罗马时代也早已出现过制度记载，因此不少国内学者在研究我国现代学徒制的构建时亦会对世界范围的学徒制发展特征有所涉及并进行比较。关晶、石伟平在《西方现代学徒制的特征及启示》中将二战后出现的以德国双元制为典型的学徒制形态统称为"现代学徒制"，并指出我国应借鉴西方现代学徒制的部分经验，改造学校本位的职业教育，使校企合作、工学结合向纵深发展。李铭辉在《英德现代学徒制教育方法及启示》中总结出英德两国实施现代学徒制的基本做法是从构建统一的资格框架，建立系统的双元制课程体系，实施有效的双元制课程教学等方面着手，并提出我国的现代学徒制应在构建具有能力等级特点的证书体系，建立体现双元制特点的课程体系，实施符合现代学徒制特点的柔性化教学等方面加强探索实践。李梦卿、杨妍旻在《现代学徒制发展的诸种背景要素支撑功能比较研究》

中以独特视角审视教育发达国家开展现代学徒制工作的多种背景要素,分别从经济发展状况、技术进步程度、现代教育理念以及法制、管理和经费支持等角度详细论述了德国、英国、澳大利亚、瑞士、法国等西方国家发展现代学徒制的经验做法,并指出我国现代学徒制应在厘清政府主体职能,明晰学校和企业各方功能定位的前提下,充分发挥各类要素的功能,指导试点建设工作展开。

相关研究主要聚焦于三个视角。一是西方国家之间现代学徒制的比较。主要涉及德国、英国、瑞士、芬兰、澳大利亚等西方发达国家,如黄忠强(2011)从学徒培训的制度性角度,比较了澳大利亚、英国和德国三国现代学徒制的差异。二是中国与西方国家之间现代学徒制的比较。王喜雪(2012)从政策分析的视角,比较了英国现代学徒制与我国工学结合模式的区别,指出两者同属于政府实施的国家政策,但是英国现代学徒制更贴近行业企业,实施效果更加明晰可测。在比较的过程中,学者们总结指出,各职业学校可以通过构建畅通的职教体系,建立职业资格的融通体系,完善职业教育法律法规,加强师资队伍建设,发挥国家主导作用,建立过程监督体系和为利益相关方提供合作路径等方式,推动现代学徒制在我国发展。

学徒制在世界各国职业教育发展的不同阶段均留有承袭痕迹与各异特质,现代学徒制的成功复兴与经验累积在西方国家有较长的历史,因此我国近年来才兴起的现代学徒制试点有必要向这些教育发达国家"取经",在此基础上再结合我国具体情况开展试点将会达到事半功倍的效果。

(三)学徒制历史发展研究

关于学徒制的溯源与历史发展研究是甄别现代学徒制蕴含元素的重要基础。目前对我国传统学徒制议题进行专项研究的文章数量不多,已有文献多以学徒制的某一历史发展节点或特征进行描述。刘晓在《我国学徒制发展的历史考略》中将我国学徒制的发展历程划分为古代传统学徒制(原始社会—奴隶社会)、官营学徒制(唐朝—明代中叶以前)、行会学徒制(明代中叶以后—第一次鸦片战争之前)、工艺局学徒制(第一次鸦片战争以后—新中国成立之前)、徒工培训学徒制(新中国成立以后—改革开放初期)五个阶段,每阶段的学徒制形式均在我国职业教育发展历史过程中占有重要地位。唐林伟在《学徒制的现代化》中指出在新中国成立以前我国古代的学徒制主要有家庭内部父子之间的技艺传世制度、民间师徒传承、官方的手工技艺传承系统这三种形式,这些将技艺传承和发扬光大的传统学徒制形式是中国现代学徒制发展的文化土壤,因此当下如何实现传统学徒制的转型应成为我国现代学徒制发展需要关注的重点。王星在

《现代中国早期职业培训中的学徒制及其工业化转型》中指出,清末民初时期我国"企校一体"的职业教育制度已经出现,学徒制作为一种技能形成的制度安排在工业化转型过程中其内嵌的制度张力得到充分释放,但同时由于缺乏劳动法律制度,学徒制也沦为廉价劳动力的来源渠道,引发行业的衰败。因此建立新学徒制不仅是职业教育制度改革的重要探索,更是助力制造业创新国家战略的制度安排。

(四) 高职实施现代学徒制的困境研究

学界关于我国高职院校实施现代学徒制的研究相对较多,其中对高职院校试点运行现代学徒制的困境较为关注。张启富在《高职院校试行现代学徒制:困境与实践策略》中指出囿于企业利益不大、院校能力不强、学生前景不明和制度保障不够等因素,高职院校推行现代学徒制面临着"政府热、学校热、企业冷、学生冷"的困境。基于此,他认为高职院校试行现代学徒制时应选择供给引导型的现代学徒制试点模式,小范围小规模开展现代学徒制试点,制定基于现代学徒制的工学结合培养方案,推进学生考核评价的"四个转变",并提出相应的质量保障机制。杜启平、熊霞在《高等职业教育实施现代学徒制的瓶颈与对策》中指出高职教育实施现代学徒制在思想认识上、政策法规上、评价机制上遭遇现实瓶颈,并在借鉴德国、瑞士等西方国家的经验基础上提出应加强宣传职业教育先进理念,加快出台有利于实施现代学徒制的法律法规和政策,建立健全与现代学徒制相适应的评价机制等突破性对策。吴建设在《高职教育推行现代学徒制亟待解决的五大难题》中指出高职教育推行现代学徒制应从构建"双主体"人才培养模式,解决"双身份"学徒身份问题,形成"双体系"校企课程结构,打造"双导师"专兼职师资队伍,建立"双标准"考核评价体系五个方面来解决教育模式、学徒身份、课程体系、导师机制、评价方式问题。众多学者对高职院校开展现代学徒制试点过程中出现的困难与问题进行了详尽研讨,有助于以更高效率提升技术技能人才培养质量。

(五) 现代学徒制人才培养模式的探索与实践研究

此热点的代表关键词有"人才培养模式""专业教学标准""企业师傅"等。人才培养方案、课程体系、管理制度和评估方式等是此类研究成果的主要内容。目前,国内的人才培养模式改革主要是以高职院校为牵头单位进行的,因此,相关的研究成果均带有鲜明的高职院校特点。学者们在分析原有人才培养模式不足的基础上,重新构建了多种人才培养模式,如"职业梯"人才培养模式,"名人工作室"人才培养模式等。张启富、邬琦姝在《我国高职教育推行现代学徒制的对策思考——基于 32 个试点案例的实证分析》中选取国内 20 个省(区、市)中的 32 所高职院校为分析对象,指出这些试点高职院校的特点在于试点规模偏小,起始时间跨度较大,以校企合作为主,普遍推行招生与招工挂钩,专业分布较为分散,并分别指出试点院校所取成效与所存问题,基于问题提出了相应的改进对策。章颖、钟华、王玫武在《现代学徒制背景下高职生职业成熟度研究》中从职业成熟度这一视角出发,以闽西职业技术学院为实证研究对象,得出现代学徒制的教学模式确实有效提升了高职生的职业成熟度,并就研究结果总结出如何提升参与现代学制的高职生的职业成熟度的要素与路径。

三、研究反思与展望

(一) 现代学徒制研究存在的问题

现有相关成果在研究的缘起和历程、提出问题、分析问题、培育路径选择等方面仍存在着亟待改进的地方。

1. 理论深度和广度不够

其一,多数理论研究停滞于表面,虽涉及现代学徒制的层面较广,但在理论凝练方面未能深入,且对现代学徒制内涵界定的共识有待进一步形成。理论深度的不足,导致从"什么是现代学徒制"到"现代学徒制是什么"之间的认识路途"千里迢迢"。其二,"实践的最终含义是超越实践本身",我国的现代学徒制在实践层面也投入了较多精力,许多试点单位积极开展相关探索,并取得了一定成果,但源于实践理论总结,还是集中在"打哪指哪"的状态,深陷"是什么""为什么""怎么办"的套路。理论研究在深度上的"缺憾",已然成为制约我国现代学徒制理论发展和实践推进的"桎梏"和"羁绊"。其三,我国现代学徒制研究的相关理论成果并没有适时地转化为切实可行的制度保障、政策纲领及实践策略,现代学徒制的理想目标与实践现状间依然错位。

2. 研究视角单一

其一,现有研究多基于教育学的视角,透过其他学科的角度去探索现代学徒制的研究还显得较为"匮乏"。对相关问题的论证和分析缺少多角度的理论透视,缺少多元化、强有力的理论支撑,容易将表象归纳为规律,将个案特性总结为群体共性的问题。例如研究视角的单一,导致部分研究忽视对现代学徒制的制度性、非制度性特征的进一步探讨。其二,研究视角的隐匿还导致在现代学徒制必要性研究方面,学界多聚焦在人才培养的范畴,而对人才培养之后的社会意涵解读有待加强,即在现代学徒制必要性研究方面出现"一叶障目"的情形。其三,研究视角的狭隘,使得部分研究过度地关注国外现代学徒制的发展,并不加甄别地在国内推介国外经验。"现代学徒制扎根于中国特色的认同环境、运行环境、制度环境,难免会有某种程度的实然与应然差异。"研究视角的不开阔导致我国现代学徒制的研究结论缺乏科学性、普适性与规律性。

3. 研究路径狭窄

其一,现代学徒制在高职教育中有着广阔的应用空间,对提升高职教育办学水平有着重要作用,也是培养符合现代企业需要的技能型人才培养的机制性保障,推进和发展现代学徒制的社会意义显著。其二,现代学徒制的推进过程也颇为繁复,现代学徒制是一个极为复杂的系统,牵涉多个利益主体。同时,现代学徒制也关涉多个领域。其三,研究者对我国现代学徒制的推进过程中所面临诸多问题的分析、策略的思考如果没有步入"台前",去"亲身经历",仅从"幕后"的研究出发,或是纯理论研究入手,或是从感性认知出发,很难形成具有强大说服力的研究结果。

(二) 对我国现代学徒制研究的展望

1. 理论因应实践需求

其一,我国现代学徒制的理论研究有必要透过多元视角进行架构,如后续的研究能否从"制度经济学""成本—收益""市场化理论"的视角去破解现代学徒制中的"主体之争""层次之困"和"实施之乱"等问题。其二,在回应现代学徒制的推进过程中所面临诸多问题时,仅通过完善课程体系、修订人才培养方案、优化组织管理机构、实施双元育人的教学管理措施等策略会显得力不从心。对困难与解决策略只有在对现代产业属性的深入研究基础上才可能把握,现代学徒制的理论研究应该"强化"对其"现代性"的分析,进而对如何发展现代学徒制,其切入点有哪些,如何解决现代学徒制在推进过程中面临的问题等问题做出解答。其三,从现有研究可以看出,要深度推进现代学徒制还有较多的"迷惘"需要澄清。只有通过强化对现代学徒制本质的探究,才能得出深度推进现代学徒制的策略。对理论价值和实践需求契合度的重视,应成为有关我国现代学徒制的理论研究与实践协同发展的着力点。

2. 系统设计制度规则

其一,我国现代学徒制的形成要直面一个本土化的问题,"需要经历一个试点、总结、完善、推广以及制度生成的发展过程"。根植于我国现实环境之中的现代学徒制必然会经历一定程度上应然与实然的差异,出现这样或那样的困局。因此,现代学徒制的研究应摒弃随意松散的状态,聚焦如当前我国的制度环境、认同环境、政策运行环境为现代学徒制的推进提供适应生长的土壤,激发企业积极性的制度支持问题来推进现代学徒制,以师徒关系的构建为核心内容等问题进行系统地研究。其二,在现代学徒制构建的初始阶段,因制度规则的"缺位"而致使其有效性遭受质疑。而当现有研究急切地去界定和设计制度规则时,却对企业内部的"企业社会责任价值观、校企合作信誉和校企合作传统文化等非正式制度置若罔闻"。其三,"实践并不囿于设想",后续研究应"聚焦"我国现代学徒制在推进中所面临的主要问题,系统地研究在既有制度设计规则的基础之上,如何进行非正式制度规则的制度化设计,或许是我国现代学徒制理论研究的最佳选择。

3. 研究路径转向一线现场

其一,现有研究对于解释如何深度推进我国现代学徒制的实践还有待加强。基于我国现代学徒制发展的庞杂性,后续研究视野有必要转向一线现场,通过设计观察、深度访谈、叙事探究等方法展开研究,并以此思考相关策略。其二,源自一线现场的经验"不仅包括人们遭遇些什么和做些什么,追求些什么,爱些什么,相信些什么,更包括人们是怎样活动和怎样感受反响,他们怎样操作,他们怎样渴望和享受,以及他们观看、信仰和想象的方式"。对利益相关者为何要参与现代学徒制,如何参与、参与目标和动机是什么等问题的探索更需要来自一线的解释与讨论。其三,研究路径转向一线现场,探究我国现代学徒制各利益相关者的态度,并基于这些生动、鲜活的情境性资料进行实证分析,以描绘中国特色现代学徒制度体系。因此,后续研究有必要对各利益相关主体参与过程进行现场挖掘,厘清影响我国现代学徒制推进的因素。

第十四章 高等职业教育质量保障体系研究

进入 21 世纪的第二个十年,我国高等职业教育改革发展的政策重点,正在经历从规模扩张为特征的外延式发展向以质量提升为核心的内涵式发展转变的新阶段,旨在将职业教育建成一种面向人人的终身教育、面向市场的就业教育、面向能力的实践教育、面向社会的跨界教育。人们对于构建现代职业教育体系的重视,反映了新时代发展职业教育的新型质量观,即提高职业教育的适应性,使职业教育质量能够满足服务经济、社会和个体可持续发展的多功能定位需要。新型的职业教育质量观也需要与之相匹配的质量保障体系支撑。2011—2020年,高等职业教育质量保障先后经历了"以评代管"的各项教学工作评估,到"管办评分类"后的以教学诊改为主的自我质量保证,再到"教育治理"观照下的政府依法履职、院校自主保证、社会广泛参与的内外多元质量协同治理发展阶段。因此,本章从研究的视角梳理这十年我国高等职业教育质量保障体系建设的研究脉络,以期助力高质量教育体系建设中的高等职业教育质量保障体系建设。

一、研究背景及概况

(一) 研究背景

根据 2020 年教育事业统计数据,2020 年全国共有普通高校 2738 所。其中,本科院校 1270 所(含本科层次职业学校 21 所);高职(专科)院校 1468 所。各种形式的高等教育在学人数总规模 4183 万人,高等教育毛入学率 54.4%。依据马丁·特罗的高等教育三阶段理论,我国已经进入高等教育普及化阶段。对于已经步入高等教育普及化的我国而言,人民对于更高质量高等教育的需要和高等教育发展不平衡不充分之间的矛盾,已成为新时代高等教育发展的主要矛盾,"办好公平而又有质量的教育"已成为各级各类教育战线始终不渝的奋斗目标。《国家职业教育改革实施方案》开篇明确指出:"与发达国家相比,与建设现代化经济体系、建设教育强国的要求相比,我国职业教育还存在着体系建设不够完善，职业技能实训基地建设有待加强，制度标准不够健全，企业参与办学的动力不足，有利于技术技能人才成长的配套政策尚待完善，办学和人才培养质量水平参差不齐等问题，到了必须下大力气抓好的时候。"上述所列不足都对现有职业教育质量保障体系的建设与完善提出了要求。同时，"十四五"规划纲要提出"建设高质量的教育体系"的目标。质量是高等教育发展的重要命题。高质量教育体系需要高质量的教育质量保障来支撑。因此，必须深化推进高职教育质量保障体系研究与实践，巩固和完善作为类型教育的高职教育高质量发展。

回顾我国高职教育 2010—2020 年关于职业教育发展的政策沿革（见表 14.1）不难发现，自党的十八大以来，国家对职业教育质量评价给予了前所未有的重视，在很大程度上推动了职业教育质量保障体系的建设。2013 年 11 月，《中共中央关于全面深化改革若干重大问题的决定》提出："深入推进管办评分离，扩大省级政府教育统筹权和学校办学自主权，完善学校内部治理结构。强化国家教育督导，委托社会组织开展教育评估监测。"这一政策改革预示着"以评代管"时代的结束。2015 年 6 月，《教育部办公厅关于建立职业院校教学工作诊断与改进制度的通知》首次提出"教学工作诊断与改进"制度，标志着我国高职教育教学工作诊断与改进制度的正式确立，也预示着职业教育进入了以"教学工作诊断与改进"为主的内部质量保障建设阶段。2020 年 9 月，教育部等九部门印发《职业教育提质培优行动计划（2020—2023 年）》。该文件以"治理"为统领，明确了职业教育质量保障的各利益相关方的职责主体和主体职责以及将开展的质量考核、督导评估、质量年报、教学诊改等多种质量保障手段，也在一定程度上表明了高等职业教育进入了"内部治理为统领""外部评价为监督"的内外质量保障融合阶段。

蓝洁（2013）对 1985—2013 年的高等职业教育质量保障进行了阶段划分，依次为：高等职业教育质量保障的政策开端（1985—1998 年）、高等职业教育质量保障的政策调整（1999—2007 年）、高等职业教育质量保障的政策转化（2008—2013 年）。周应文、徐国庆（2018）则进行了四阶段的划分：探索高职发展阶段（1978—1997 年）；注重规模发展阶段（1998—2002 年）；进入评估时代（2003—2014 年）；开启教学诊改时代（2015 年至今）。杨应崧、袁洪志、何锡涛（2019）则进行了三阶段的划分：从无到有，"井喷期"高职评估守护基本质量；从管理到服务，低潮中高职评估先行改革闯新路；从管评一体到"分离"，职业教育探索"诊改"勇担当。

表 14.1　2010—2020 年高等职业教育改革发展的重要文件

序号	时间	政策文件名
1	2010 年 5 月	《国家中长期教育改革和发展规划纲要(2010—2020 年)》
2	2013 年 11 月	《中共中央关于全面深化改革若干重大问题的决定》
3	2014 年 5 月	《关于加快发展现代职业教育的决定》(国发〔2014〕9 号)
4	2014 年 6 月	《现代职业教育体系建设规划(2014—2020 年)》
5	2015 年 5 月	《教育部关于深入推进教育管办评分离促进政府职能转变的若干意见》
6	2015 年 6 月	《教育部办公厅关于建立职业院校教学工作诊断与改进制度的通知》
7	2015 年 9 月	《高等职业教育创新发展行动计划(2015—2018 年)》
8	2015 年 12 月	《高等职业院校内部质量保证体系诊断与改进指导方案(试行)》
9	2016 年 3 月	《高等职业院校适应社会需求能力评估暂行办法》
10	2017 年 6 月	《关于全面推进职业院校教学工作诊断与改进制度建设的通知》
9	2019 年 2 月	《国家职业教育改革实施方案》
10	2019 年 4 月	《教育部 财政部关于实施中国特色高水平高职学校和专业建设计划的意见》
11	2019 年 11 月	《中共教育部党组关于教育系统学习贯彻党的十九届四中全会精神的通知》
12	2020 年 9 月	《职业教育提质培优行动计划(2020—2023 年)》

基于 2011—2020 这十年的政策沿革,本书将其划分为 2010—2014 年以"以评代管"为主的、基于外部问责的评估范式,2015—2019 年以"教学诊改制度建设"为主的、基于内部质量提升的诊改范式,2019 年之后进入趋近于以"落实管、办、评分离"为主、基于内外各质量主体的多元协同治理范式。

(二) 研究概况

2020 年 12 月 31 日,通过搜索中国知网文献数据库,分别以"高职"或"高等职业教育","质量保证"或"质量保障"为关键词进行搜索,时间限定在 2011—2020 年,搜索来源类别为"SCI 来源期刊""EI 来源期刊""北大核心""CSSCI",其中每条数据包括标题、作者、摘要、出版日期、期刊等信息,分别得到 114 条和 70 条数据。经过剔除公告、研讨会简介、出版物介绍、声明等非科研类文献及与主题不相关的文献以及去重,最终得到 176 条数据。之后用 CiteSpace 软件进行格式转化,最后形成可视化图表及相关数据用于分析(见图 14.1)。

从关键词共现网络与频次分布可以看出,高等教育质量保障相关研究主要聚焦于内部质量保障体系、质量保障体系、质量保证、高职院校等主题。具体来

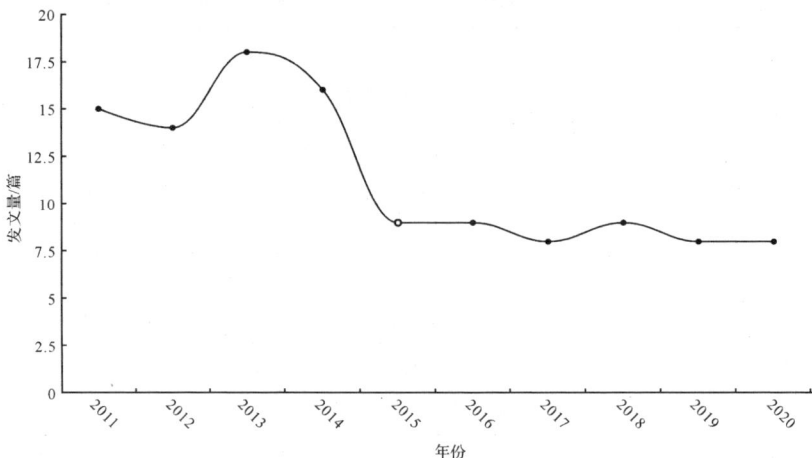

图 14.1　高等职业教育质量保障核心期刊发文趋势(2011—2020)

看,教学质量、质量评估、质量评价、质量标准、顶岗实习、实践教学、诊断与改进、实践教学、指标体系、内生动力等关键词出现的频次相对较高(见图14.2)。

二、研究领域与主要观点

(一) 高等职业教育质量保障(证)体系的内涵演变

1. 质量及质量保障的概念

"质量"一词,最早起源于企业的产品管理,其更多指向产品质量或服务质量。欧洲学者德克·旺达姆(Dirk Van Damme)教授提出"质量是一个多维的概念,并在不同社会背景下因时间和空间不同而不断发生变化",因此产生了质量的"卓越观"、质量的"适应观"、质量的"满意观"……赵志群(2014)归纳出目前学术界对职业教育的四种质量认识:适应性的质量、产品性的质量、发展性的质量、多元化和"特色"的质量。孙晓云(2015)总结出我国的职业教育质量观也先后经历了符合规定性的质量观、需要性的质量观、与发展相符的质量观不同阶段。邢悦、马莹(2017)提出构建现代职业教育质量保障体系需要在多元主体定位下,明确应试性、利益性、个适性及本体性质量观。

"质量保障"和"质量保证",这两个术语均来自英语"Quality Assurance",但

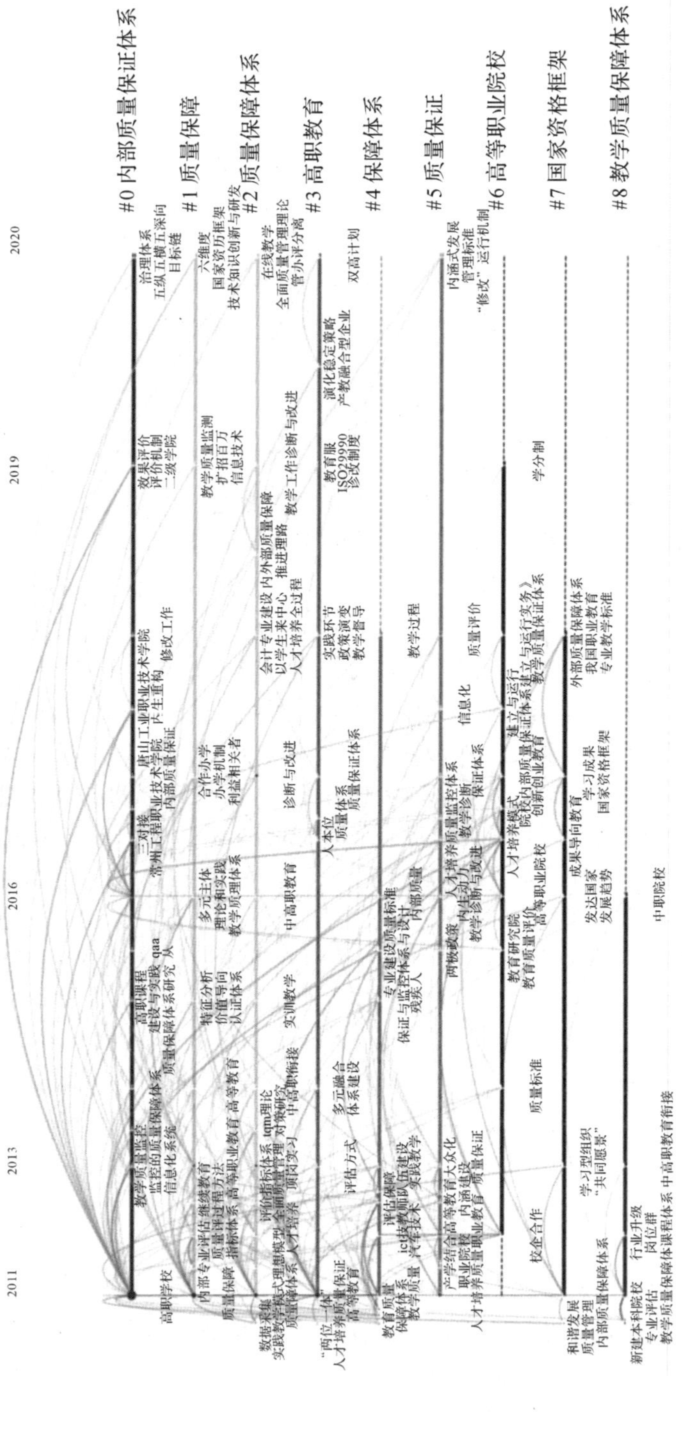

图14.2 高等职业教育质量保障关键词时间线分析（2021—2020）

193

在中文中"保证"与"保障"的含义有所不同,保证在很多情况下是指发挥内因的作用,而保障更多的是发挥外因作用,但基本思想是一样的,二者在使用中频率基本相当。教育质量保障是确保教育质量得到保持和提高的所有政策和过程(Lim D,2001)。赵志群(2014)指出职业教育质量保障内容包括职业教育规划管理与办学、职业教育教学过程、教师等多个方面,职业教育质量保障的实践活动即为建立质量保障体系的过程。所谓体系,指"若干有关事物或某些意识相互联系而构成的一个整体",泛指一定范围内或同类的事物按照一定的秩序和内部联系组合而成的不同系统的整体系统。对于整个教育活动,质量保障主要发挥三方面的功能:导向功能、保障功能和鉴定功能。国际通行的质量保障方法分四类,即评估、认证、审计和基准。

2. 高等职业教育质量保障体系的内涵

从本质上说,高等教育质量保障是政府、高校和社会为了实现各自利益和质量诉求而进行博弈的实践活动,政府、市场和院校这三者力量的张力与整合,形成了不同的质量保障模式。陈振(2018)提出高等职业教育质量保障是集质量标准、制度和程序为一体的系统质量工程,目标是实现对人才输入的过程性转化和增值的输出过程,以使"教育产品"助力社会经济发展的过程。武芳(2014)认为高职教育质量保障框架的建构需要多元主体(如政府、社会和企业等)的协同参与,共同合作。高等职业教育质量保障体系一般包括外部质量保障体系和内部质量保障体系两个子系统。外部质量保障体系是指进行高等职业教育质量监督、评价和调控的系统,也称宏观质量保障系统,由教育部和省级教育主管部门以及社会有关方面共同组成。李亚东(2013)指出,我国学术界已达成共识,外部保障体系以政府与社会为主体,是职业教育质量的基础和前提;内部保障体系以职业院校为主体,是职业教育质量保证的关键。内部质量保证体系是指进行高等职业院校内部质量保障活动的系统,也称微观质量保障系统,由质量生成、质量监督与评估、信息管理、反馈调控等系统共同组成。目前,教育界对内部质量保障(保证)体系的具体概念没有明确的答案,但得到专家学者一致认可的是内部质量保证体系必须处在一个螺旋式的循环上升的过程中,而不是静态固定的体系。学者普遍认为学校内部质量保证体系大致由五个系统构成:高等教育质量保证的指挥系统、高等教育质量保证的信息收集系统、高等教育质量保证的诊断与改进系统、高等教育质量保证的信息反馈系统、高等教育质量保证的支持系统。林育丹等(2019)提出在"建立国家资格框架"背景下,质量保障体系建设需要以实现现代职业教育体系的内外协同、各类教育系统之间的融贯互认为目标,质量保障体系应从职业教育质量指标、职业教育监测体系、职业教育评价体系和教育质量合作机制四个方面进行构建。

3. 高等职业教育质量保障体系的责任主体与主体职责

在现代职业教育质量保障体系构建的过程中,应该通过对相关管理机制的创新来实现现代职业教育质量保障体系的革新,打破传统的一元控制,实现多元主体协同治理模式。马宽斌(2011)提出,政府、企业与学校本身是与高等职业教育质量关系最为密切的三种价值主体,因此,高等职业教育质量保障体系也应主要由这三方来构建和运行,政府是高等职业教育质量保障体系的"方向盘",企业是高等职业教育质量保障体系的"检测器",学校是高等职业教育质量保障体系的"主心轴"。孙晓云(2015)提出在整个质量保障创新过程中,包含政府、社会、企业、学校等多元化组织的责任主体,同时也需要对各个不同主体间的关系进行调整与协调,让每一个相关因素成为促进现代职业教育质量保障体系发展的有利因素。任占营(2020)认为职业教育是跨界的教育,政府、行业、学校、社会都是职业教育的治理主体,也就是质量保障主体。因此,从整个职业教育质量治理角度,需构建政府监管、行业自律、学校自治、社会监督的质量治理格局。四大群体各自的权责关系如下:在政府层面,应强化宏观管理,完善职业学校办学质量考核机制,推进办学体制改革和育人机制改革,建立健全办学质量考核结果运用的长效机制;在行业层面,应建好用好行业职业教育教学指导委员会,提升行业举办和指导职业教育的能力;在学校层面,应完善以章程为核心的校内规章制度体系,健全职业学校内部治理结构,深入推进职业学校教学工作诊断与改进制度建设,切实发挥学校质量保证主体作用,将内涵、特色、高质量内化为一种行动自觉;在社会层面,应健全学生、教师、学校、家庭、社会多方参与的学业考核评价体系,发挥专家组织和第三方社会机构在质量评价中的作用,完善职业教育质量年报发布制度。郭广军、金建雄(2019)的研究提出了政府、学校、企业、行业、其他社会组织、学校师生等五个责任主体的基本职责与主要任务。

(1)政府的基本职责与主要任务

政府的基本职责是发挥主导、监管、支持作用。其主要任务包括质量保障相关法律法规建设,政策支持指导,人才规划实施,产业规划实施,人才使用评价和国家学科专业标准、课程标准、顶岗实习标准、毕业设计标准、专业设置标准、教师队伍标准、设备仪器条件标准等规范标准制定等。

(2)学校的基本职责与主要任务

学校的基本职责是发挥组织、规划、实施作用。其主要任务包括加强学科建设、专业建设(专业结构、师资队伍、资源条件、职业文化、实习实训、校企合作、课程教学、学习成效、就业质量、技术服务、社会声誉等)课程建设、教材建设、资源建设、条件建设、环境建设、文化建设和标准建设(专业标准、课程标准、顶岗实习标准、毕业设计标准、专业设置标准、教师队伍标准、专业仪器设备装备规范)、优化人才培养方案(专业定位、培养目标、培养规格、课程体系、实践教学体系、评价考核、条件保障、师资队伍),创新人才培养模式(产教融合、校企合作、工学结合、知行统一、学思并重),加强学校治理(治理体系、治理能力、治理制度、治理机制、管理监控、社会声誉等),改革教育教学(课程教学、实践教学、创新创业教学、教学成效等),促进教师发展(师德师风、教书育人、社会服务、团队建设、专业发展等)和学生发展(在校成长、成果考核、就业质量、社会服务、学习成效、职业发展等)等。

(3)企业的基本职责与主要任务

企业的基本职责是发挥组织、规划、实施作用。其主要任务包括创新创业教育教学服务,前沿技术课程教学服务,组织产教融合服务,参与体制机制建设,参与学科专业建设,参与技术课程建设,参与立体教材建设,参与教学资源建设,参与质量标准建设,参与实习基地建设,参与人才培养方案制订,支持教师下企锻炼,支持学生顶岗实习,聘用毕业生就业,技术应用集成创新,科研成果转化,产品升级开发,产业升级发展,参与学校治理等。

(4)行业组织的基本职责与主要任务

行业组织的基本职责是发挥指导、协调、联动作用。其主要任务包括行业规范标准制定,行业协会(学会)建设,行业技术指导咨询,行业职业技能鉴定,组织行业技术技能竞赛,行业人才培养指导,行业学术交流服务,行业质量监督评价,学科专业建设服务,课程资源建设服务,人才培养培训服务等。

(5)其他社会组织的基本职责与主要任务

其他社会组织(第三方机构)的基本职责是发挥监督、评价、服务作用。其主要任务包括质量监督评价、技术指导咨询、协会(学会)建设、规范标准制定、产教融合服务、前沿技术课程服务、创新创业教学服务、学科专业建设服务、课程资源建设服务、人才培养培训服务等。

(6)师生的基本职责与主要任务

学生与教职工是高职教育质量保障的中心,他们既是高职教育质量建设的参与者,也是高职教育质量直接受益者。充分调动学生、教职工发挥积极主体作用,促进学生发展、教师发展、职工发展是高职教育保障的本体价值追求。

(二)高职院校外部质量保障方式的研究

1. 关于高等职业院校教育评估的研究

2008年4月,教育部正式发布了《关于印发〈高等职业院校人才培养工作评估方案〉的通知》(教高〔2008〕5号),在全国范围内启动了新一轮评估。新一轮评估的基本任务为：围绕关键评估要素，对《高等职业院校人才培养工作状态数据采集平台》（以下简称"采集平台"）数据进行分析，辅以专家现场考察，对高职院校人才培养工作予以分析与评价并提出建议，从而引导高职院校加强内涵建设，深化校企合作、工学结合的人才培养模式改革。新一轮评估的评估方法为：采集平台数据分析，专家现场听取高职院校领导自评报告，参观教学基础设施及实验实训条件、教师说课、进行深度访谈、专业剖析等。其中以深度访谈为主，访谈要在选准访谈对象，拟订好访谈提纲的基础上进行，并把握六条原则：一是目标聚焦原则，二是分享反思原则，三是辩论底线原则，四是发散收敛原则，五是开放规范原则，六是适度激发原则。韩奇生（2012）将新一轮评估与第一轮办学水平评估做了比较，指出了两个显著特点：内涵建设导向更加突出，评估指标体系更加简洁、有效，而且建立了数字化管理信息平台。第二轮评估方案的指标体系包括七个一级指标和22个评估要素，比第一轮评估方案七个一级指标、15个二级指标、36个观测点的指标体系更加简洁，且刚性指标大幅减少。尤为重要的是，第二轮评估方案建立在信息平台基础之上，所涉及的数据、信息来源于学校平时在网上填报的"人才培养工作状态数据库"，不仅保证了信息的原始性、适时性和真实性，也显著减轻了学校为评估准备材料的负担。陆燕飞、陈嵩（2015）将2008年的高职评估方案与2004年的方案进行了比较，提出两者之间在评估目的、评估指标、评估方式、专家组成员构成、评估结果等方面的不同。新一轮评估也显现出其局限性和不足之处，孙翠香、庞学光（2014）从评估价值导向出发，认为这种"政府主导型"高职院校评估带来的"行政化"倾向，高职教育评估价值取向的偏差和异化，高职院校内生评估动力缺失，造成各种功利化行为和评估"失范"行为。还有不少研究者从评估技术和效果看，指出新一轮评估还存在着如大数据应用不够充分、评估效率不高、评估主体单一、评估技术不够科学、评估指标过于单一、评估导向作用发挥不充分、评估长效机制不健全等问题。

2. 关于高等职业院校适应社会需求能力评估的研究

国务院教育督导委员会办公室依据《教育督导条例》，研究制定了《高等职业院校适应社会需求能力评估暂行办法》（国教督办〔2016〕3号）。自2016年始，在全国范围内开展高等职业院校适应社会需求能力评估（以下简称"需求能力评估"）。需求能力评估主要内容包括五章17条，分别对评估目的、评估原则与范围、评估内容与工具、评估结果运用等予以明确规定。其评估目的是全面了解高职院校办学情况，引导高职院校充分发挥其办学主体作用，激发自身办学活力，更好地服务地方经济社会发展，适应行业发展需要。评估内容涵盖办学基础能力、专业人才培养等五个维度20项关键指标。评估工具由数据表、调查问卷、数据信息管理分析平台等组成。数据表包括学校基本数据、师生数据、专业数据；

调查问卷包括校长问卷、学生问卷、教师问卷；数据信息管理分析平台对数据以网络在线方式进行收集、校验、汇总、分析。评估采取"学校填报数据、省级实施、国家总体评估"的方式进行。各高职院校要在学院官网上公布本学校适应社会需求能力评估报告。国务院教育督导委员会委托第三方机构形成国家评估报告，并予以发布。郭文富（2018）对需求能力评估政策进行了实践分析，认为其存在如下效应：一是体现了管办评分离、依法治教、职业教育事业发展三个方面的要求，二是满足了政府部门、高职院校、百姓群众这三方主体的需求，三是在对院校在适应社会需求基本办学能力、专业发展能力、服务贡献能力方面发挥了重要的导向作用。李纯真（2018）也对需求能力评估政策做了优劣分析，认为其优点如下：一是评估目标明确，切实贯彻了办评分离的要求，注重对高职院校教学过程以及办学机制的考察；二是在评估主体上，积极引入第三方评价主体，提升了评估的客观性与公正性；三是在评估方法上，积极运用大数据等现代信息技术，注重对办学过程的考察；四是在评估结果上，高职院校、省、国家三个主体的评估报告全部发布到网上，接受社会监督，社会监督可以对政府评估提出建议，也可以帮助高职院校改进其教学过程，有利于进一步释放高职院校办学活力。正是因为此轮评估政策有以下突出优势，其产生的积极效果也很明显。一是细化了高职院校在人才培养、学生发展、社会服务、教学过程等方面的 20 多项具体指标，政策倒逼高职院校强化教育改革，提升校企合作及工学结合层次，提升高职院校人才培养质量以及适应区域经济社会发展的能力。二是此轮评估政策注重过程的数字化智能化，客观上也规范了高职院校的教育教学管理，提升教育信息化程度。三是此轮评估政策注重办学主体责任落实，推动了高职院校内部质量控制体系的建立，并推进了该质量控制体系的公开化，有助于社会主体的监督。而对于"需求能力评估"存在的问题，马良军（2018）指出核查力度需进一步加大，通报机制需进一步健全，问责机制需进一步落实。张国民（2020）结合"四个评价"的内涵，从改进结果评价的角度分析，社会适应能力评估只被要求院校官网公布自评报告，全省、全国的评估工作总结没有公开，院校提交的材料也没有得到反馈，外部诊断和咨询基本缺位；从探索增值评价的视角分析，年报未对各院校所提供的数据进行汇聚、分析及查询展示，相较于全国高职院校人才培养状态数据管理平台，其在可视化高职院校个体及（专业）各指标方面还有较大提升空间，其数据价值挖掘有待进一步提升。

3. 关于高等职业院校人才培养工作状态数据采集的研究

2008 年教育部印发了《高等职业院校人才培养工作评估方案》（教高〔2008〕5 号），指出"要逐步形成学校为核心、教育行政部门为引导、社会参与的教学质量保障体系"。其中，高等职业院校人才培养工作状态数据采集平台（以下简称

"数据采集平台")建设是评估新方案的重要组成部分。郑卫东(2011)提出建构高等职业院校人才培养工作状态数据采集平台是改革高等职业教育人才培养工作评估的一项重要举措,为强化高职院校自我质量监控意识起到积极作用。然而要在学校层面建立质量保障体系,还需学校自身建立数据采集平台,并逐步将数据采集发展为数据管理。李果等(2013)提出高职人才培养工作状态数据采集平台建设的最终目标是要建成一个供各级教学管理人员使用的知识管理平台,目前的采集平台建设还处于数据的采集和粗加工阶段,存在数据冗余、关系混乱、数据项定义不准确、缺乏统一的标准等问题,建议建立规范的数据采集制度,明确基本的数据采集流程和要求,构建高职人才培养工作逻辑数据参考模型,以加强对采集平台开发工作的管理和规范。张晞(2016)提出高等职业院校人才培养状态数据采集平台借助单机 Excel 版和各种网络版的支持,初步解决了状态数据的采集问题,从而建立起一套统领高等职业院校人才培养工作的基本管理体制和运行机制。但是,这种分布在各院校内的非集约式管理的数据系统,严重制约了高等职业院校人才培养工作的数据应用水平和管理水平的提升,数据利用效能较低。因此,其存在着四个方面的不足之处:报表化采集,效率及真实度较低;多平台孤立应用,增加冗余工作,且易产生歧义;"沉寂存储"的数据管理,制约了数据管理的应有功效;数据采集滞后,影响管理决策。张国民(2020)提出加强状态数据的整合应用,将评价理念融入日常教育教学各项工作之中,将数据业务采集融入学校信息化应用过程之中,将数据生产要素功能融入教学诊改过程之中。

4. 关于高等职业院校质量年报的研究

自 2012 年起,由全国高职高专校长联席会议和教育部职成司委托上海市教育科学研究院和麦可思研究院联合研制《中国高等职业教育质量年度报告》,面向全社会公开发布。在其引领带动下,我国已初步建立学校、省和国家三级高等职业教育质量年度报告制度。质量年度报告是加强高等职业教育内涵建设的重要抓手。高等职业教育质量年度报告成为体现"高等职业教育高质量发展的区域响应的有效表征",质量年报信度效度稳步提高。在质量年度报告中,人才培养水平是衡量质量的首要标准,建立质量年度报告制度,目的就是反映职业院校的办学观、质量观和评价观,进一步探索建立和完善学校、行业、企业、研究机构和其他社会组织共同参与的职业教育质量评价机制。郭文富(2018)对质量年报工作进行了实践分析,结论如下:①高职年报不断"出新"推动了价值提升;②高职年报指标体系正在成为学校质量管理的工具;③国家高职年报引导地方高职教育治理能力提升。刘任熊、李畅、吉国庆等(2016)在比较视域下回顾高职质量年报发展历程中发现,我国高职质量年报起步迟、进展快、覆盖全,实现了主要向政府报告的履职效用;但还存在着改革受众定位模糊、表现形式单调、发布渠道单一等不足,需从高职质量年报的编制目的、受众群体、报告内容、表现形式、发行渠道、编制队伍、数据来源、行文风格、互动渠道、效能测定等十方面加以改进。宿莉、吕红(2020)分析2017—2019年高职院校质量年报数据发现,"国际影响力50强"院校地域分布变化呈现出向部分区域和个别省份集中的趋势;50强院校上榜变化呈现出一定比例的年淘汰率,与"双高校"的重合度呈递增趋势;指标统计量的三年横向和纵向对比呈现出整体增长和院校差距不断扩大的特征;"走出去"专业有新兴和前沿专业,但总体呈现传统专业扎堆、紧缺专业缺失。针对特征分析,提升高职院校国际影响力应建立健全高职教育国际化发展的战略规划和政策法规,聚焦国家战略提速高职教育国际化,服务区域经济,发挥专业影响力。

5. 关于高等职业教育第三方评估的研究

很多学者对职业教育第三方评估进行了研究,比较具有代表性的文献有:刘志峰(2017)认为我国的高职教育在实施第三方评价的时候存在评价目标模糊、评价主体缺失、评价方式单一、评价过程简单、评价心理定式等问题,在理论研究、政策管理、体系保障等方面提出建议希望解决这些问题;蒋丽君和何杨勇(2017)认为目前我国的高职教育第三方评估在评价指标、评价监督、评估程序方面存在问题,由于第三方评估的结果不一定是完全准确有效的,所以在使用第三方评价结果的时候,一定要全面分析,谨慎对待;郑智伟(2018)从第三方评估的独立性、专业性、科学性、公正性及效用性五个方面来论述其存在公信力不足的问题,并从创设前提、夯实基础、把握关键、抓住核心以及提供保障五个方面提出了提高公信力的举措;雷正光(2019)认为虽然我国第三方评价取得了一些进展,但是仍存在合法性不足、独立性不足、专业性不足等诸多问题,其市场化发展尚不充分,因此,他认为应从制度供给机制、筛选淘汰机制、标准优化机制、信息传递机制、监督管理机制、反馈预警机制等方面来规范第三方评价的流程;罗汝珍(2019)认为虽然我国第三方评价受国内外多种因素的影响,但在理念、政策、标准等方面还与国际需要存在一定差距,国际化的基础薄、起点低、难度大,因此她提出做好第三方评价国际化的战略规划和顶层设计,完善法律法规,引进和创新国际化理念,构建具有国际化特色的第三方评价机构,以此促进高等职业教育第三方评价的国际化。

6. 关于高职院校专业认证的研究

我国于2015年正式加入"华盛顿协议",在"华盛顿协议"框架下,我国高等工程教育专业认证工作正逐步完善,但高职教育的专业认证工作尚未展开。因此,相关的研究多是比较分析研究或参照认证模式的专业建设实践。陈晓萌、周志刚、闫智勇等(2014)提出鉴于高等教育领域中专业认证的优点,建议在高等职业教育领域引入专业认证,加快专业认证的顶层机制设计和组织机构建设,并尽快开展专业认证试点工作,推进高等职业教育专业建设的制度化、专业化和现代化进程,顺利实现其内涵发展的战略目标。李志宏、李岩(2014)提出可以考虑借鉴本科工程教育专业认证的方式,高职教育按照机械、电子、化工、土建等各专业大类分别组建专业认证和评估委员会,在国家工程教育专业认证委员会的领导下,从专业认证和专业评估做起,逐步推进行业企业参与的进程。顾京、韩冰(2015)提出我国应在充分借鉴国际技术教育认证协议缔约方的经验和国内工程教育专业认证实践经验的基础上,采取有效策略,推进高等技术教育专业认证工作。张雅非(2016)分析了导致我国高等职业教育专业认证问题的原因,即公众对认证价值导向的偏差和误解;认证主体单一;认证指标体系未基于高职特色量身定做;认证形式方法呆板固化;有关认证的法律、政策不完善等,提出了推进高等职业教育专业认证的策略:①调整认证观念,形成认证的内动力;确立多元化、多方位的认证主体;③制定科学合理、有特色的高职专业认证指标体系;④采用动态生成性的认证程序,并使形式方法多样化;⑤加强文化建设,完善相关法律法规和政策,营造良好氛围。邓光、孙兴洋、王万川(2017)提出我国高职教育实施专业认证,既是区域产业转型与国家战略的发展要求,也是高职院校以规范化、标准化、国际化提高专业建设品质、提升核心竞争力的自我诉求;借鉴和加入《悉尼协议》,把职业标准融入专业标准,建立以行业为主体的第三方认证机构,开展专业认证试点,推进专业建设对接行业产业发展,是高职教育以人才支撑与智力支持的精准性提高人才培养供给有效性的基本策略。李志宏、李岩、陈东冬、樊路强(2017)提出了在高等职业教育评估领域开展专业合格认证,通过对基本条件的检查与评审,标明专业是否达到可接受的最低标准,认证的原则是“规定强制”“事实判断”,高职院校新建专业须在有第一届毕业生前接受“基本标准”的专业合格认证,认证不通过的专业限制或取消招生资格。

(三)高职院校内部质量保障体系研究

1. 关于高职院校内部质量保障体系内容框架的研究

郑卫东、毕蓉(2011)提出院校内部教学质量保障体系包含四个系统,即教学质量决策调控系统、教学质量生成(过程)管理系统、教学质量评价反馈系统、教学质量保障知识管理系统。孙晓云(2015)提出从职业教育质量标准系统、组织执行系统、监督评估管理系统、反馈控制系统等四个方面来构建现代职业教育质量保障体系。刘凤存(2016)提出建立“五位一体”内部质量保障体系,即对象系统、主体系统、环境系统、手段系统和目标系统。刘志峰(2016)提出以“体系设计

→体系运行→体系成效"的路线来深入探究高职院校内部质量保障的发展和运用、内部质量保障体系建设的框架结构和运作成效等多个方面内容。陈寿根、万里亚(2017)提到高职院校内部质量保证体系可以按照"5X4"模式进行构造,"5"指体系可以分解为五个层面,分别涉及学生、专业、行政管理以及思政教育和后勤保障五个层面;而"4"在每个层面也要有相应的体系,这些体系可以参考绩效考核、标准设置、过程监控和整体改进四个方面来设计。高文杰(2019)提出高职院校内部质量保证体系具有一定的基础逻辑架构,这个逻辑架构可以缩写为"五纵五横一平台"。"五纵"即纵向有决策指挥、质量生成、资源建设、支持服务、监督控制五个系统;"五横"即横向是学校、专业、课程、教师、学生五个层面质量直接生成体。杨昆荣(2010)认为学校内部质量保证体系大致由五个系统构成:高等教育质量保证的指挥系统、高等教育质量保证的信息收集系统、高等教育质量保证的诊断与改进系统、高等教育质量保证的信息反馈系统、高等教育质量保证的支持系统。

2. 关于高等职业院校教学工作诊断与改进的研究

2015年6月,教育部职成司印发《教育部办公厅关于建立职业院校教学工作诊断与改进制度的通知》(教职成厅〔2015〕2号),要求逐步在全国职业院校推进建立教学工作诊断与改进制度,全面开展教学诊断与改进工作。同年12月,印发《高等职业院校内部质量保证体系诊断与改进指导方案(试行)》(教职成司函〔2015〕168号),启动高职院校教学工作诊断与改进工作。在教育部推出高职诊改这一重要举措之初,高职院校层面主要存在两大思想障碍,"一是困惑,不清楚为什么要诊改。二是迷茫,不知道怎样诊改"。然而,随着时间的推移,最大的困惑当数"诊改是不是评估"。对于这个问题,无论是领导还是专家都在不同场合解释过诊改不是评估。全国职业院校诊改专家委员会主任杨应崧教授曾撰文阐述诊改和评估主要有八个方面的不同。徐国庆教授专门撰文《诊改和评估的区别》,提出了诊改和评估的三大区别。然而,也有学者认为,"诊改是一种典型的内部评估方法","诊改制度的管理本位倾向与传统评估本质上并无二致"。这些争论仍在继续,认识上的模糊势必导致行动上的迟缓和执行中的抵触。林玥茹、石伟平(2018)提出高职院校开展教学诊改是提高高职教育质量的必然要求。高职教育在社会经济转型的情况下,由水平评估到诊改的转变是注定会发生的。在实施"管办评分离"之后,对于高职教学质量的保障需要由院校自主诊改、教育行政部门复核、社会三方评估共同组成,三者相互补充,共同促进高职教育质量提高。胡娜(2017)认为伴随诊改工作的推进,诊改委专家提出的"五纵五横一平台"框架对全国高职诊改起到了良好的参考作用。池云霞、王振杰等(2019)的研究提出"五纵五横一平台"的体系框架,和胡娜的不同之处在于还增加了"一核心"，因此这一框架简称为"1515"框架。"一核心"是指以培养高素质技术技能人才为核心，五个主体也就是五个横向观测层面，五个系统就是五个纵向层面，平台指的是信息化平台也就是信息管理系统。

　　3. 关于高职院校内部质量保障体系建设的国际比较研究

　　国内学者较为关注对国外职业教育质量保障的介绍和学习的研究，具体表现为对国外职业教育质量保障的运行机制和组织体系的介绍学习，以及如何在中国进行本土化应用两方面。李卿(2013)通过对澳大利亚职业技术教育学院质量保障体系的分析，归纳出职业技术教育学院质量保障体系的精髓，主要体现在行业主导、国家支持的管理运行机制，高效的财政投入机制，市场化运行机制，健全统一的认证机制等。李文静(2014)通过对德国职业院校质量保障体系的历史回顾、德国职业学校质量保障体系的现实分析以及对德国职业院校的质量保障实践过程的研究，构建和完善我国职业院校教学质量保障体系，指出内部日常管理的监控侧重基础条件建设和人本主义、校外的信息评价与反馈系统的多元立体化管理系统。闫智勇、原爱丽(2015)分析了英国高等教育质量保障署在高等教育质量保障机制、服务对象、评估方法、质量责任、成本控制等方面的改革动向，提出中国职业教育保障机制建设可借鉴其成功做法，加快建立各级政府层面的职业教育质量保障机制，积极研制基于学生职业生涯的职业教育质量框架，引导建立体现院校质量责任的内部质量保障机制，鼓励社会机构参与和建设职业教育质量保障机制，强化运用技术手段控制职业教育质量保障的成本。吴雪萍和张义民(2015)分析了欧盟职业教育与培训质量保障协会发布的《2013—2015工作计划》，进而指出我国需结合自身发展实际，借鉴国际先进经验，突出职业特色的教学质量保障体系。肖毅(2016)从美国政府颁布并已实施的《2014 年增进就业条例》的政策角度出发，对美国高等职业教育质量评估指标框架、成立跨部门协调机构等措施进行阐述。张义民、任胜洪(2018)对欧盟教育质量指标进行分析，指出欧盟质量指标体系包含基础性指标、社会性指标和发展性指标三个层面，成员国在指标应用上具有自主权，可选择应用全部或部分指标。胡德鑫(2020)分析了 21 世纪以来德国职业教育质量保障的基本路径与支撑机制，其16 个州的现行质量保障模式主要基于 ISO 9001、EFQM 和 Q2E 三种模型来构建或改良。为有效促进职业学校质量保障体系的建构和运行，德国从价值引导、制度支撑、标准建设、动机机制、运行模式五个维度提供有效支撑。

(四) 高等职业教育质量保障体系建设存在问题的研究

　　遍历 2011—2020 关于高职教育质量保障体系存在问题的研究，研究者基于不同的立场、视角或分析框架提出了不同研究结论。李文静、周志刚(2013)提出高职教育质量保障存在着基础研究薄弱、实证研究匮乏、研究范式单一、研究层面浅显等四个方面的问题。蓝洁(2014)的研究提出高等职业教育质量保障的政策不完善、理论欠缺、实践偏倚等问题。李志宏、李岩(2014)提出高职教育质量保障存在着保障主体不健全、组织机构不适应、质量标准不科学、评估制度有待进一步完善、财力保障不到位等五个方面的问题。李志刚(2015)提出影响教学质量保障体系最大因素是教学质量监控体系的不完善，其中包括监控主体不够全面、监控方式单一、力度不够等。孙晓云(2015)提出当前我国职业教育体系并未达到相关规定要求，还存在诸如社会参与程度较低、缺乏社会评价体系制度依据、学校缺乏健全的评价体系等问题。赵立莹、黄婷婷(2017)从建设职业教育质量保障体系的问题进行反思，提出着社会对职业教育的理念存在误差，导致生源质量下降；职业院校的培养目标与市场需求不符；职业教育区域、城乡之间发展不平衡等三个方面问题。郑峰(2017)指出职业教学质量保障体系出现了质量保障体系常规常态做得不够，质量保障体系的信息不全面、质量保障体系制定的标准未能适应社会经济市场的变化，质量保障体系执行的程序较为单一等问题。王国康(2019)提出当前信息化技术在职业教育中的融入还不够深入，同时其质量保障体系还需要得到进一步的完善。史楠凯(2020)提出当前我国高职院校内部质量保障体系建设存在动力不足、标准不清和目标不明、多方参与不足、架构不完善、信息化滞后等问题。张利(2020)提出我国高职院校内部质量保障存在着四个方面的问题：质量标准与自身定位不相符导致质量保障工作难以推进；工作分工不明确导致数据收集不全面、不真实；忽略了以人为本的发展理念，导致教职工主动性不高；内外部质量保障体系未形成互补导致人才全面发展不充分。刘任熊等(2020)提出我国高等职业教育质量保障体系尚不够完善，还存在主体发力不均等教育保障维度效度不匹配、内外保障系统有"温差"等缺陷。陈寿根(2020)提出高职"管办评分离"质量保障体系建设中的问题主要有以下三个方面：法律法规规章保障不力、高职院校现代治理能力不强、第三方评估机构发展不足。

三、研究反思与展望

近十年来，我国学者对高职院校的质量保障体系进行了认真的研究，在一定程度上及时有效地总结、借鉴了国内外高校办学治校过程中质量保障的优秀做法和成功经验，也产生了部分适应中国高等职业教育质量保障的思想和理念，为推进我国高职教育质量的提升提供了理论支持和实践指导。但通过上述的梳理和研究可以发现,高等职业教育质量保障研究与高职教育的国家政策支持,与社会、行业、企业、家长、学生等各利益相关者的期望以及高质量教育发展体系建设还有较大的差距,不论是宏观层面的政策研究,还是中观层面院校办学质量保障实践,以及微观的课程育人质量保障,都还有较大的改进空间。

(一) 加强基础理论研究

职业教育质量观是特定阶段历史与社会条件下的教育价值选择,高等职业教育质量保障体系的发展需要适应不同时期职业教育的质量观。作为类型教育的职业教育,其产教融合的特性要求明确了职业教育质量保障不是内容与标准固定不变的概念,而是紧跟社会、产业、行业、学生等多元质量主体需要不断变化发展的。高等职业教育质量保障体系是作为检验高等职业教育工作效果,促进职业教育活动不断向预期方向发展的治理工具。目前对高等职业教育质量保障体系的研究,还不能满足当前及今后高等职业教育改革与发展实践提出的要求。针对这种状况,要加强基础理论探索,不仅要对高等职业教育质量保障的内涵、影响因素、实施策略等进行研究,而且要深入探讨高等职业教育质量保障的本质、外延、价值、要素、结构、制度、效益等,汲取管理学、心理学、经济学、统计学、组织行为学、计算机科学等学科发展中的新理念、新思想、新技术,形成相对完整的分析框架,提出职业教育质量保障体系的基本内容,制定相应的行动清单,并为相关政策研究奠定基础,为开发高等职业教育质量保障体系提供理论指导和依据。加强对高职院校外部质量保障理论研究的深入与推进、实践工作的开展与完善,如专业认证机制、第三方评价组织的规范等,切实发挥对学校的问责与指导作用,督促、指导和辅助职业院校内部质量保障体系的建设与有效运行。完善对高职院校内部质量保障理论的系统研究,在融合外部质量保障要求的基础上,借助数字化中国推进的技术大背景,强化内外结合、数智融合的内部质量保障体系研究,形成中国标准的高等职业教育质量保障体系、方案。

(二) 拓展实证研究

实践是检验真理的唯一标准,实践更是最佳案例的引导。相较于之前的解读、思辨、比较类研究,后续可以拓展高等职业教育质量保障实证研究的范围和方法。在实证研究的范围上,加强宏观的国家层面保障政策研究、中观的区域办学保障资源供给研究、微观的院校办学质量监测研究等,如高等职业教育质量保障体系建设的现状调查分析,描绘出我国相关工作实践的现实图景并找出问题症结;高等职业教育质量保障体系的要素研究,如国家级、省级及校级专业教学标准制订的适切性,保障教学标准和行业标准的有效对接;开展高等职业教育质量保障体系建设的"典型试验",如推进专业认证研究;依托人工智能、大数据等新技术进行相关的质量监控实践和测量研究,如地区或区域技术技能人才需求的预测研究和院校培养质量的跟踪研究,为资源配置提供决策依据。同时,从国际质量评估趋势看,在社会科学领域,量化与质的研究方法相结合,能够更好地解释和分析社会现象。因此,在实证研究方法上,对高等职业教育质量保障体系进行研究,需要改变传统的文献研究方法,更多采用实证研究方法,例如田野调查法、实验研究法等,获取可靠的数据资源,实现实证研究与理论探索、量的研究与质的研究相结合,深入到特定的职业教育质量保障环境,针对特定的职业教育质量保障体系,以弥补或避免宏大研究可能出现的空泛,从而使所取得的研究成果更具有说服力,更具借鉴性。

(三) 深化研究层面

高等职业教育质量保障体系研究层面浅显,这既不利于职业教育质量保障体系实践的开展,也不利于职业教育质量保障体系理论的构建。同时,我国高职院校的质量保障体系建设从"专家导向"转为"顾客导向",从"结果优化"转为"过程优化",评价标准也正在由教学资源等的教育投入,向对高职院校教育产出评估的范式转型。因此,面对这些变化,我们要进一步深化研究,加强对高等职业教育质量保障体系的基本要素、结构框架、运行机制、教育评价、技术与方法等方面的研究,推进专业质量、教师质量、课程质量、新技术应用(如开发云计算、大数据、数据挖掘等,强化评估结论的反馈和评估整改的指导,不断优化评估技术,为学校改善质量建设,政府加强质量管理提供富有建设性的意见和建议)、技能等级证书、职业标准、资历框架、资源配置有效性等方面的研究。同时,也需进一步深入哲学层面构建相关理论基础,从感性认知向理性分析转变,等等。这样,才能不断推动我国高等职业教育质量保障体系研究健康有序发展。

第十五章　本科层次职业教育研究

一、研究背景及发展脉络

（一）本科层次职业教育的政策背景

21世纪以来，党和国家关于本科层次职业教育的政策越来越清晰，越来越明确。2010年，《国家中长期教育改革和发展规划纲要（2010—2020年）》提出，建立高校分类体系，实行分类管理，引导高校合理定位，形成各自的办学理念和风格。2014年，《国务院关于加快发展现代职业教育的决定》首次提出要"探索发展本科层次职业教育"，并要求"接受本科层次职业教育的学生达到一定规模"，同年教育部等六部委印发的《现代职业教育体系建设规划（2014—2020年）》指出"培养本科层次职业人才"，强调发展本科层次职业教育的迫切性。2015年，教育部《高等职业教育创新发展行动计划（2015—2018）》指出完善高等职业教育结构要"重点举办本科层次职业教育"，并在任务一览表中明确工作任务"探索本科层次职业教育实现形式和培养模式"。按照任务要求，多地开展了试点并取得良好成效。

2019年，国务院印发《国家职业教育改革实施方案》，其中第四条"完善高层次应用型人才培养体系"中明确指出"开展本科层次职业教育试点"。2019年，《中华人民共和国职业教育法修订草案（征求意见稿）》指出，"高等职业学校教育是高等教育的重要部分，由专科、本科层次的职业高等学校和其他普通高等学校实施"。2020年，教育部等九部门印发的《职业教育提质培优行动计划（2020—2023年）》指出"把发展本科职业教育作为完善现代职业教育体系的关键一环""支持符合条件的中国特色高水平高职学校建设单位试办职业教育本科专业""研制本科职业学校设置标准""本科职业教育专业目录及专业设置管理办法"等内容。国家发展本科层次职业教育已经有着明确的政策导向，是适应产业转型升级，完善现代职业教育体系，办好人民满意高等职业教育的迫切要求和题中之意。

（二）本科层次职业教育的院校实践

发展本科层次职业教育是推进高校分类管理的重要抓手,国家在政策方面对本科层次职业教育已经有了清晰表述、明确要求,各地也在实践中开展了多种形式的试点,主要形式有以下几种。

1. 专科层次职业院校升格本科

长期以来,升格本科是高职高专院校改变办学层次的主要实现路径,2012—2020年,共有超过100所高职高专院校升格为普通本科院校。2019年6月,教育部批准了首批15所民办本科职业教育试点高校,成为国家办本科层次职业教育的重要标志;2020年,公办高职院校南京工业职业技术学院升格为南京工业职业技术大学,其中学校名称中使用"职业大学""职业技术大学"字样,强调了专科升本后仍坚持职业教育办学定位,保持职业教育属性和特色。

2. 高职院校和本科院校"4＋0"联合培养模式

以专业为试点,高职院校和本科院校联合培养人才,本科院校主要负责招生、学籍注册和管理、教学质量监控,高职院校负责四年的日常教学及学生管理,学生可以享受两个院校的教育教学资源,其中江苏、天津、广东、浙江等省市陆续开展了高职本科专业试点。

3. 高职院校和本科院校联合"3＋2"人才培养模式

这是目前试点最常用方式,指学生先在高职院校学习3年,取得专科文凭后,再经过对口普通本科入学资格考核,进入本科院校再学习2年,毕业后由本科院校颁发毕业证书。

4. 本科院校设立职业技术学院或者应用型本科院校改制转型

主要由本科院校及其所属的职业技术学院独立开办,招生批次为本科,颁发大学本科毕业证书和学位证书。

5. 部分地方本科高校转型发展

2015年,教育部等部门发布《关于引导部分地方普通本科高校向应用型转变的指导意见》,引导部分地方普通本科高校向应用型转变,确定一批有条件、有意愿的试点高校率先探索应用型(应用技术大学、学院)发展模式,引导本科高校错位发展,转办本科层次职业教育。

（三）本科层次职业教育的理论研究

本科层次职业教育也称本科职业教育或职业本科教育(陈子季,2020;徐国庆等,2020),以"本科层次职业教育""职业本科教育""本科职业教育"为关键词进行检索发现知网共收录 145 篇。在论文方面,较早的一篇是江苏理工大学朱利平 1999 年发表于《江苏理工大学学报(社会科学版)》的《普通工科院校举办高等职业本科教育的探索与研究》,之后相关论文呈逐年增长趋势。其中,2015年,天津大学马燕完成的《我国本科层次职业教育发展研究》博士学位论文,南京师范大学段静毅的《本科层次职业教育人才培养模式研究》、南昌大学张锦春的《独立学院向本科职业教育转型的对策研究——基于人才培养模式视角》、云南大学吴挺立的《云南大学本科职业教育专业培养问题研究》等硕士学位论文,较为系统地论述了本科层次职业教育的相关问题。研究机构则主要集中在研究性大学和职业技术大学,其中截止到 2020 年,南京师范大学发表 6 篇、天津大学发表 5 篇、华东师范大学和三江学院各发表 4 篇,新升格的一批职业大学诸如南京工业职业技术大学、西安汽车职业大学、浙江广厦建筑职业技术大学等也开展了较多研究。

二、研究领域与主要观点

(一)多学科视域下的本科层次职业教育

1. 经济学视角

伴随着我国经济社会的快速发展,市场对人才培养的多样性、适应性、创造性提出了更高的要求,为各级各类教育的改革和发展提供了广阔的空间和舞台(李希富、黎云羲,2002)。发展本科层次职业教育首先需要探讨劳动力市场构成及其变化状况,并将其作为发展本科职业教育,构建现代职业教育体系的重要依据。产业结构调整不但需要在横向上实现转移和承接,更重要的是在纵向上进行升级和优化,不断从生产效率低的结构形态向生产效率高的结构形态演变,以改变我国在国际产业链中的低端地位(聂伟,2012)。在劳动经济学看来,发展职业教育是为了适应经济社会发展的需要,满足受教育者职业获得和职业发展的需求,而这种"需要"和"需求"必须通过劳动力市场这个中介紧密地结合起来(朱新生,2017)。不同的制度安排对于教育公平和教育资源的配置效率有着重要影响。从制度经济学的视角来看,本科职业教育的出现是制度变迁的结果。发展本科职业教育,可以打通专科层次职业教育人才上升的渠道,这是对教育公平的一种追求。发展本科职业教育,其目的就在于优化我国的高等教育资源配置,最大限度地提高人才培养的效率(郝天聪、庄西真,2015)。

2. 社会学视角

从社会学角度来看,发展本科职业教育有利于维护社会规范。首先,发展本科职业教育有利于增加社会的异质性元素,优化社会结构。随着社会分工程度的加深,社会对复合型的高技能人才的需求不断增加。然而,普通高等院校培养的人才同质性较强,且学术型人才的比例大大高于专业技术型人才,与社会的人才需求结构不相符。发展本科职业教育则可以为社会培养更多高技能人才,从而起到优化社会结构的作用。其次,发展本科职业教育有利于打通人才上升渠道,促进社会流动(王清连、张社宇,2008)。我国的职业教育以专科为主,专科职业技术人才难以继续深造,这减少了其从底层社会进入高层社会的机会,进而也在一定程度上阻碍了社会流动。发展本科职业教育则可以为专科职业技术人才提供深造的机会,有利于改变其命运与社会地位。再次,发展本科职业教育有利于减少弱势群体,维护社会公平。在我国,接受职业教育的学生多来自农村家庭或城市低收入家庭,他们迫切希望通过接受职业教育改变弱势群体的地位。然而,在传统的职业教育体系之下,他们大多只能接受到专科层次的教育,导致其在就业市场上很容易遭受学历歧视。发展本科职业教育则可以有效地破解这一困境,它可以为社会中希望通过接受职业教育改变命运的弱势群体提供更高的学历、更多的教育资源,从而促进社会公平的实现(郝天聪、庄西真,2015)。

3. 教育学视角

从教育学视角来看,发展本科职业教育是合乎教育逻辑的。一是发展本科职业教育符合高等教育走向普及化、多样化的趋势。目前,我国的高等教育结构仍然不甚合理,学术研究型大学所占比例过大,而应用技术型大学数量不足,导致大学的同质化现象严重,给毕业生就业带来了很大困难。发展本科职业教育则可以扩大应用技术大学的规模,调整优化我国现有的高等教育结构,满足社会大众对高等教育多样化的需求。二是发展本科职业教育有利于构建现代职业教育体系。层次是职业教育赖以发展的空间,是职业教育对发展权的呼唤(姜大源,2011)。长期以来,由于我国的职业教育限制在专科层次,导致职业教育体系的不完整。而现代职业教育体系是一个具有高度成长性的体系,强调职业教育人才的成长渠道应该是畅通无阻的,所以需要兼具专科、本科、研究生三个层次。由此可见,发展本科职业教育有助于我国走出职业教育的层次困境,促进现代职业教育体系的完善。三是发展本科职业教育是对以人为本的终身教育理念的贯彻。以人为本也是职业教育的价值追求和应有之义。发展本科职业教育则可以为专科毕业的职业技术人才提供继续学习的机会,为其职业生涯发展奠定良好的基础,打通其成长的多样化渠道,这是以人为本的终身教育理念在职业教育领域的鲜明体现(郝天聪、庄西真,2015)。

(二) 本科层次职业教育的价值意义

1. 适应社会发展对技术人才的需求

随着我国产业结构的不断升级,行业企业对高职院校培养的技术技能人才提出了更高要求,一方面,生产过程自动化,生产工件精密化、结构复杂化程度不断提高,原来依赖经验技术和动作技能进行生产操作的技能型人才智能水平迫切要求提高;另一方面,技术开发和工艺创新的复杂程度不断加强,任务越来越重,专业教育特别是专科层次的教育已经无法满足工程和技术两个方面的发展要求。高职院校在高端产业和产业高端等方面人才培养上,受专科三年学制限制,在培养符合产业转型升级需要的高质量、高规格人才方面,难以满足高素质技术技能型人才培养要求,产业转型升级迫切需要高等学校做出调整。职业教育层次随经济发展上移是国际共识(阙明坤,2013),从技术发展的需求、人性化教育的需要、争夺教育对象的国际趋势等方面探究发展本科层次职业技术教育具有重要战略意义(石伟平、徐国庆,2003)。大量的高级应用型技术人才缺口成为制约产业结构调整和技术结构升级的主要瓶颈,为满足这一需求,我国高等职业教育向更高层次延伸是必然趋势,发展本科层次职业教育已势在必行(李晓明,2012),构建现代产业体系和职业教育体系需要加快发展本科层次职业教育(阙明坤,2013)。将高职教育定位在专科层次,已经不能满足社会对技能复合型人才理论研究素质水平的要求,不利于我国高等教育人才培养模式的扩展和结构的调整。发展本科层次职业教育的必要性主要体现在教育类型有需要,人才市场有需求,高职现状有基础(李晓锦、尹珊珊,2014)。同时,发展本科层次职业教育的动因主要包括政策驱动,构建现代职业教育体系的要求,社会实然诉求,国际教育发展趋势(胡建勇、张莹,2015)。作为职业教育的重大改革试点,本科层次职业教育的探索实践,对于服务经济社会发展,促进学生成长和发展以及进一步完善现代职业教育体系具有重要意义(陆素菊,2019)。

2. 促进现代职业教育体系的构建

本科层次职业教育是一种建立在中等职业教育和专科职业教育基础上的教育,它是高等教育体系中的一种教育类型,是职业教育体系中的一个教育层次。就国家经济社会发展对人才的需求而言,我国高层次人才无论是总量还是结构,都还存在着一定程度的矛盾,而结构性矛盾的根源很大程度上在于我国高等教育结构的不合理和人才培养模式的不适应,这需要完善现代职业教育体系,优化高等教育结构。积极发展本科层次的技术教育,结束职业教育"终结教育"的现状，增强职业教育的凝聚力和吸引力，才能优化现代职业教育体系层次结构（周建松，2011；徐涵，2012）。基于现代职业教育体系层次完整性的角度，职业教育要向普通教育看齐，发挥中等职业学校的基础作用和高等职业学校的引领作用，增设本科层次职业教育，探索专业学位研究生教育，形成金字塔形的职业教育层次结构（肖凤翔、董显辉，2012）。建立现代职业教育体系，必须完善职业教育的内部层次，使职业教育成为一个完整的教育类型（李华荣，2013）。发展本科层次职业教育对于优化高等教育结构，构建现代职业教育体系具有重要的作用，并且是多维度、多层面的。本科层次职业教育发展有利于现代职业教育体系结构及功能的实现和完善，能够进一步优化高等教育结构，而且，本科层次职业教育应坚持"纵向单轨，横向双元"的发展方式（马燕，2015）。

3. 高等职业教育类型价值的意义

新时代，我国社会主要矛盾已经转化为人民日益增长的美好生活需要和不平衡不充分的发展之间的矛盾，反映在高等教育领域就是人民对优质高等教育资源的需求更加强烈更加迫切，高等职业教育作为高等教育的重要组成部分，在推进我国高等教育大众化过程中有着不可替代的地位，而解决好高等职业教育的层次问题是办好人民满意高等教育的重要内容。在教育的一般价值取向上，高等职业教育与普通高等教育存在明显差别，由此形成的教育类型"二分法"使高层次职业技术人才十分匮乏。本科职业教育的价值取向是填补"职业带"中技工与工程师之间的"空隙"，培养"卓越工程师"，而非传统意义上的"工匠"。在发展本科职业教育中，地方本科高校在教育价值取向方面应多元化，明晰职业教育理念与模式，准确把握工匠精神和现代学徒制的真正内涵（陆勇、洪林，2016）。沙鑫美（2019）针对因价值取向不明、属性特征不清而引发的教改迷茫和转型纠结问题，研究本科职业教育优化人才结构，完善职教体系，创新大学发展模式的价值取向，提出教育层次的本科性、人才类型的应用性、教育归属的复合性、质量评价的社会性特征，旨在厘清本科职业教育、传统本科教育、高职专科教育三者区别，促进地方本科高校真正转型，实现本科职业教育快速发展。本科职业教育制度建构应标准先行，以标准为门槛遴选符合条件的办学机构和专业开展本科职业教育试点，在试点过程中坚持类型定位，不断丰富完善本科职业教育制度体系，引导本科职业教育从试点探索走向制度化发展（王亚南，2020）。

（三）本科层次职业教育的人才培养

判断标准研究是发展本科层次职业教育的前提（聂伟，2016），而专业技能标准是高等教育实施职业教育过程的基本依据，是高等学校制定职业人才培养方案的目标,是检查和评价教学水平和教学成果的基础,其贯穿于职业教育的全过程。因此,对于专业技能标准的实施途径探讨应该放在一个较为宏观的层面来进行,找出一条既有利于各阶段人才培养,又有利于阶段之间相互连接互通的专业技能标准的实施途径(杨帅,2014)。本科职业教育是地方本科高校发展的新方向,是我国现代职业教育体系建设的新层次。面对本科职业教育的归属争议和地方本科高校的转型疑惑,分析本科职业教育的实质内涵,厘清本科职业教育、学术型本科教育、高职高专教育的区别,研究其人才培养的层次属性、应用特征和规格要求,明确本科职业教育到底培养什么人的问题,既是转型发展的重要引导,也是教学改革的必要依据(沙鑫美,2017)。从工程型、技术型和技能型三类应用型人才的职业特征出发,结合本科职业教育内涵和人才培养定位,重点探讨本科职业教育视角下的技术应用型人才培养。地方本科院校作为本科职业教育的主要实施载体,在探索技术应用型人才培养过程中应以转型发展为契机,推进本科职业教育;以校地互动为路径,探索本科职业教育办学模式;以现代职教体系为纲领,完善职业教育结构体系;以产教融合为抓手,深化应用型人才培养模式改革(张元宝、沈宗根,2018)。

本科职业教育治理在本质上是指政府、相关本科高校、行业企业、其他社会力量(组织)、学生及其家庭等共同参与本科职业教育供给,本科职业教育治理是推进教育治理体系和治理能力现代化的需要,是建立高校分类体系与实行高校分类管理的需要,是构建具有世界水平的现代职业教育体系的需要(董仁忠,2014)。本科职业教育治理是本科职业教育管理模式的理想选择,现行的高等教育体制与本科职业教育治理理念严重不适应,本科职业教育治理对现行高等教育的管理体制、办学体制、投入体制与相关高校内部管理体制等提出严峻的挑战。为推进本科职业教育治理,董仁忠、李晏军(2015)提出正确定位政府的本科职业教育治理职能,促进利益相关者参与本科职业教育治理,建立健全应用型本科高校内部治理结构,把市场机制适度引入本科职业教育治理等举措。为加快发展现代职业教育,新建本科院校被引导向应用技术型高校转型,转型发展的关键是要全面提升本科职业教育的人才培养质量。因此,要在转型定位、优化学科专业结构、创新人才培养模式、完善质量监控与评价、加强应用型师资队伍建设等环节采取积极措施,实行错位竞争、特色发展,提高本科职业教育的人才培养质量和学校的核心竞争力(王海峰、张进,2015)。

从人才培养的适切性审视,本科层次职业教育与"人工智能"具有跨界融合的内在统一性、知识技术的高契合度、协同创新的依存度和"新工匠精神"的贯通性。因此,培养"人工智能"人才是本科层次职业教育的应然要求和必然趋势。但是,职教意识淡薄、培养目标错位、学科专业固化、教育信息化滞后等现实困境制约了人才培养模式的优化。基于"人工智能"人才需求特征，科学定位人才培养规格，建构基于人工智能的复合专业模式、课程模式，提升师资队伍人工智能素养，建构基于人工智能的教学模式和智慧化人才培养评价模式，是摆脱现实困境，深化人才培养模式改革，有效培养"人工智能"人才的有效途径（张更庆、孙晓范，2020）。从观念、知识和能力三个角度论述本科层次职业教育对高职院校教师的挑战，阐述本科层次职业教育视域下高职院校教师的优势与发展困境，基于本科层次职业教育的视域，贾俊礼等（2014）提出通过更新研修模式，促进教师专业实践能力提高；设立专门机构，推进教师发展服务系统化；吸纳教师参与课程改革，保障教师归属感、使命感、获得感；构建高职特色评价体系，维护教师学术生态发展，改进高职院校教师发展策略的相关建议。基于专业文化建设视角，本科层次职业教育主要面向行业需求，培养知识型、技能型、创新型和具有劳模精神、工匠精神、敬业精神的本科层次技术技能人才。在专业建设中，高校要对接行业文化，开展本科层次职业教育专业文化建设并将其落实于人才培养的全过程，推动本科层次职业教育发展（王雷、金祥海，2019）。

类型教育定位下本科职业教育人才培养路径是：树立正确的人才培养理念，以素质能力为核心，注重全面发展；以产教融合、校企合作为依托，深化实训教学，提升实践技能水平；遵循职业本位，加快凸显类型教育定位的课程建设；运用现代教育技术，创新课堂教学模式，打造高质量教学体系；改革人才培养评价机制，科学设置评价指标，严把人才毕业考核关（王军、黄玲青，2020）。为适应社会需求以及国家政策和个人发展的要求，深化产教融合，变革人才培养模式成为本科层次职业教育不断发展的重要路径。人才培养模式的变革决定了本科层次职业高校人才培养的质量，关乎着与行业企业人才需求的对接程度。当前本科层次职业教育面临着人才培养理念和目标更新不及时，人才培养实践优质资源匮乏，人才培养评价体系相对滞后的困境。因此，更新人才培养理念与培养目标，建设应用型本科高校的课堂，全面推进产教融合与协同育人，完善相关法律法规建设，有利于产教融合背景下本科层次职业教育人才培养模式的变革（郑青、杨秋月，2020）。

（四）本科层次职业教育的课程建设

关于课程内容选择的原则，学界存在不同的说法。如泰勒提出的五个原则：学生必须有机会实践课程目标所隐含的行为经验，学习经验必须使学生从实践目标所蕴含的行为中获得满足感，学习经验所要求的反应属于学生力所能及范围，有多种特定经验可用于表达相同教学目标，相同学习经验能够产生不同结果。施良方提出的三条准则：注重课程内容的基础性，与社会生活的贴近性，与学生和学校教育特点的适应性。潘懋元、王伟廉提出的六条原则：适时原则、完整原则、经济原则、实践原则、量力性原则和满足原则等。本科职业教育课程内容重构的原则主要体现为支撑培养定位，兼顾两个发展，体现时代特征，注重纵横关联。本科职业教育课程内容重构方法是取向研究和选择原则的落脚点，构建主体、标准依据、结构体系、内容确定、评估模式是实现内容重构的要素（沙鑫美，2016）。高职本科教育具有职业性与学术性紧密结合的特征，职业性是学术水准保证下的职业性，而学术性是体现职业性的学术性，两者融合为有机整体，并不应该构成非此即彼的对立关系（陈军，2007）。本科层次的职业教育，应吸取知识本位课程观和技能本位课程观的长处，做到理论与实践相结合，知与行相结合，既能依托学科，又能面向应用，在课程内容上突出强调技术方向性，学习理论知识是更好地理解应用原理和操作过程（叶松令，2009）。

人才培养目标和定位决定着课程模式的趋向，本科职业教育课程模式主要包括单一职业（岗位）课程模式、职业群集课程模式、专业技能与岗位对接课程模式。其中专业技能与岗位对接课程模式由"专业与职业分析、确定对接岗位、确定课程目标、课程组织、实施与考核、评价与完善"等六个部分组成，具有就业引领能力强、课程标准清晰、课程功能完备等特征。采用对接课程模式，需要建立多元化的课程开发队伍和专业化的教师队伍，完善课程评价和保障机制（姜献群，2015）。本科职教人才培养目标的描述是"理论基础扎实，专业知识面广，实践能力强，综合素质高（潘懋元、车如山，2009），创新特质突出"，有别于传统本科强调的"厚基础、宽口径"的人才培养目标。实践中有人误认为实施了"平台＋模块"的课程结构就是采用了职业本位理念。因为平台满足了学生的共性发展和学科特征，模块满足了专业发展和就业岗位需求，很好地兼顾了学生职业技术和理论知识两方面的发展，但"平台＋模块"的课程结构并非判断是否应用了职业本位理念的标准，知识本位理念下的课程也可以是"平台＋模块"结构，关键是看课程的逻辑起点是知识还是职业。如果该课程结构不是根据职业逻辑和工作过程形成，而是以知识为起点，强调先学习理论知识，再学习实践技能，那么它本质上还是知识本位的课程框架，培养出来的人肯定不符合技术型人才的要求（方泽强，2019）。

在实践教学上，传统本科教育中理论教学一般占有较大比重，实践教学所占比重较小，而技术型本科教育中实践教学所占比重相对传统本科教育而言要高得多，甚至可以占教学计划总学时的一半以上。在实践教学要求方面，传统本科教育以验证理论为主，以理论教学为辅，而技术本科的实践教学则要求学生在生产现场或相近的实习、实训场所进行实践操作，目的在于将理论知识运用于实践,以培养学生处理各种实际技术问题的能力(夏建国,2007)。本科职业教育实践教学的主要特征包括实践训练的系统性、实践内容的跨界性、实践载体的综合性、教学评价的科学性。依据培养目标,重构实践体系,提升教学质量既是本科职业教育实践教学改革的出发点也是落脚点。本科职业教育规律和实践教学特征决定了其改革不能是"局部修补"学时增加,而是要实施"调筋动骨"的综合改革,通过重构体系、重组内容、重建载体,实施实践教学的系统性、综合性改革,才是实现地方本科高校办学内涵真正转变的可取之道(宗亚妹等,2018)。推进本科职教课程建设要坚守职教理念,并反思和借鉴高职专科和应用型本科的经验,具体来说,要抓住七个着眼点:一是在课程理念上,要坚守职业本位理念;二是在课程文本上,要突破学科结构的束缚;三是在课程内容上,要处理好不同类型课程的关系;四是在课程形态上,要以项目和任务为主要形式;五是在课程管理上,要突出校企深度合作;六是在课程实施上,要给予充分的人财物力保障;七是在课程评价上,要形成专业化并持续改进(方泽强,2020)。

高等职业教育为经济社会发展提供了有力的人才和智力支撑,为有效提升本科层次职业教育的教育教学质量,从本科层次职业教育的人才培养目标出发,韩玮、张宇华(2019)基于全面质量管理(TQM)的视角,系统分析影响教育质量的因素,通过运用多粒度群组 DEMATEL 方法,从系统中心度和因果关系两方面指出实践教学、教学活动、课程内容、知识技能、学习动机等关键因素的重要性。基于分析结果,他们建议高校要从面向职业需求定位构建实践教学体系,围绕核心教学活动改善教学环境和教学方法,基于人才培养目标构建课程体系和标准,围绕职业特征提升学生技能水平,着力突出学生主体地位激发学习动力。刘树青(2019)认为,通过建立产教沟通机制,共建项目教学平台、课程资源和教学团队,以学生发展为中心开展工程化项目教学,才能使工程教育和职业技术教育相融合,形成本科层次职业教育特色,培养出具有工程思想和工程意识的职业技术人才。

(五) 本科层次职业教育的实践研究

近年来,我国新建本科院校和高职院校作为高等教育结构调整、构建现代教育体系、推进高校分类管理的重要抓手,在高等教育大众化进程中获得了长足发展,国家也先后出台政策措施引导本科院校转型发展和高职院校创新发展,这些为发展本科层次职业教育提供了现实基础。

1. 引导部分地方本科高校转型发展

2015 年,教育部、国家发改委、财政部联合发布《关于引导部分地方普通本科高校向应用型转变的指导意见》指出,引导部分地方普通本科高校向应用型转变,确定一批有条件、有意愿的试点高校率先探索应用型(应用技术大学、学院)发展模式。目前,多个省份已经出台了有关本科高校转型发展的"指导意见""工作任务",积极引导本科高校错位发展,转办高职本科。从地方普通本科高校的发展历史看,它们的转型从某种意义上讲是对职业教育的"回归",而在国家政策支持下"转办"的高职本科,突破了"联办""试办"以及"创办"高职本科的改革尝试局限。这些新加入地方本科行列的院校更是应该成为举办本科层次职业教育的重要力量,一方面他们由高职高专院校升格而来,对高等职业教育办学规律以及人才培养规律的认识有着较好的认识和实践;另一方面这些学校升格后面临学校办学定位的问题,解决好办学定位它们才能更好地适应经济社会发展。

2. 四年制高等职业教育本科的探索

目前我国经济发展进入新常态,转型升级是最重要任务,高等职业教育与经济密切联系,必须培养升级版的高端技术技能型专业人才,四年制职业教育成为职业教育自身可持续发展的基础,各地在实践中进行了多种形式的探索(周建松、唐林伟,2015)。一是本科院校设立职业技术学院或者应用型本科院校改制转型,即由本科院校或其所属的职业技术学院独立开办,招生批次为本科,颁发大学本科毕业证书和学位证书。二是高职院校和本科院校联合开展"3+2"人才培养模式。这是目前试点中最常用方式,招生规模也比较大,分工也比较明确,学生先在高职院校学习3年,取得专科文凭后,再经过对口普通本科入学资格考核,进入本科院校再学习2年,毕业后由本科院校颁发毕业证书。三是高职院校和本科院校开展"4+0"联合培养模式。在培养过程中,本科院校主要负责招生、学籍注册和管理、教学质量监控,四年的日常教学及学生管理均由高职院校负责,学生可以享受两个院校的教育教学资源,但不能转读本科院校其他院系专业。2010年云南省,2011年河北省,2012年江苏省、天津市、贵州省、广东省,2013年四川省、福建省,2014年海南省,2015年北京市、浙江省陆续启动高职本科试点,高等职业本科层次联合培养进入加快探索与试点期。

(六)本科层次职业教育的发展路径

随着社会经济转型升级、高新技术的应用与发展,开展高职专科学历教育向本科层次职业教育甚至更高职业教育层次延伸是当今我国高等职业教育发展的一个重要趋势,也是构建现代职业教育体系的亮点所在。本科层次职业教育具有高等性、技术性、区域性的基本属性。我国开展推进本科层次职业教育改革,需要立足国内外高职院校试办本科层次高职教育的已有实践,通过遴选升格部分高职本科院校,明确高职本科专业招生生源对象,科学制定高职本科专业招生考试方式,落实高职本科专业学位授予等方式推进改革(古光甫、邹吉权,2019)。如何发展本科层次职业教育,大致可归纳为以下两种:一是依托专科层次职业教育资源发展本科层次职业教育;二是依托本科教育资源发展本科层次职业教育,由于国家政策导向的影响,后者的研究更多,且比较集中于地方本科高校转型方面。

依托专科层次职业教育资源举办。从职业教育体系内部的"专升本"起步,在部分经济发达地区先选择一些较为成熟的高职专业,依托普通本科高校二级学院招收现有高职高专毕业生举办两年制技术本科(郭扬,2002)。"高职分化"方案对现有的三年制高职高专教育进行调整,一部分要举办四年制技术教育本科,培养"技术精英",并使之"能与国际上同类人才匹敌"(杨金土,2003)。"专业试办"方案,即在产业聚集、有强烈产业需求的部分地区,选择与当地产业紧密联系、有实际需求的相关专业,依托办学水平高、办学条件好的高职院校,进行四年制职业本科专业人才培养的试点(黄达人,2012)。开辟"专本沟通"学制,通过高职学生"专升本"的途径发展高职本科,主要招收工作一年以上、有工作经验的优秀专科毕业生(雷世平、姜群英,2005)。

依托普通本科层次教育资源举办。"改造+升格"方案,一方面可以对传统本科院校进行改造,让其由原来的学术性大学变为技术应用型大学,另一方面让极少量办学条件优越的高职院校,在严格审核的基础上升格为技术本科(石伟平、徐国庆,2003)。发展本科层次职业教育的四条有效途径为部分普通本科院校转制,部分重点本科办高职学院进行"专升本",部分办学力量较强的专科升格,借助国外教育资源办本科高职教育(徐辉,2009)。把数量相当的学术型本科院校改造为技术型、应用型本科院校,通过政策引导、评估甄别,按照技术应用型人才岗位要求调整培养目标规格和教学模式,调整类型结构和专业结构,定位为高等职业教育,培养高级技术人才(顾坤华,2010)。通过改建、衍生、试点、交叉等模式,适时审慎发展职业教育本科,建议从全国新建应用型本科院校、民办本科高校、独立学院中选取部分"转型"为职教本科(阙明坤,2013)。依托本科教育资源作为本科层次职业教育发展的主要路径;整合专科层次职业教育优势资源,逐步发展本科层次职业教育;利用新兴产业优势资源,通过建立现代企业大学,实施本科层次职业资格教育,弥补学历职业教育的不足(马燕,2015)。

发展本科层次职业教育有转本、升本两种路径,在实施上,应注意给予它们公平同等的机会,并把握好发展的速率和节奏,做到深入调研,按需求适度超前发展;科学规划,按条件积极稳妥地发展;协调平衡,按比例渐进有序地发展。李晓锦、尹姗姗(2014)认为,应由办学特色突出、行业支持有力的高职学院开办高职本科教育试点班,由部分示范性高职专科升格为高职本科,由办学有优势,具备条件的优秀独立学院举办高职本科教育,引导地方本科院校举办高职本科教育。任君庆、王琪(2013)认为,建立因地制宜、先行先试的职业教育发展制度,试办长学制高职专业,建立区域高职教育与应用型本科教育衔接的立交桥。胡建勇、张莹(2015)认为,构建与本科职业教育相匹配的职业教育体系,应及时完善与之匹配的学位制度。专业学位的种类界定与层次划分是学位授予制度的基础,高等职业教育尚未形成完备的学位建制,无论是要实现纵向贯通还是横向融合都存在一定障碍。所以,必须逐步建立与学术性学位相对应的、完整的专业学位制度,才能在此基础上建立现代职业教育体系的基本框架,并形成合理的高等职业教育系统,纵横通达,形成立交,以实现统筹设计、整体布局。

本科层次职业教育发展的路径主要分为合作办学和独立办学。合作办学即联合培养,是指职业教育优质院校会同普通本科高校就某一优势对口专业进行合作,共同培养人才,学生既可以接受通识教育,又能接受完整的职业训练,毕业后获取普通院校颁发的本科学历、学位证书的办学方式。这种路径又可分为两类:一类是以山东为代表的"3+2"分段培养模式,另一类是以江苏为代表的联合培养模式。独立办学是指本科或职业院校独自举办本科层次职业教育,培养应用型、技术技能型和复合型人才,并负责颁发学历、学位证书的办学方式。这种路径实践上,目前国家政策是停止职业院校升本,倡导地方新建普通本科高校向应用型高校转型,以实现高职教育创新发展(周建松,2017;郭福春、徐伶俐,2017)。地方普通本科高校与高职院校合作开展本科层次职业教育探索,符合建设现代职业教育体系的内在要求。两类高校在建立合作机构及其运行规范,合作制定并实施人才培养方案,强化学生职业实践能力培养方面积累了丰富的经验,但同时也存在双校合作尚未形成合力,本科高校的合作参与度较低,课程内容的简单叠加增加了学生学习与教师教学负担,以及资源配置不合理引发高职院校办学成本增加的现实困境。为此,应加强教育督导,激发合作双方的参与热情;精选课程内容,提高学生学习与教师教学效率;政策向高职倾斜,减少高职院校的合作办学成本(肖凤翔、赵懿璇,2019)。

从国际经验来看,20世纪60年代末70年代初,世界各国开始尝试发展本科层次职业教育,并给毕业生授予技术学士学位。各国通过新建、升格、改造等多种方式建设应用科技大学、多科技术学院、社区学院、职业技术教育学院、技术科学大学等,并形成了与普通大学互为补充、共同发展的双轨格局。到20世纪80年代,这些院校又将职业教育从本科层次推进到硕、博层级,已成为培养研究生层次的高技术技能型人才的重要机构。目前就整体来看,发达国家职业教育层次分明,沟通有序,体系日臻完备。可见,职业教育质量、层次的不断提升是国际化发展趋势。基于比较的研究视角,研究者认为应借鉴英国经验,将一部分高职院校升格为本科职业院校,接受本科和外校的学生升学;借鉴美国经验,对专业进行分类,在大学中实施职业性的教学计划,并允许学生转学到四年制大学的职业性教学计划中继续学习,且逐步扩大转学比例(胥秋,2012;安沁丽、刘金龙,2013)。加快发展本科层次职业教育,引导地方本科院校转型为应用技术型大学是一项长期系统的工程,刘晓、乔飞飞(2015)认为主要应从基于应用技术型人才培养为目标的发展定位转型、基于综合素质为目标的学生评价体系的转型、基于"学术型"的教师队伍转型、基于校企合作的产、学、研人才培养平台建设等方面着手。

三、未来研究趋势展望

(一) 本科层次职业教育的研究评析

1. 政策导向明显

根据文献搜索结果进行分析,随着国家职业教育政策的导向和规划文件的颁布,有关本科层次职业教育的研究不断增加,关于地方本科高校转型的研究更是急速增加,但研究整体呈现出对政策的很大依赖性。应用技术大学是一种院校类型,本科层次职业教育是一种教育类型,教育分类和院校分类是两种不同的概念,不能等同视之。本科层次职业教育是一种新生事物,相关研究较少且研究程度较浅,即使有一些学者从学术角度对本科层次职业教育的基本问题进行深入探讨,也多是视角狭窄、表述不清,研究对象的称谓都尚未统一,缺乏系统的研究,没有对本科层次职业教育形成正确统一的认识,对发展现状缺乏系统的分析,对于如何发展更是存在争议。

2. 理论研究基础薄弱

20世纪末我国就开始了本科层次职业教育的探索,但理论研究相对滞后,未能为实践探索提供指导。根据搜索的文献来看,理论基础研究严重不足,对本科层次职业教育的定位和功能研究不充分,对本科层次职业教育发展没有形成客观正确的认识。国家提出"地方本科高校向应用技术大学转型,重点实施本科层次职业教育"的政策,大家普遍将专注点聚焦在地方本科高校转型,却忽略了对本科层次职业教育的本质的探讨。地方本科高校对本科层次职业教育的本质都尚未弄清,转型后又如何进行人才培养教育实践呢? 理论缺失,基本问题尚未厘清,将会导致改革实践的盲目。如此一来,对本科层次职业教育的探索会异常艰难,难以开辟出一条符合中国发展实际的道路,职业教育改革也难以达到预期绩效。

3. 借鉴性介绍较多

他山之石,可以攻玉。本科层次职业教育在我国属于新生事物,国内没有成熟的经验可以借鉴,学者将目光投向国外试图寻求借鉴,这是一个很好的研究途径。但本科层次职业教育是一种中国表述,在借鉴国外先进经验的同时应处理好国际化与本土化的关系。无论国外的职业教育发展如何先进,教育国际化发展如何频繁,都不意味着趋同或等同,也不可能给中国提供一个普适的模式来直接套用。目前对国外本科层次职业教育的研究多是拿来主义,缺乏符合我国国情的创新研究。我们应基于我国的政治、经济、文化等发展实际,谨慎而批判地吸收国际经验,依据我国当前的现状提出切实可行的观点和看法(马燕,2015)。

(二) 本科层次职业教育的可能路径

要实现全面建成小康社会的目标,实现两个一百年中华民族伟大复兴的中国梦,必须不失时机地推进全面综合改革,而积极发展本科层次职业教育,完善现代职业教育体系就是其重要内容。

1. 加强顶层设计,明确职教体系建设的统筹职权

2011 年 3 月,高职高专处由高等教育司调整到职业教育与成人教育司,高等职业教育正式归位到职业教育。这应该是教育管理部门着手构建与普通高等教育平行的现代职业教育体系管理体制的第一个动作。目前在各省对高职院校的管理中,有已经做了调整的,也有很多省份的高职院校仍然归高教处管理,其中固然有高职院校的利益诉求,但管理体制没有理顺必然会影响专科高职的人才培养工作。职业教育体系包括中职、专科高职、本科高职、专业学位研究生等多个层次,涉及考试招生制度改革、学位制度建设、本科学校转型等"难啃的硬骨头",工作牵扯面很广。在实际管理中,本科学校转型、本科教育、专业学位研究生教育和学位制度建设的职能分属教育部不同司局,职成司、规划司、高教司、研究生司在职教体系建设中均有职责。有关管理部门应用管理和统筹职权对地方本科高校转型,对专业学位研究生教育、学位制度建设、考试招生制度改革等进行牵头协调,改变行政管理上的人为分割情况,在教育系统内部理顺职业教育管理体制,实现职教体系建设的整体推进。

2. 加强统筹管理,明确地方本科高校发展定位

在地方新建本科院校的转型发展实践还处于探索状态时,要破解人才培养

与经济社会发展需求的结构性矛盾,必须加强统筹管理,实行高等教育分类改革,解决部分地方高校的办学定位问题,引导这些高校走与地方经济社会发展和产业技术进步融合发展之路。其定位应坚持面向应用,以产教融合为重心,明确为区域经济社会发展服务的办学定位,特别是要着力培养服务区域经济社会发展所需要的本科层次的高端应用型技术技能人才,为区域产业转型升级提供坚实的人才支撑。在类型上应明确将地方本科高校归为职业教育的本科层次,《现代职业教育体系建设规划(2014—2020 年)》所描绘的教育体系基本框架显示,本科层次职业教育是现代职业教育体系的重要组成部分,属于应用技术本科范畴,区别于学术型普通本科教育,但可与普通本科教育双向沟通,重点举办本科层次职业教育。同时,这些学校培养的是本科层次的高端应用型技术技能人才,与专科高等职业院校培养的技能人才相比,层次更高,而且更偏重应用技术。

3. 巩固探索成效,发展高职院校四年制本科教育

实践证明,高职教育符合经济社会和产业发展要求,符合人才培养规律,有利于产教融合和对接,可增强人才培养的有效性,更好地促进学校的发展。正因如此,新建本科院校的转型发展实际上也借鉴了这些做法,甚至可以说是把示范高职的经验上升到了理论和政策的层面,这充分肯定了高职院校在发展中取得的成绩,而高职院校探索的四年制本科教育也为我们提供了一种新的视角。

一是以专业试点为基础扩大规模。高职教育已经成为高等教育的"半壁江山",成为国民教育体系和人力资源开发的重要组成部分,其地位和作用已经不容撼动,特别是伴随国家示范性高等职业院校和优质高职业院校建设的推进,一些高职院校在办学条件和办学水平上已经获得较大改善和提高,具备了进行四年制人才培养的基础和条件。选择优质高职院校,选取优势特色专业对接行业企业发展需求,在以专业为试点基础上,扩大四年制本科教育规模,更能适应产业转型升级的需要。

二是升格一批优质高职院校。对职业教育轻车熟路的高职院校来说,举办本科层次职业教育有着天然的优势,通过一定程序、放开一定政策,把有条件、有潜能的优质高职院校升级为新型本科学校是切实可行之路。

三是尝试建设一批技术大学。中国高等教育已经实现了规模上的跨越式发展和数量上的扩张,从向规模要质量转到向结构要质量已经成为一个重大课题,而解决这一矛盾的方式之一就是建设一批技术大学。技术大学首先是指本科层次水准的高等学校,主要实施高中后教育,其基本特征是职业化、应用性、区域性、专业化,面向经济社会发展主战场和第一线,坚持职业化培养,注重实践和动手能力,天津中德应用技术大学、深圳技术大学等技术大学的成立就是一种有益尝试。

第十六章　高等职业教育创新
发展行动计划研究

2015年10月，教育部印发《高等职业教育创新发展行动计划（2015—2018年）》（以下简称《行动计划》），这是继示范性高等职业院校建设计划后，国家深入推进职业教育改革发展的路线图。本章着重围绕《行动计划》总体要求和重大任务（项目），特别是优质高职院校建设，将《行动计划》相关研究综述如下。

一、《行动计划》总体要求研究

（一）《行动计划》指导思想、基本原则与主要目标

《行动计划》旨在贯彻习近平总书记重要指示精神，落实《国务院关于加快发展现代职业教育的决定》和全国人大常委会职业教育法执法检查有关要求，推动高等职业教育创新发展。《行动计划》的基本原则是坚持政府推动与引导社会力量参与相结合，坚持顶层设计与支持地方先行先试相结合，坚持扶优扶强与提升整体保障水平相结合，坚持教学改革与提升院校治理能力相结合。《行动计划》提出通过三年建设，高等职业教育体系结构更加合理，服务发展的能力进一步增强，可持续发展的机制更加完善，发展质量持续提升。

（二）相关研究综述

2014年，习近平总书记对职业教育工作作出重要指示，国务院发布《关于加快发展现代职业教育的决定》，全国人大常委会对《职业教育法》开展了执法检查。马树超（2015）指出，《行动计划》是指导和推进高等职业教育"十三五"开启新征程的路线图。李进（2015）提出从建设高度、核心要素、实施节点三个方面深入理解。王世斌（2015）直面教育结构和办学类型转变、学校章程和内部治理结构完善等高等职业教育深层次问题，提出了创新发展、科学发展、协调发展、共享

发展的新理念。李洪渠(2015)提出创新发展的"引线"是质量,导向是服务能力。周建松(2020)提出用创新的思维研究高等职业教育的改革发展问题,包括创新人才培养模式,创新合作发展机制,职业教育层次提升等。

二、《行动计划》主要任务(项目)研究

《行动计划》确定了扩大优质教育资源,增强院校办学活力,加强技术技能积累,完善质量保障机制,提升思想政治教育质量等五大方面的 65 项任务和 22 个项目。

(一) 扩大优质教育资源

董刚(2015)认为未来需要的技术技能人才,已不仅是"实践性、操作型"的技能型人才,而更加注重具有良好职业精神和道德素养,具有可持续发展能力的高素质人才。崔岩(2015)提出高职院校的最终"产品"是学生,学生就业成长的竞争体现了高职教育的竞争力。任占营(2019)认为专业(群)建设是高职院校强化内涵、提升质量的突破点和着力点,是推进教育教学改革的核心环节,也是高职院校体现办学特色的逻辑起点。周建松等(2014)认为在高职教育已进入内涵建设阶段的发展背景下,以专业建设为抓手,必须突出优势专业建设的实践重点。在此基础上,从综合性、基础性、立体化等视角重视和加强课堂建设,应以课堂创新促进人才培养模式改革和人才培养质量的提高,并以教学资源库建设为抓手,推动教育教学改革与创新。在教师主体作用发挥方面,周建松(2015)提出应以教师教学发展中心建设为平台,促进教育教学质量全面提升。

(二) 增强院校办学活力

俞仲文指出(2016)伴随着产业的升级,我国的高职教育要全面打造创新发展的升级版。宋凯(2016)认为,行业是产业的代表,发展行业职业教育是促进产业转型升级的关键环节,也是保障产业转型升级人才供给的有效途径。周建松等(2015)从创新发展高等职业教育的政策变迁与行动方略方面提出了创新发展高等职业教育的主要抓手,即解决好结构和层次,采取示范和项目引领方法,关注互联网对人才培养的影响和挑战,赋予学校更大的自主权。

（三）加强技术技能积累

《行动计划》首次明确提出将高职院校打造成技术技能积累的重要资源集聚地，更加注重技术技能积累在服务产业发展中的重要作用。朱厚望（2018）指出，推进专业对接产业，夯实高职院校技术技能积累的基础；深化校企合作，丰富高职院校技术技能积累的实践形式；加强应用科研能力建设，深化高职院校技术技能积累的内涵；注重文化传承与创新，强化高职院校技术技能积累的底蕴。

（四）完善质量保障机制

张慧波（2019）认为，制度建设是高职教育创新发展的基本路径和关键所在，他提出以制度建设优化高职教育发展环境。袁洪志（2016）指出，《行动计划》关注最多的是高职教育质量问题，"质量"一词在文件中共出现 40 次，高职院校质量保证主体责任须落实，要适应管办评分离，建立高职教育质量保证新体系，建立诊改制度，发挥高职院校质量保证主体作用。王成方（2015）提出用人才培养状态大数据诊断和改进教学。高等职业院校自我诊断改进，需要对状态数据平台进行优化，关注人才培养过程的诊断，充分利用状态数据和相关材料，建好质量保证机制。

（五）提升思想政治教育质量

落实立德树人根本任务，必须加强以职业道德培养和职业素质养成为特点的高等职业教育学生思想政治教育工作，着力培养既掌握熟练技术，又坚守职业精神的技术技能人才。这在 2006 年全国高校思想政治工作会议召开后更得以加强。周建松（2014）指出高职教育作为高等教育中的一种类型，在国家人才培养体系中具有极其重要的承上启下的结构功能，因此，要把创新发展的基点落到学生身上。

三、优质高职院校建设研究

优质高职院校建设是《高等职业教育创新发展行动计划（2015—2018 年）》的重要内容，这是继国家示范性高职院校建设计划后高职教育又一个综合性品质建设项目,引起了各界高度关注。

(一) 优质高职院校建设目标

周建松(2017)提出择优支持、一流目标、示范引领的优质高职院校建设基本原则,并围绕办学定位、产教融合、高水平专业建设等十方面阐述了优质高职院校建设重点与路径。任占营(2018)阐释了开展优质院校建设的现实意义,分析了优质院校建设的基本条件、政策设计、内容体系,提出了优质院校建设成效的判断表征。陈正江(2019)通过比较优质高职院校建设与示范校建设的差异,以及解读创新发展行动计划政策,指出优质校建设呈现出从中央政府政策推动向地方政府政策推动,从侧重单个项目建设向注重院校整体建设,从强调"物"的建设向关注"人"的发展的转变。

(二) 优质高职院校建设重点

郑小明(2016)认为建设优质高职院校是示范性高职院校建设的深化与拓展,也是高职院校加强内涵建设的必然要求,根本上是为了满足人们日益增长的对优质高职教育的需求。优质高职院校的内涵应从政府、行业企业、院校管理者和师生等利益相关者的角度进行理解。不同利益相关者对优质高职院校有着不同的需求,其中师生的需求是优质高职院校最核心的需求。优质高职院校的建设标准有内在标准与外在标准。郝天聪(2017)认为建设优质高职院校的必要性在于提升高等职业教育质量,贯彻高等教育强国战略,应对外部经济社会变革。不同利益相关者对优质高职院校是否优质具有不同的价值标准,以高职院校本身为参照对象,可以分为内部价值标准和外部价值标准。优质高职院校建设计划的实施是系统工程,也是涉及政治、经济、文化、教育等各个领域的复杂问题。相应地,优质高职院校建设行动框架的制定需要从宏观、中观和微观等多个层面提出针对性的策略。李梦卿等(2018)认为优质高职院校建设是促进我国高等职业教育内涵发展的重要战略举措,应遵循高等职业教育学科发展逻辑和区域经济社会需求逻辑,具备优质专业引领、优质社会服务与优质驱动效应等属性特征。优质高职院校建设要健全决策机制,强化政府宏观调控,发挥财政支持和调节职能;健全诊改机制,加强专业诊断改进,优化专业引领作用;健全动力机制,激发双师素质内生发展,加快双师结构形成;健全评价机制,注重多维主体参与,构建合理指标体系。

（三）优质高职院校建设路径

成军(2020)认为高水平专业建设要立足六个"高",即服务国家战略的站位高,产教深度融合的平台高,专业教学团队的素质高,科研技术服务的贡献高,教育教学改革的引领高,专业人才培养的质量高,这样才能全面提升优质校的发展质量。李小娃等(2018)认为建设一批优质高职院校已成为当前我国高职教育政策安排的一项重要议题,它是高等职业教育发展到一定阶段的必然产物,为"经济高质量发展"提供高质量服务是其建设的逻辑起点。推动优质高职院校建设,是一个系统工程,需要重塑整个高职院校的发展思路。优质高职院校建设内容包括以下战略要点:以文化建设打造中国高职教育的文化自信,以产教深度融合探索多元质量生成机制,通过国际化发展打造中国高职教育的世界品牌,利用信息技术改造传统教育教学模式与管理模式。优质高职院校应进一步凸显高职院校的类型特征,引领高职院校实现教育性、职业性及终身学习的目标。教育部职成司关于《高等职业教育创新发展行动计划(2015—2018年)》及周建松主编的《高等职业教育创新发展行动计划精解》等都对《行动计划》的实施起到了重要的推进作用。

参考文献

Chen，C. CiteSpaceII：Detecting and visualizing emerging trends and transient patterns in scientific literature[J]. Journal of the American Society for Information Science and Technology，2006(3)：359-377.

安沁丽,刘金龙.我国本科职业教育的发展路径选择[J].湖北科技学院学报,2013(3):128-132.

安蓉泉.探索混合所有制职业院校的几点理性思考[J].中国高教研究,2015(4):95-98.

白玲,安立魁."一带一路"倡议下我国高职教育国际化实践样态与推进策略——基于全国1344所高职院校质量年度报告的分析[J].职业技术教育,2020(22):20-25.

边加敏.高职院校信息化水平评价指标构建研究[J].现代职业教育,2020(26):50-51.

卞建鸿.建设品牌专业群 培养国际视野汽车专业人才[J].中国职业技术教育,2017(19):42-46.

蔡海鹏、闵雅婷."双高"时代高职特色文化塑造:问题与思路[J].职业技术教育,2020(6):20.

曹爱民.高等职业院校服务区域经济社会发展研究[J].济南职业学院学报,2014(2):14-15.

曹海艳,罗尧成.高等职业教育评估的发展演变及改革趋势[J].上海教育评估研究,2016(6):1-5

曹美红,赵丽萍.构建我国现代学徒制面临的障碍——基于制度学的剖析[J].职教论坛,2017(3):44-48.

曹忍忍.新时代我国职业教育产教融合的综述研究[J].黑龙江教师发展学院学报,2020(3):56-59.

曹晔.关于我国职业教育集团化办学基本问题的思考[J].教育发展研究,2012(3):24-28.

曹元军.高职院校专业群的质保体系建设[J].中国职业技术教育,2017(26):38-41.

陈保荣,高文杰.专业群匹配产业的价值向度及协同治理要义[J].职教论坛,2020(7):52-57.

陈本敬.困境与转向:高职教师专业发展环境探析[J].黑龙江高教研究,2012(3):126-128.

陈超群,胡伏湘.产业转型升级背景下高职一流"双师型"教师教学创新团队建设[J].教育与职业,2020(18):76-79.

陈春梅.近三年来我国探索发展混合所有制职业院校研究述评[J].中国职业技术教育,2017(12):35-41.

陈丁玮.高职教师专业化发展的困境及有效对策[J].教育与职业,2017(4):76-79.

陈江正.从示范到优质:我国高职教育发展政策演进研究[J].黑龙江高教研究,2019(2):71-73.

陈晋中,刘凤翰.高职专业群管理信息沟通机制研究[J].职教通讯,2017(11):49-52.

陈军.本科层次职业技术人才培养模式研究[D].长春:东北师范大学,2007.

陈俊兰,职业教育现代学徒制研究[M].长沙:湖南大学出版社,2014.

陈兰云,郑朝灿,邵建东.高职院校课程教学团队构建与管理创新[J].黑龙江高教研究,2017(8):103-106.

陈琳,华璐璐,冯熳,等.智慧校园的四大智慧及其内涵[J].中国电化教育,2018(2):84-89.

陈琳,李佩佩,华璐璐.论智慧校园的八大外部关系[J].现代远距离教育,2016(5):3-8.

陈琳,王矗,李凡,等.创建数字化学习资源公建众享模式研究[J].中国电化教育,2012(1):73-77.

陈琳,王丽娜.走向智慧时代的教育信息化发展三大问题[J].现代远程教育研究,2017(6):57-63.

陈琳,王运武.面向智慧教育的微课设计研究[J].教育研究,2015(3):127-130+136.

陈琳,文燕银,张高飞,等.教育信息化内涵的时代重赋[J].电化教育研究,2020(8):102-108.

陈琳,杨英,孙梦梦.智慧教育的三个核心问题探讨[J].现代教育技术,2017(7):47-53.

陈琳.中国高校教育信息化发展战略与路径选择[J].教育研究,2012(4):

50-56.

陈琳.中国职业教育信息化创新特色研究[J].现代教育技术,2014(2):12-18.

陈敏,范超,吴砥,徐建,王娟.高等教育信息化应用核心评估模型研究[J].中国电化教育,2017(3):50-57.

陈年友,周常青,吴祝平.产教融合的内涵与实现途径[J].中国高校科技,2014(8):40-42.

陈沛酉,闫广芬."一带一路"倡议下高职院校国际化:功能、问题与改进[J].中国职业技术教育,2018(15):67-71.

陈鹏.德国职业教育学习领域课程的整合意蕴之透视[J].职教论坛,2016(9):84-89.

陈千浩,徐继义,徐伟.高职"双师素质"教师培养制度保障体系构想[J].职业技术教育,2011(22):53-56.

陈群.新时期我国本科层次职业教育试点研究[J].教育与职业,2020(7):15-23.

陈寿根,万里亚.高职院校内部质量保证体系的内涵、建构原则与实践模式[J].职业技术教育,2017(1):31-36.

陈寿根.高职教育"管办评分离"质量保障体系的意蕴、问题与对策[J].对职业技术教育,2020(2):15-18.

陈寿根.高职人才培养目标定位需要厘清的几个问题[J].教育与职业,2008(11):37-38.

陈寿根.高职院校内部治理结构的制度设计[J].教育发展研究,2012(17):59-63.

陈文珊.芬兰职业教育国际化路径及其借鉴——以利益相关者理论为视角[J].职业技术教育,2017(22):68-72.

陈晓萌,周志刚,闫智勇.专业认证视角下高等职业教育专业建设的困境及策略[J].职教论坛,2014(33):65-69

陈星,张学敏.依附中超越:应用型高校深化产教融合改革探索[J].清华大学教育研究,2017(1):46-56.

陈秀珍.高职院校专业群课程体系构建的研究[J].中国职业技术教育,2015(2):46-58.

陈艳艳,阙明坤.探索发展混合所有制职业院校研究综述[J].中国职业技术教育,2016(12):32-35.

陈耀华,陈琳.互联网＋教育智慧路向研究[J].中国电化教育,2016(9):80-

84,135.

陈怡.基于混合学习的翻转课堂教学设计与应用研究[D].武汉:华中师范大学,2014.

陈悦,吴雪萍.多元共治视域下的高职学校教师绩效评价探究[J].职教论坛,2020(9):6-11.

陈云涛.高职院校文化育人的要素分析[J].中国高教研究,2017(1):104.

陈云涛.逻辑与特质:高职教育文化自信探析[J].职教论坛,2019(4):20.

陈运生.产教融合背景下高职院校专业群与产业群协同发展研究[J].中国职业技术教育,2017(26)1-10.

陈增红,杨秀冬.职业教育产教融合人才培养模式研究[M].北京:中国社会科学出版社,2020.

陈振.治理视阈下高职院校教育质量保障体系建构研究[D].合肥:安徽师范大学,2018.

陈正江.基于共同体理念的高职院校治理机制构建与实践[J].高等工程教育研究,2019(5):155-158.

陈志杰.职业教育产教融合的内涵、本质与实践路径[J].教育与职业,2018(5):35-41.

陈子季.以大改革促进大发展推动职业教育全面振兴[J].中国职业技术教育,2020(1):5-11.

成军.高水平专业建设:优质高职院校建设的核心[J].教育发展研究,2017(23):3-5.

程丽楠,姚水洪,邱惠萍.我国学徒制发展概况的可视化分析[J].当代职业教育,2018(2):63-70.

程玫,单美贤.关于"智慧学习环境"的研究综述[J].现代教育技术,2013(9):25-28.

程宜康.文化管理视域下的高职院校质量文化思考——兼议质量的文化管理途径与策略[J].职教论坛,2017(33):5-12

程宇.我国现代学徒制的政策发展轨迹与实现路径[J].职业技术教育,2015(9):28-32.

池云霞,王振杰,张淑艳.诊改视域下高职院校内部质量保证体系建构研究[J].中国职业技术教育,2019(17):63-66.

仇雅莉.示范性高职院校社会服务的内涵与实践[J].教育与职业,2010(20):169-170.

崔炳辉.职业教育集团化办学运行机制研究:现状、问题与对策——以江苏省高职教育集团化办学为例[J].职教论坛,2019(7):142-147.

崔发周.现代学徒制视域下"双师型"教师的科学内涵与培育路径[J].教育与职业,2020(7):62-68.

崔发周.职教集团的基本功能和内涵发展指标[J].职教论坛,2016(25):21-25.

崔岩."一带一路"战略视野下推进我国高职教育特色化、国际化发展的若干思考[J].中国职业技术教育,2016(33):118-120.

崔岩.加强高职院校教育质量管理的对策研究[J].长春教育学院学报,2015(31):128-129.

崔永平,邓红红,张立明.我国职业教育评估的历史及发展趋势[J].教育与职业,2016(19):8-11.

崔宇馨,石伟平.双高院校"双师型"教师队伍建设:逻辑、困境与路径[J].职教论坛,2020(10):90-95

戴小红.高职院校教育国际化动因、内涵与路径选择[J].黑龙江高教研究,2012(6):81-84.

党建宁,杨晓宏,王馨晨.教育信息化2.0下的高校信息化绩效评价模型和指标体系研究[J].电化教育研究,2019(8):45-52.

邓光,孙兴洋,王万川.专业认证视角下提升高职人才培养供给的有效性:《悉尼协议》的启示[J].黑龙江高教研究,2017(9):106-108.

邓志良.借鉴瑞士高职教育经验 提升院校社会服务能力[J].中国高等教育,2010(6):43-44.

邓子云,张放平.中国特色高水平专业群的组群逻辑[J].现代教育管理,2020(4):89-95.

邓子云.专业群建设组织形态的选择方法及分析过程研究[J].职业技术教育,2020(23):23-27.

丁金昌.实践导向的高职教育课程改革与创新[J].高等工程教育研究,2015(1):45-52.

丁银辉.示范性高职院校社会服务模式创新性研究——以昆山登云科技职业学院为例[J].课程教育研究,2017(36):16-17.

董刚.微课的发展及其对高职教育的影响研究[J].天津职业大学学报,2015(24):3-7.

董刚.新时代高职教育高质量发展的思考[J].中国职业技术教育,2019(7):49-51.

董丽娇.美国职业教育课程模式演进研究[D].秦皇岛:河北科技师范学

院,2016.

董仁忠,李晏军.本科职业教育治理研究[J].职教论坛,2015(21):14-20.

董仁忠.推动本科职业教育协同治理[J].职教论坛,2014(26):20-26.

董圣足.教育领域探索混合所有制:内涵、样态及策略[J].教育发展研究,2016(3):52-56.

董淑华.高职院校专业群建设的实践探索[J].职业技术教育,2012(26):8-19.

董泽芳.高校人才培养模式的概念界定与要素解析[J].大学教育科学,2012(3):30-36.

董泽民,吴正毅.地域文化融入高职院校校园文化建设的探索与实践——以江阴职业技术学院为例[J].常州职业技术学院学报,2020(6):10.

杜广平.我国现代学徒制内涵解析和制度分析[J].中国职业技术教育,2014(30):88-91.

杜俊文.校企合作工学结合制度建构的理性基点——基于新制度教育学的视域[J].天津职业院校联合学报,2013(9):103-107.

杜鹏,李正文.基于产业结构发展的高职院校专业群调整策略分析[J].天津电大学报,2018(4):58-61.

段静毅.本科层次职业教育人才培养模式研究[D].南京:南京师范大学,2015.

樊丰富,成军.高职院校教师专业发展服务体系的构建研究[J].中国高教研究,2013(12):77-80.

范娟.职业院校教师国际化:现实语境、困境与策略探讨——基于"一带一路"战略的视角[J].职教论坛,2018(8):76-81.

方春龙.产教融合 强化校外实训基地建设[J].中国高等教育,2014(Z2):74-75.

方飞虎,潘上永,王春青.高等职业教育专业群建设评价指标体系构建[J].职业技术教育,2015(5):59-62.

方华,唐小波.高职院校教育国际化的探索与展望——以浙江省高职院校为例[J].黑龙江高教研究,2012(8):117-119.

方耀萍.高职院校"双师型"教师培养路径及多元化保障体系构建[J].教育与职业,2020(6):61-64.

方泽强.本科层次职业教育:概念、发展动力与改革突破[J].职业技术教育,2019(13):10-15.

方泽强.本科层次职业教育的人才培养目标及现实问题[J].职业技术教育,

2019(34):21-33.

方泽强.本科层次职业教育课程建设的七个着眼点——基于高职专科与应用型本科的实践思考[J].高等职业教育探索,2020(1):21-27.

冯宝晶."一带一路"视角下我国职业教育国际化发展的理念与路径[J].中国职业技术教育,2016(23):67-71.

付国华.中高职课程衔接问题与对策分析[J].职业技术教育,2020(32):37-40.

傅新民,罗政华.高职院校专业群建设的实践偏差及规避策略[J].职教通讯,2018(8):15-20.

高飞,姚志刚.产教融合的动力与互动机制研究[J].淮南职业技术学院学报,2014(6):41-45.

高鸿,高红梅.职业教育集团化办学的内涵与特征研究[J].中国职业技术教育,2012(36):32-36.

高进军.职教集团校企深度合作现状调查[J].教育与职业,2012(1):32-33.

高书国,张智.技能强国:职业教育4.0时代的中国策略[J].高校教育管理,2020(4):12-21.

高淑红."双高计划"背景下高职院校师资队伍国际化激励机制研究[J].职教论坛,2020(6):105-110.

高卫东.完善职教集团运行管理体制与机制的若干建议[J].职教论坛,2012(30):17-19.

高卫东.职业教育集团的内涵、类型与功能[J].职业技术教育,2004(34):8-11.

高文杰.高职院校诊改的多维审视与推进理路[J].中国职业技术教育,2019(5):24-29+40.

高文杰.混合所有制职业院校:涵义与治理及其进路[J].教育学术月刊,2015(11):67-75.

高文杰.混合所有制职业院校的内涵与意义及其治理分析[J].职教论坛,2015(30):5-12.

高文香,朱姝姗,张同健.我国高校信息化体系测度模型的构建与研究[J].兰州石化职业技术学院学报,2011(2):23-26.

高瑜珊.高等职业教育MOOC建设与应用探析[J].中国职业技术教育,2017(19):52-56.

葛锁网.高等职业教育人才培养模式研究[M].北京:研究出版社,2004.

耿金岭.对提升高职院校社会服务能力的思考[J].中国职业技术教育,2011

(36):59-61.

巩海霞,唐飞,涂俊梅.高职院校教学团队绩效影响因素研究[J].黑龙江高教研究,2012(10):103-106.

古光甫,邹吉权.本科层次职业教育的本质属性、发展需求与推进策略[J].高等职业教育探索,2019(6):15-20.

顾绘.产教深度融合:学理依凭、机制内涵与实施寻径[J].中国职业技术教育,2017(33):8-11.

顾京,韩冰.论推进我国高等职业技术教育专业认证工作的策略[J].中国职业技术教育,2015(23):23-26.

顾京.基于产业结构的高职教育专业群建设[J].教育与职业,2012(17):41-56.

顾坤华.积极发展高等职业教育本科是理性选择[J].职业技术教育,2010(36):58-61.

顾明远.教育大辞典[M].上海:上海教育出版社,1991.

顾志祥.产教融合背景下高职院校"双师型"教师队伍建设路径研究[J].职教论坛,2019(2):99-102.

顾准.关于高职专业社会服务能力建设的探索[J].职教论坛,2012(29):13-15.

关晶,石伟平.西方现代学徒制的特征及启示[J]职业技术教育,2011(31):77-83.

关晶,石伟平.现代学徒制之"现代性"辨析[J].教育研究,2014(10):97-102.

关晶,西方学徒制研究——兼论对我国职教育的借鉴[D].上海:华东师范大学,2010.

关琰芳,王安福.高职院校智慧学习环境建设策略分析[J].中国校外教育,2017(S1):478-479.

郭福春,徐伶俐.本科层次职业教育发展路径探析[J].中国职业技术教育,2017(33):147-152.

郭福春,徐伶俐.高职院校专业群视域下的专业建设理论与实践[J].现代教育管理,2015(9)18-25.

郭福春.高水平专业群在高水平高职院校建设中的现实意义分析[J].中国职业技术教育,2019(5):19-26.

郭广军,金建雄.高职教育质量保障多元协同治理模式研究[J].高等职业教育探索,2019(7):13-18.

郭建鹏.翻转课堂教学模式:变式与统一[J].中国高教研究,2019(6):8-14.

郭静."双师型"教师政策分析:文本、执行与展望[J].职教论坛,2018(2):64-69.

郭静.产权改革:激发职教集团办学活力的关键[J].福建教育,2013(29):18-21.

郭静.职业教育集团产权改革与实现形式[J].教育发展研究,2013(5):76-80.

郭苏华,马树超.上海职教集团化发展的特点[J].教育发展研究,2008(Z1):48-51.

郭苏华.职教集团几种组建模式评析[J].职教论坛,2005(13):55-58.

郭文富.现代治理视角的高等职业教育质量保障研究[D].上海:上海师范大学,2018.

郭文良,和学新.翻转课堂:背景、理念与特征[J].教育理论与实践,2015(11):3-6.

郭扬.关于我国发展技术本科的策略研究[J].职业技术教育,2002(01):9-13.

国家中长期教育改革和发展规划纲要(2010—2020 年)[EB/OL].(2010-07-29).http://www. moe. gov. cn/srcsite/A01/s7048/201007/t20100729_171904. html.

国务院关于加快发展现代职业教育的决定[EB/OL].(2014-05-02).http://www. gov. cn/zhengce/content/2014-06/22/content_8901. htm.

国务院关于印发国家职业教育改革实施方案的通知[EB/OL].(2019-01-24).http://www. gov. cn/zhengce/content/2019-02/13/content_5365341. htm.

国务院教育督导委员会办公室关于印发《高等职业院校适应社会需求能力评估暂行办法》的通知[EB/OL].(2021-02-19).http://www. moe. edu. cn/srcsite/A11/moe_764/201603/t20160323_234947. html.

韩继红,李曙明.后示范时期高职院校专业群建设与发展的路径分析[J].教育理论与实践,2013(27):27-29.

韩奇生.高等职业教育质量保障体系建设述评[J].高教探索,2012(4):140-143.

韩玮,张宇华.TQM 视角下本科层次职业教育质量影响因素研究[J].当代职业教育,2019(3):32-38.

韩喜梅.我国现代学徒制走学校本位之路的因素探析[J].职业技术教育,2015(31):28-30.

韩玉,石伟平.日本高职教育国际化办学战略探析[J].教育与职业,2015(19):17-20.

韩云鹏,吉兰兰.职业教育国际化研究评介——基于中国知网数据库的统计分析[J].职教论坛,2019(11):13-20.

郝天聪,石伟平.就业导向,还是生涯导向?——职业教育发展两难抉择的破解之策[J].教育科学,2017(2):59-65.

郝天聪,庄西真.多学科视角下的本科职业教育"合法性"审视[J].高等理科教育,2015(5):153-159.

郝天聪.优质高职院校建设的必要性、价值标准与行动框架[J].职教论坛,2017(22):5-11.

何福贵,张梅.专业群和企业群的校企深度合作模式研究[J].中国电力教育,2013(11):9-10.

何景师,范明明.产业融合背景下宽平台、多方向的专业群构建[J].职业技术教育,2012(5):12-16.

何克抗.如何实现信息技术与教育的"深度融合"[J].课程.教材.教法,2014(02):58-62,67.

和震,杨成明,谢珍珍.高职院校教师专业发展逻辑结构完整性及其支持环境[J].现代远程教育研究,2018(5):32-38,103.

和震.建立现代职业教育治理体系推动产教融合制度创新[J].中国职业技术教育,2014(21):138-142.

和震.职业教育政策研究[M].北京:高等教育出版社,2012.

贺文瑾.职业教育"双师型"教师队伍专业化建设的新部署[J].中国职业技术教育,2014(21):216-220.

贺新元.高职教育教学模式的研究[D].天津:天津大学,2004.

贺星岳,曹大辉,程有娥,等."双高计划"建设背景下高职院校教师专业发展的逻辑及推进策略[J].现代教育管理,2019(9):96-101

洪霄,董海华.专业群与产业群协同发展研究——以常州高职教育园区为例[J].沿海企业与科技,2010(10):87-89.

侯延爽.对现代学徒制中的利益相关者的博弈分析[J].职教论坛,2017(12):12-16.

胡赤弟.高校产学研合作教育模式探析[J].黑龙江高教研究,2004(8):14-16.

胡德鑫.新世纪以来德国职业教育质量保障的基本路径与支撑机制研究[J].中国职业技术教育,2020(15):63-70.

胡蕙芳.论专业群建设过程中的经验与问题[J].浙江工商职业技术学院学报，2010(2):47-50.

胡计虎."双高"专业群建设与区域产业转型升级的融合发展[J].教育与职业，2020(13):51-56.

胡坚达，蔡文芳.长三角与珠三角地区高职教育国际化的结构适应性比较研究[J].中国高教研究，2015(6):103-105.

胡坚达，王孝坤.职业教育集团化体制改革路径探索[J].教育研究，2013(1):154-158.

胡建勇，张莹.本科职业教育发展的动因、困境与策略[J].职业技术教育，2015(34).

胡娜.高职院校质量保证体系:问题聚焦与对策分析[J].中国远程教育，2017(5):57-62,71.

胡全裕.基于社会服务的高职院校内涵建设研究[J].中国成人教育，2014(15):87-89.

胡顺义，欧阳河，沈绮云.我国高职院校课程范式转型现状调查及建议[J].中国职业技术教育，2020(35):42-47.

胡卫.混合所有制试点亟待规范[N].中国教育报，2016-03-15.

胡小勇，朱龙，冯智慧，郑晓丹.信息化教学模式与方法创新:趋势与方向[J].电化教育研究，2016(6):12-19.

胡秀锦."现代学徒制"人才培养模式研究[J].河北师范大学学报（教育科学版），2009(3):97-103.

胡业华.我国本科层次职业教育人才培养的规格要求研究[J].职教论坛，2020(4):98-106.

胡英，夏晓静，崔山风.专业群平台课程的教学改革与设计[J].教育与职业，2012(23):41-48.

胡永平.全国技能劳动者1.65亿人高技能人才4791万[EB/OL].(2018-4-23).http://news.china.com.cn/txt/2018-04/23/content_50954628.htm.

胡正明.高职院校内部治理的独特性及其实现路径[J].中国高教研究，2015(5):91-94.

黄彬，焦小英，林世俊.中高职课程衔接存在的问题及其解决路径[J].职业技术教育，2012(35):20-24.

黄春英.高职院校网络文化建设的路径探索[J].当代职业教育，2016(12):26.

黄达人.展望高职的前程[J].教育与职业，2012(10):3-6.

黄福军.基于实践能力培养的高职高等数学课程构建[J].职业技术教育,2013(20):146-155.

黄晶晶.典型职业教育模式下现代学徒制的形态与特征研究[J].中国职业技术教育,2016(15):43-47.

黄克孝.构建高等职业教育课程体系的理论思考[J].职教论坛,2004(3):123-132.

黄荣怀,杨俊锋,胡永斌.从数字学习环境到智慧学习环境——学习环境的变革与趋势[J].开放教育研究,2012(1):75-84.

黄荣怀,张进宝,胡永斌,等.智慧校园:数字校园发展的必然趋势[J].开放教育研究,2012(4):12-17.

黄小平.高职院校专业群建设探讨[J].机械职业教育,2012(9):27-29.

黄影秋.高职院校专业群与产业群的协同创新发展探讨[J].职业技术教育,2017(14):83-86.

黄影秋.专业群与产业群协同创新模式研究[J].职业教育研究,2017(6):72-75.

霍丽娟.论专业群建设与高职教师的成长与发展[J].国家教育行政学院学报,2010(1):58-61.

季跃东.基于产教融合的高职创业教育机制研究[J].现代教育管理,2015(1):114-118.

冀国强,陈国强,邱召法.浅谈高职院校教学资源信息化建设[J].中国教育信息化,2015(1):48-51.

冀宏,顾永安,张根华,等.应用型人才培养视阈下的创新创业教育探索[J].江苏高教,2016(4):77-80.

贾宝勤.建设专业群 推动专业改革[J].机械职业教育,1997(3):21-22.

贾剑方.职业教育国际化概念的重新审视[J].职教论坛,2017(7):54-57.

贾俊礼,唐振华,郝骞.本科层次职业教育视域下高职院校教师发展策略探析[J].教育发展研究,2014(34):65-71.

贾文胜,梁宁森.基于校企共同体的高职院校"双师型"教师队伍建设[J].中国高教研究,2015(1):92-95.

简婕,解月光.试论学习环境及其数字化——一种教学论的视角[J].中国电化教育,2011(2):14-18.

江颖,夏海鹰.新时代我国职业教育产教融合的政策表征和价值路向[J].教育与职业,2020(23):5-13.

姜大源.德国职业教育[J].中国职业技术教育,2006(2):57-58.

姜大源.论高职扩招给职业教育带来的大变局与新占位[J].中国职业技术教育,2019(10):5-10.

姜大源.现代职业教育体系构建的理性追问[J].教育研究,2011(11):70-75.

姜大源.学科体系的解构与行动体系的重构[J].教育研究,2005(8):148-155.

姜汉荣.职业院校现代化专业群建设的问题与对策——基于专业群的"现代性"认识[J].职教论坛,2017(36)5-17.

姜献群.本科职业教育课程模式的构建[J].教育发展研究,2015(Z1):46-58.

蒋春洋.国际视野下的中、高等职业教育衔接:模式、特征与启示[J].现代教育管理,2014(04):141-148.

蒋东兴,付小龙,袁芳,等.大数据背景下的高校智慧校园建设探讨[J].华东师范大学学报(自然科学版),2015(S1):119-125,131.

蒋东兴,刘臻,沈富可,等.高校智慧校园建设呼唤CIO体系[J].中国教育信息化,2016(7):1-5.

蒋丽君,何杨勇.高职教育第三方评价的局限、问题和对策[J].黑龙江高教研究,2017(9):98-102.

蒋小明.高职院校职业素养教育的实现途径[J].教育与职业,2014(32):105-106.

蒋艳.高职院校文化育人的要素和实现路径探析[J].职教发展研究,2019(2):104.

教育部,财政部.关于实施职业院校教师素质提高计划(2017—2020年)的意见[EB/OL].(2016-11-03).http://www.moe.gov.cn/srcsite/A10/s7011/201611/t20161115_288823.html.

教育部,财政部.关于实施职业院校教师素质提高计划的意见[EB/OL].(2011-11-08).http://old.moe.gov.cn/publicfiles/business/htmlfiles/moe/s6226/201112/xxgk_128045.html.

教育部,财政部.关于支持高等职业学校提升专业服务产业发展能力的通知[EB/OL].(2011-09-30).http://www.moe.gov.cn/srcsite/A07/s7055/201109/t20110930_171562.html.

教育部,财政部.关于实施中国特色高水平高职学校和专业建设计划的意见[Z].教职成[2019]5号,2019-04-01.

教育部,财政部.关于进一步推进"国家示范性高等职业院校建设计划"实施工作的通知[EB/OL].（2010-07-26）. http：//www. moe. gov. cn/srcsite/A07/moe_737/s3876_qt/201007/t20100726_93891. html.

教育部. 基础教育课程改革纲要（试行）[N]. 中国教育报，2001-07-27.

教育部办公厅关于印发《2014 年教育信息化工作要点》的通知[EB/OL].（2014-03-21）. http：//www. ict. edu. cn/news/n2/n20140321_9507. shtml.

教育部等九部门关于印发《职业教育提质培优行动计划（2020—2023 年）》的通知[EB/OL].（2020-09-23）. http：//www. moe. gov. cn/srcsite/A07/zcs_zhgg/202009/t20200929_492299. html.

教育部等六部门关于印发《现代职业教育体系建设规划（2014—2020 年）》的通知[EB/OL].（2014-06-23）. http：//www. moe. gov. cn/srcsite/A03/moe_1892/moe_630/201406/t20140623_170737. html.

教育部等十一部门关于促进在线教育健康发展的指导意见[EB/OL].（2019-09-19）. http：//www. gov. cn/xinwen/2019-09/30/content _ 5435416. html.

教育部关于加快推进职业教育信息化发展的意见[EB/OL].（2012-05-04）. http：//old. moe. gov. cn/publicfiles/business/htmlfiles/moe/s6969/201205/xxgk_136506. html.

教育部关于加强高职高专教育人才培养工作的意见[Z]. 2000-01-17.

教育部关于进一步推进职业教育信息化发展的指导意见[EB/OL].（2017 09-05）. http：//www. moe. gov. cn/srcsite/A07/zcs_zhgg/201709/t20170911_314171. html.

教育部关于全面提高高等职业教育教学质量的若干意见[EB/OL].（2006-00-16）. http：//www. moe. gov. cn/srcsite/A07/s7055/200611/t20061116_79649. html.

教育部关于十三五期间全面深入推进教育信息化工作的指导意见[EB/OL].（2015-09-02）. http：//www. moe. gov. cn/srcsite/A16/s3342/201509/t20150907_206045. html.

教育部关于推进高等职业教育改革创新 引领职业教育科学发展的若干意见[Z]. 2011-09-29.

教育部关于推进中等和高等职业教育协调发展的指导意见[Z]. 2011-08-30.

教育部关于印发《高等职业教育创新发展行动计划（2015—2018 年）》的通知[EB/OL].（2015-10-19）. https：//www. csdp. edu. cn/article/493. html.

教育部关于印发《教育信息化 2.0 行动计划》的通知[EB/OL].（2017-09-

05）. http://www. moe. gov. cn/srcsite/A16/s3342/201804/t20180425 _ 334188. html.

教育部关于印发《教育信息化十年发展规划（2011—2020 年）》的通知[EB/OL].（2012-03-13）. http://www. moe. gov. cn/srcsite/A16/s3342/201203/t20120313_133322. html.

教育部关于印发《普通高等学校高职高专教育指导性专业目录（试行）》的通知[EB/OL].（2004-10-22）. http://. www. moe. gov. cn.

教育部关于印发《普通高等学校高职高专教育专业设置管理办法（试行）》的通知［EB/OL].（2004-10-19）. http://www. moe. gov. cn/srcsite/A07/moe_953/200410/t20041019_110108. html.

金慧,沈宁丽,王梦钰.《地平线报告》之关键趋势与重大挑战:演进与分析——基于 2015—2019 年高等教育版[J].远程教育杂志,2019(4):24-32.

金鑫,王蓉.高职院校办学主体差异与校企合作水平的实证分析[J].高等教育研究,2013(2):54-60.

荆婷,周明星.中国职业教育国际化:意蕴、困境与路径[J].职教论坛,2017(28):63-67.

康蕊."互联网＋职业教育"时代背景下高职教育信息化的研究[J].陕西教育(高教),2020(6):49-50.

柯婧秋,王亚南.高等职业教育国际化:现状、问题及对策——基于全国 231 所高职院校的调查[J].高教探索,2017(36):44-47.

克拉克·克尔.大学的功用[M].南昌:江西出版社,1993.

孔德兰,蒋文超.现代学徒制人才培养模式比较研究——基于制度互补性视角[J].中国高教研究,2020(7):103-108.

孔德兰.构建以专业群为单元的校企合作有机体的实践与思考[J].中国高教研究,2011(10)4-10.

孔庆新.高职专业群"底层共享,中层分立,高层互选"课程体系的构建——以食品生物技术专业群为例[J].职业教育研究,2013(7):22-23.

孔原.基于互联网思维的产教融合模式创新与实践[J].职教论坛,2015(8):62-65.

匡瑛,石伟平.高职人才培养目标的转换——从"技术应用性人才"到"高技能人才"[J].职业技术教育,2006(22):21-23.

匡瑛,石伟平.职业教育集团化办学的比较研究[J].教育发展研究,2008(Z1):38-43.

兰小云.行业型职教集团运行困境与对策研究[J].职业技术教育,2011

（07）：48-52.

蓝洁，唐锡海．"一带一路"倡议下职业教育服务国际产能合作的行动与展望[J].中国职业技术教育，2018（6）：5-12.

蓝洁．高等职业教育质量保障的现状及其再认识[J].职业技术教育，2014（1）：38-42.

乐崇年．产教融合："专业教学工作室"的实践与探索[J].中国职业技术教育，2017（2）：27-30.

雷世平，姜群英．专科高职院校升格本科的"政策口子"缘何不能开[J].河南职业技术师范学院学报（职业教育版），2005（1）：22-24.

雷世平．混合所有制职业院校的本质属性及其衍生特征[J].职教论坛，2016（22）：21-25.

雷正光．新时代职业教育第三方评价机制构建[J].教育与职业，2019（5）：13-17.

李宝银，汤凤莲，郑细鸣．产业学院的功能设计与运行模式[J].教育评论，2015（11）：3-6.

李纯真．我国高职教育评估政策的演变、效应及展望[J].职业技术教育，2018（25）：6-11.

李大千．基于信息化建设的高职教学模式改革探究——评《信息化教育概论（第2版）》[J].中国教育学刊，2019（11）：46-59.

李丹艳．基于模糊DEA的高职院校信息化建设绩效评价研究[D].长春：吉林大学，2014.

李光红．校企合作创新的演化博弈分析[J].科技管理研究，2007（8）：153-154.

李国英，黄蘋．荷兰职业教育国际化：动因、措施及启示[J].成人教育，2019（8）：88-93.

李果，赵鹏飞，许建，王婷婷．知识管理视角下高职人才培养工作状态数据采集平台的建设与实施[J].职业技术教育，2013（8）：55-57.

李洪渠，彭振宇，张一婵．基于市场视角看世界一流高职院校内涵及特征[J].职教论坛，2015（28）：4-9.

李洪渠，向丽，石俊华，严薇．以产教融合为核心的我国职业教育人才培养研究的现状与趋势——基于CNKI 2014-2017年期刊文献的分析[J].职教论坛，2017（30）：5-9.

李华荣．发展本科层次职业教育是现代职业教育体系的亮点[J].职业技术教育，2013（24）.

李建国.高职院校信息化本质和内涵探析[J].江苏高职教育,2019(2):8-13.

李建林.摇曳的高职文化性格[M].湖南文艺出版社出版,2015.

李进,薛鹏.利益相关者理论视阈下现代学徒制治理结构的构建[J].中国职业技术教育,2015(33):49-52.

李进.高校师资队伍建设与学科发展的关联性研究[J].吕梁教育学院学报2015(4):45-47.

李克东.数字化学习(上)——信息技术与课程整合的核心[J].电化教育研究,2001(8):46-49.

李克东.数字化学习(下)——信息技术与课程整合的核心[J].电化教育研究,2001(9):18-22.

李蕾.职业院校如何开展创业教育——创业教育与职业教育结合的研究[J].山东商业职业技术学院学报,2015(4):48-52.

李林.高职专业群建设评价体系构建研究[J].教育评论,2017(8):15-20.

李璐,王运武.高校智慧校园评价指标体系研究[J].现代教育技术,2020(5):87-93.

李梦卿,陈佩云."双高计划"背景下"双师型"教师教学创新团队建设研究[J].教育与职业,2020(8):79-84.

李梦卿,姜维."一带一路"我国内陆节点城市职业教育国际化发展研究[J].职教论坛,2017(1):16-21.

李梦卿,邢晓."双师型"教师资格认证标准的制定与实施[J].教育与职业,2020(4):19-26.

李梦卿.我国优质高职院校建设的逻辑、特征与机制[J].高等教育研究,2018(2):45-53.

李名梁,贺珍珍."鲁班工坊"研究:内涵与发展路径[J].中国职业技术教育,2019(12):30-34.

李卿.澳大利亚 TAFE 学院质量保障体系研究——以皇家墨尔本理工大学TAFE 学院为例[D].上海:华东理工大学,2013.

李尚群.高职课程目标的取向与来源[J].职教论坛,2003(12):15-25.

李苏.广东高职院校现代学徒制的实践及其主要经验——以清远职院和番禺职院为例[J].江苏教育研究,2017(Z3):86-92.

李伟.高职教育国际化研究综述[J].教育与职业,2014(36):165-167.

李伟萍,李敏."产教融合"人才培养模式的实践与启示[J].职教论坛.2014(29):58-62.

李文静,马秀峰.新世纪以来我国职业教育教师专业发展研究透视——基于CNKI的文献计量分析[J].职教论坛,2020(3):69-76.

李文静,周志刚.我国职业教育质量保障体系研究述评[J],河北大学成人教育学院学报,2013(12):65-69.

李文静.德国职业学校教育质量保障体系研究[D].天津:天津大学,2014.

李文英.战后日本职业教育制度的演进[J].教育与职业,2010(2):26-29.

李希富,黎云羲.加速我国高等职业教育发展的若干思考[J].高等理科教育,2002(6):115-118.

李小鲁,胡冰.现代学徒制:职业教育的实践回归[J].当代职业教育,2017(6):26-29.

李小娃.优质高职院校建设:逻辑起点与战略要点[J].职业技术教育,2018,39(10):6-11.

李晓锦,尹珊珊.发展高等职业本科教育刍议[J].河北师范大学学报(教育科学版),2014(4):11-16.

李晓明,麦影.促进高职教育服务地方经济社会发展的政策与对策研究[J].教育与职业,2014(27):22-24.

李晓明.产业转型升级与高职本科教育发展——以地方应用型本科转型高职本科为选择[J].教育发展研究,2012(3):18-23.

李秀绒.教育供给侧改革背景下高等职业教育人才培养模式研究[D].长春:长春工业大学,2018.

李亚东.职教质量保障体系建设的多面思维[N].光明日报,2013-1-22(16).

李燕玲.基于可雇佣能力提升的高等职业教育人才培养模式研究[D].南宁:广西大学,2015.

李玉珍,肖怀秋.高职院校专业群建设存在的问题与对策分析[J].当代职业教育,2016(6):28-31.

李玉珠.产教融合制度及影响因素分析[J].职教论坛,2017(13):24-28.

李泽华,李倩.职业教育集团化办学运行机制的国际比较[J].国家教育行政学院学报,2011(12):3-6.

李照清,吴越.影响高职院校专业群建设的要素分析及思考[J].辽宁高职学报,2012(1):27-29.

李政.高职院校教师专业发展的三维模型及其应用[J].中国高教研究,2020(2):98-102.

李政.职业教育的产教融合:障碍及其消解[J].中国高教研究,2018(9):87-92.

李政:职业教育现代学徒制的价值研究——知识论的视角[D].上海:华东师范大学,2018.

李志刚,构建高职院校教学质量保证与监控体系的策略分析[J].山东社会科学,2015(12):236-237.

李志河,潘霞,刘芷秀,伊洁.教育信息化2.0视域下高等教育信息化发展水平评价研究[J].远程教育杂志,2019(6):81-90.

李志宏,李岩,陈东冬,等.现代职业教育评估制度的系统构建——教育部哲学社会科学重大课题攻关项目成果综述[J].中国职业技术教育,2017(31):69-71.

李志宏,李岩.加强高等职业教育质量保障体系建设再思考[J].中国职业技术教育,2014(3):28-31.

李智晔,邓承敏,刘世清.数字化教育资源共享的传播——消费模式及其特征[J].教育研究,2016(11):54-57＋73.

梁成艾.职业教育"项目主题式"课程与教学模式论[M].成都:西南交通大学出版社,2013.

梁卿.对职业院校教学诊断与改进制度的再思考[J].江苏教育,2019(12):22-27.

梁帅,吴雪萍.澳大利亚职业教育国际化政策探析[J].中国高教研究,2019(5):97-103.

廖华.美国高职教育课程国际化及启示[J].教育与职业,2016(10):103-105.

廖益.中高职教育职业能力培养有效衔接研究与实践[M].北京:中国社会科学出版社,2020.

林春明.高职院校内部治理现状与改革对策[J].教育与职业,2015(34):9-12.

林克松,许丽丽.课程秩序重构:高职高水平专业群建设的逻辑、架构与机制[J].高等工程教育研究,2019(6):125-131.

林霖琳.诊改背景下高职院校教育质量文化建设的思考[J].开封教育学院学报,2017(10):143-144.

林润惠,周红莉,谭辉平,等.高职院校专业文化建设研究[J].广东技术师范学院学报,2012(2):86.

林宇.高等职业院校师资队伍建设的现状、问题及对策[J].中国高教研究,2015(1):79-82.

林育丹,周汉辉,谭立峰.现代职业教育质量保障体系构建:目标、内容及政策支持[J].高等职业教育探索,2019(7):19-23.

林玥茹,石伟平.高职院校教学工作诊断与改进的必要性、难点及对策[J].教育与职业,2018(4):49-54.

刘邦奇."互联网＋"时代智慧课堂教学设计与实施策略研究[J].中国电化教育,2016(10):51-56,73.

刘斌,邹吉权,刘晓梅.职业教育产教融合的逻辑起点与应然之态[J].中国高教研究,2017(11):106-110.

刘冰,闫智勇,吴全全.职业教育课程开发模式的源流与趋势[J].中国职业技术教育,2018(33):18-24.

刘凤存.关于构建高职院校"五位一体"内部质量保障体系的研究[J].职业教育研究,2016(7):46-50.

刘海明,谢志远,刘燕楠.高职教育人才转型的战略思考:推进产教融合,服务产业发展——兼谈高职院校"新技术应用"人才培养方略[J].高等工程教育研究,2018(2):182-188.

刘红.高职教育人才培养模式改革研究[D].南昌:东华理工学院,2014.

刘洪波.基于产教融合的高职多元化创新创业人才培养模式重构[J].教育与职业,2016(13):83-85.

刘桓,陈福明,程艳红.基于产教园的高职院校深化产教融合协同育人的机制探索[J].中国职业技术教育,2018(25):51-56

刘辉.新时代高职院校高水平专业(群)表征及诊改路径分析[J].工业技术与职业教育,2018(4):16-19.

刘佳雯,聂劲松.规范与导引:"双师型"师资建设逻辑与伦理审思[J].职教论坛,2020(2):81-87.

刘家枢.高职院校混合所有制的内涵、路径和模式[J].职教论坛,2015(4):4-10.

刘家枢.混合所有制——高职院校产教深度融合的路径与模式思考[J].职教论坛,2015(8):14-18.

刘晶晶:我国高职院校实施现代学徒制的现状及完善路径研究[D].武汉:湖北工业大学,2019.

刘立新.德国职业教育产教融合的经验及对我国的启示[J].中国职业技术教育,2015(30):18-23,37.

刘丽娜,李艳华,吕智飞.激发职业教育办学活力的正确选择——探索发展混合所有制职业院校的话题[J].职业技术,2014(12):23-26.

刘玲.高职院校质量文化的培育与塑造[J].浙江工商职业技术学院学报,

2011(1):57-60.

刘任熊,李畅,吉国庆.从履职到履责:关于高职教育质量年报科学规范发展的十点思考——写在高职质量年报制度实施五周年之际[J].中国职业技术教育,2016(24):22-26

刘任熊,尚维来,李忠华,等.论高等职业教育质量保障体系建设之成效[J].中国职业技术教育,2020(7):71-78.

刘任熊.高等职业教育高质量发展的区域响应:问题表征及优化策略[J].中国职业技术教育,2019(5):80-88.

刘任熊.高职院校构建产教融合有效运行机制的现实困境与路径选择——基于江苏经贸职业技术学院的实证研究[J].职业技术教育,2017(32):17-20.

刘瑞军,曲芳,赵丹.对高职院校专业群内涵建设的研究与实践探索[J].辽宁高职学报,2012(1):1-2,21.

刘树青,贾茜,吴金娇.本科层次职业教育的工程化项目课程体系研究[J].江苏高职教育,2019(3):14-19.

刘涛.高职院校质量文化建设的内容与途径[J].鄂州大学学报,2013(4):49-51.

刘伟.广东省高职教育国际化现状调查——基于八维蛛网模型法[J].高教探索,2016(5):50-55.

刘文江,赵学昌.适应工学结合人才培养模式要求的职业教育管理制度探索[J].当代教育论坛,2009(6):90-92.

刘霞.基于产业链的高职专业群建设研究[J].中国职业技术教育,2012(3):34-37.

刘献君.适应高等教育强国建设要求的高等学校教育理念创新[J].中国高教研究,2010(11):4-11.

刘晓,乔飞飞.发展本科层次职业教育:路径选择与机制保障[J].职教论坛,2015(22):42-53.

刘晓,沈希.我国职教师资培养:历史、现状与体系构建[J].河北师范大学学报(教育科学版),2013(11):71-76.

刘晓,石伟平.职业教育集团化办学治理:逻辑、理论与路径[J].中国高教研究,2016(2):101-105.

刘晓.高职学校高水平专业群建设:组群逻辑与行动方略[J].中国高教研究,2020(6):104-108.

刘晓.专业群建设:困境与路径[J].职业技术教育,2019(22):1-5.

刘亚西.高水平高职学校社会服务能力提升的实践逻辑[J].中国职业技术

教育,2019(30):10-13,28.

刘洋.高职院校文化生态探析[J].湖南工业职业技术学院学报,2014(1):100.

刘英霞,亓俊忠,丁文利.系统论视角下高职学校高水平专业群组建逻辑与成效探析[J].职业技术教育,2020(14):25-29.

刘云帆.基于软系统方法论的高等职业教育人才培养评价模式研究[D].北京:北京工业大学,2011.

刘哲.基于现代学徒制高职人才培养模式研究与实践[J].中国成人教育,2015(24):124-125.

刘志峰.高职教育实施第三方评价的主要问题与改进策略[J].职业技术教育,2017(7):49-54.

刘志峰.高职院校内部质量保证体系诊改工作:本质、意义和内容[J].职业技术教育,2016(18):24-29.

柳友荣,项桂娥,王剑程.应用型本科院校产教融合模式及其影响因素研究[J].中国高教研究,2015(5):64-68.

龙德毅.产教融合、校企合作人才培养模式的角色定位和责任——构建"行业制定标准,院校负责培训,政府实施监督"校企合作的基本制度和运行机制[J].天津职业院校联合学报,2015(6):3-6.

楼世洲,岑建.产教融合视角下高职院校"双师型"教师团队建设的创新机制[J].职业技术教育,2020(3):7-11.

卢春,尉小荣,吴砥.教育信息化绩效评估研究综述[J].中国电化教育,2015(11):62-69.

卢冠明.高职院校社会服务模式述评[J].江苏经贸职业技术学院学报,2010(6):68-70.

卢美圆.基于耗散结构理论的高等职业教育产教融合动力机制研究[J].教育与职业,2016(20):11-14.

卢志鹏.现代职业教育新论[M].北京:北京大学出版社,2015.

陆勤丰.产业行业背景下高职院校专业文化建设若干思考[J].天津职业大学学报,2012(2):3-4.

陆素菊.试行本科层次职业教育是完善我国职业教育制度体系的重要举措[J].教育发展研究,2019(7):14-18.

陆燕飞,陈嵩.我国高等职业教育评估制度政策发展探析[J].上海教育评估研究,2015(3):9-16.

陆勇,洪林.应用型高校本科职业教育价值取向刍议[J].黑龙江高教研究,

2016(11):71-74.

路承恺,周桂宏,何正凤,蔡惠东.对职业教育集团化办学机制的思考[J].教育与职业,1996(2):13-14.

罗丹.高职教师专业化发展论析[J].江苏高教,2014(5):139-141.

罗汝珍."一带一路"背景下高等职业教育第三方评价的国际化研究[J].成人教育,2019(10):57-62.

罗汝珍.市场经济背景下高等职业教育产教融合机制研究[J].教育与职业,2014(21):8-11.

罗三桂.高职院校特色专业群建设路径选择[J].中国职业技术教育,2018(28):2-6.

罗志.高职院校办学特色形成机制研究[M].长沙:湖南大学出版社,2012

吕景泉,杨延,芮福宏,等."鲁班工坊"——职业教育国际化发展的新支点[J].中国职业技术教育,2017(1):47-50.

吕景泉.高等职业教育专业建设实践的研究[D].天津:天津大学,2014.

马成荣.关于职教集团基本问题的思考[J].教育发展研究,2005(19):83-86.

马海峰,刘明新.高职院校校园网络文化安全体系建设研究[J].职教通讯,2021(26):39.

马宏斌.基于三螺旋理论的高等职业教育产教融合研究[J].中州大学学报,2016(1):115-117

马华林,张立燕.基于产业发展理论的高职产业学院专业群发展研究[J].职教通讯,2017(30):24-27.

马建富.职业教育学[M].上海:华东师范大学出版社,2008.

马宽斌.高等职业教育质量保障体系中政府、企业与学校的角色定位探析[J].教育理论与实践,2011(3):24-26,

马良军.我国高等职业教育评估政策的演变与展望[J].职教论坛,2018(2):28-33.

马树超,范唯,郭扬.构建现代职业教育体系的若干政策思考[J].教育发展研究,2011(21):1-6.

马树超,郭文富.高职教育深化产教融合的经验、问题与对策[J].中国高教研究,2018(4):58-61.

马树超,郭文富.新时期构建现代职业教育体系的基本思考[J].职教论坛,2015(28):31-34.

马树超.产教融合:从示范到优质院校建设的主线[J].职教论坛,2017(1):

32-35.

马树超.发展现代职业教育呼唤具有时代特征的新举措[J].中国职业技术教育,2014(21):18-21.

马燕.我国本科层次职业教育发展研究[D].天津:天津大学,2015.

买琳燕.高职教育国际化与一流高职院校建设[J].职业技术教育,2015(4):19-23.

买琳燕.高职教育国际化与本土化辩证关系探析[J].职业技术教育,2014(7):10-14.

买琳燕.新加坡高职教育国际化发展:历程、举措与特征[J].现代教育管理,2018(10):94-99.

孟男.专业文化视角下动漫专业建设的路径与实现策略[J].职业技术教育,2013(32):23-24.

孟庆国.我国职业教育师资队伍建设的问题与对策[J].职业技术教育,2012(19):55-58.

孟庆国.职业教育教师培养体系的构建与实践[J].职业技术教育,2013(22):50-54.

孟亚娟.基于产教融合模式的高职跨境电子商务人才培养[J].教育与职业,2015(28):94-95.

闵建杰.关于高等职业教育专业群建设的思考[J].湖北职业技术学院学报,2006(3):3-6.

缪涛江.新型城镇化进程中社区教育社会功能的探索——以无锡新区为例[J].江南论坛,2015(6):26-27.

莫玉婉.高职教育国际化:内涵、实践及改革趋势——基于国家百所高职示范校的调查分析[J].职业技术教育,2017(16):24-28.

莫志明.高职院校社会服务模式构建[J].教育与职业,2015(24):30-32.

穆志刚.我国水文化教育综述[J].长江工程职业技术学院学报,2020(1):15.

南国农.信息化教育概论.2版[M].北京:高等教育出版社,2011.

聂强.跨界与融合:基于职业素养教育的高职课程建构研究[D].重庆:西南大学,2017.

聂伟.关于将新建本科院校纳入现代职业教育体系构建的探讨——兼论职业教育的边界[J].中国高教研究,2012(11):93-98.

聂伟.判断标准研究是发展本科层次职业教育的前提[J].职业教育研究,2016(11):15-21.

牛士华,陈福明.新常态下深化高职教育产教融合研究[J].教育与职业,2016(4):25-27.

欧阳波仪,易启明,汪炎珍,等.高质量发展视域下高职教师教学创新团队建设研究[J].中国职业技术教育,2020(5):88-92.

欧阳恩剑.我国职业教育集团化办学模式的基本理论问题探析[J].中国职业技术教育,2016(18):12-17,23.

欧阳丽,罗金彪.现代学徒制管理制度体系的设计与思考[J].职教论坛,2017(4):28-34.

欧阳忠明,韩晶晶.雇主参与现代学徒制的利益与权力诉求——基于英国学徒制项目调查报告的分析[J].教育发展研究,2014(11):52-59.欧盟委员会.欧洲现代学徒制[M].孙玉直译,北京:中劳动社会保障出版社,2016.

潘海生,权薇.国际劳工组织职业教育MES模式国际化研究[J].职业技术教育,2020(1):73-79.

潘建峰,刘瑛,魏宏玲.高职制造类专业现代学徒制实施路径研究与实践[J].中国职业技术教育,2017(2):75-79,91.

潘建峰.基于现代学徒制的高端制造业人才培养研究与实践[J].中国职业技术教育,2016(5):46-49.

潘丽云."双高"建设背景下的高职院校教师教学创新团队研究——基于基层教学组织重构的视角[J].中国职业技术教育,2020(29):53-56.

潘玲珍.高职院校教师发展中心的运行机制与功能结构研究[J].高等工程教育研究,2014(6):172-177.

潘玲珍.基于产教融合的高职教师专业发展研究[J].高等工程教育研究,2015(2):159-163.

潘懋元,车如山.做强地方本科院校——地方本科院校的定位与特征研究[J].中国高教研究,2009(12):15-18.

潘懋元,王伟廉.教学改革的核心地位不能动摇[J].中国高等教育,1995(4):15-16.

潘懋元.新编高等教育学[M].北京:北京师范大学出版社,2009.

潘晓明.高职院校教育国际化的内涵、要素与动因[J].职教论坛,2012(23):10-15.

彭红科,彭虹斌.面向教育现代化2035职业院校"双师型"教师队伍建设机制与路径[J].成人教育,2020(2):58-64.

平和光,程宇,岳金凤.推进职业教育师资队伍建设 夯实职业教育立教之本——改革开放40年我国职业教育师资队伍建设综述[J].职业技术教育,2018

(27):6-15.

祁占勇,王羽菲.改革开放40年来我国职业教育产教融合政策的变迁与展望[J].中国高教研究,2018(5):40-45,76.

钱海军.高职工科专业文化体系构建:服务区域发展之维[J].工业技术与职业教育,2019(6):41.

钱结海.对高职院校专业群建设几个问题的思考[J].北京城市学院学报,2010(5):62-66.

钱维存.学习者视角下职业院校专业群建设的实践逻辑[J].职教论坛,2020,36(7):46-51.

钱铮,羊悦等.微文化视角下高职院校校园文化建设与发展[J].中国冶金教育,2017(3):90-92.

强伟纲.对高职专业群建设的思考[J].教育与职业,2013(21):78-89.

秦丽.立德树人视角下高职院校文化育人的创新与实践研究[J].现代教育,2019(11):36-37.

秦敏.高职院校校园文化建设研究——以国内11家高职院校为例[J].四川文化产业职业学院学报,2018(2):83.

邱晖,樊千.推进产教深度融合的动力机制及策略[J].黑龙江高教研究,2016(12):102-105.

邱开金.地方岛职院校的关键词:社会服务[J].高等职业教育(天津职业大学学报),2009(6):3-5.

阙明坤,潘奇.发展混合所有制职业院校初探[J].职业技术教育,2015(4):40-44.

阙明坤.本科层次职业教育:继承与创新[J].职业技术教育,2013(30):14-16.

任聪敏.基于区域产业经济结构的高职专业群建设研究[J].职教通讯,2015(1):25-29.

任君庆,王琪.发展本科层次职业教育:历史考察、现状分析和路径选择[J].职教论坛,2013(4):52-55.

任友群.教育部《深化新时代职业教育"双师型"教师队伍建设改革实施方案》介绍重点任务进展情况发布会[EB/OL].(2019-10-17).http://www.moe.gov.cn/fbh/live/2019/51475/twwd/201910/t20191017_404061.html.

任友群.中华人民共和国教育部加强新时代高校教师队伍建设改革、深化高等学校教师职称制度改革有关文件,介绍《全面深化新时代教师队伍建设改革的意见》落实评估、国家级职业教育教师教学创新团队建设情况新闻发布会[EB/

OL］.（2021-01-27）.http://www.moe.gov.cn/fbh/live/2021/52874.

任占营.优质高等职业院校建设的思考［J］.国家教育行政学院学报,2018（7）:47-52.

任占营.高职院校专业群建设的变革意蕴探析［J］.高等工程教育研究,2019（6）:4-8.

任占营.职业教育提质培优的现实意义、实践方略和效验表征［J］.中国职业技术教育,2020（33）:5-9.

沙鑫美.本科职业教育的内涵分析与培养特征［J］.教育与职业,2017（22）:17-20.

沙鑫美.本科职业教育的实施方法与路径［J］.教育与职业,2018（3）:15-19.

沙鑫美.内容重构:本科职业教育课程改革的首要任务［J］.中国职业技术教育,2016（29）:162-169.

商兰芳,骆文炎.高职专业文化特色培育探析［J］.江苏高教,2016（3）:18-22.

上海市教育科学研究院,麦可思研究院.2013中国高等职业教育质量年度报告［M］.北京:高等教育出版社.2013.

上海市教育科学研究院,麦可思研究院.2017中国高等职业教育质量年度报告［M］.北京:高等教育出版社.2017.

上海市教育科学研究院,麦可思研究院.2019中国高等职业教育质量年度报告［M］.北京:高等教育出版社.2019.

邵建东,徐珍珍.现代职教体系下高职师资队伍建设的诉求、问题与路径［J］.中国高教研究,2016（3）:100-103.

邵建东.高职院校教学团队建设的误区及对策［J］.中国高教研究,2013（4）:99-101.

邵进.产学研深度融合的探索与思考——基于三重螺旋模型的分析［J］.中国高校科技,2015（8）:7-9.

邵庆祥.试论高职院校专业文化建设的实践创新［J］.学校党建与思想教育,2011（4）:14-16.

佘瑞龙.现代学徒制人才培养实施及数理分析［J］.中国职业技术教育,2015（28）:63-66.

申俊龙,王鸿江,郭彬.教育生态位视阈下高职院校国际化产教资源优化组合模式研究［J］.职业技术教育,2020（30）:60-65.

沈建根,石伟平.高职教育专业群建设:概念、内涵与机制［J］.中国高教研究,2011（11）:78-80.

沈建根.区域型职业教育集团:特征、制约因素与发展策略[J].职教论坛,2012(16):64-67.

沈铭钟,沈建根,刘晓宁.我国职业教育集团发展的现状、问题与对策[J].中国职业技术教育,2014(36):39-42.

施晓秋,赵燕,李校堃.融合、开放、自适应的地方院校新工科体系建设思考[J].高等工程教育研究,2017(4):10-15.

施也频,陈斌.产教融合 特色办学[J].中国职业技术教育,2007(35):18-19.

施泽波.围绕产业链构建专业群的实践与思考[J].中国成人教育,2010(12):36-39.

石咪咪.构建我国中高职专业课程体系衔接的研究[D].曲阜:曲阜师范大学,2013.

石伟平,陈霞.职教课程与教学改革的国际比较[J].职业技术教育,2001(19):2-6.

石伟平,郝天聪.从校企合作到产教融合——我国职业教育办学模式改革的思维转向[J].教育发展研究,2019(1):1-9.

石伟平,匡瑛等.中国教育改革40年:职业教育[M].北京:科学出版社,2018.

石伟平,徐国庆.试论当前中国发展技术本科的意义与策略[J].教育发展研究,2003(12):57-60.

石伟平.职业教育国际化水平和国际竞争力提升:战略重点及具体方略[J].现代教育管理,2018(1):72-76.

石伟平.服务社会:高职需处理好的基本问题.[N].光明日报,2016(7).

史文生.构建"双元结构教师小组"教师培养模式[J].教育研究,2017(12):147-149.

帅杨.专业技能标准建立的思考——从高等专科职业教育到本科职业教育的转化[J].黄冈师范学院学报,2014(6)7-15.

宋凯.产业升级的本质是人的升级[N],中国教育报,2015-02-16.

苏华.关于深化产教融合、加快发展高等职业教育的思考[J].教育与职业,2018(2):5-7.

苏小兵,祝智庭.数字化教学资源的需求和供给模式研究——公共产品的视角[J].中国电化教育,2012(8):78-82.

隋秀梅,高芳,唐敏."双高"背景下高职院校"双师型"教师教学创新团队建设研究[J].中国职业技术教育,2020(5):93-96.

孙翠香,庞学光.我国高等职业教育评估:现状、问题及改进策略[J].河北师范大学学报(教育科学版),2014(5):57-63.

孙芳芳,闫志利.评估与诊改:职业教育质量保障的理论演进与范式融合[J].中国职业技术教育,2019(3):69-73.

孙芳芳.职业院校教学诊断与改进的理论追溯[J].职教通讯,2018(17):18-22.

孙峰.专业群与产业集群协同视角下的高职院校专业群设置研究[J].高等教育研究,2014(7):46-50.

孙建波,钟申.基于"智能＋"的职教师资培养研究[J].教育理论与实践,2020(6):22-24.

孙杰,周桂瑾,徐安林,王振华.高职教育推进产教融合、校企合作机制改革的研究与实践——以无锡职业技术学院为例[J].中国职业技术教育,2018(3):59-62.

孙立会,刘思远,李芒.面向 2035 的中国教育信息化发展图景——基于《中国教育现代化 2035》的描绘[J].中国电化教育,2019(8):1-8,43.

孙立媛.我国高校 CIO 体制研究[J].中国高校科技,2019(Z1):122-124.

孙琳.职业教育师资队伍建设改革的成就、问题与发展趋势[J].职教论坛,2020(5):87-96.

孙善学.产教融合的理论内涵与实践要点[J].中国职业技术教育,2017(34):90-94.

孙天华.大学的科层组织特征及效率——对我国公立大学内部治理结构的分析[J].河南社会科学,2004(5):17-20.

孙伟.树立高职校园文化自信的历史依据与展望[J].宿州教育学院学报,2020(6):55.

孙卫平.现代高职院校制度:意义、内涵和特征[J].职教论坛,2010(13):41-44.

孙晓庆.高职院校的治理结构研究——基于章程制定的视角[J].职业技术教育,2015(34):66-69.

孙晓云.中国现代职业教育质量保障体系的研究框架[J].中国教育学刊,2015(2):57-58.

孙毅颖.高职专业群建设的基本问题解析[J].中国大学教学,2011(1):20-24.

孙云志.我国高职院校内部治理现状调查分析[J].职业技术教育,2017(21):61-67.

谭柳青.产教融合在高职教育中的探索与实践[J].中国职业技术教育,2015(14):87-89

谭强.基于现代职业教育体系的中高职课程衔接研究[D].重庆:西南大学,2016.

谭任绩,王悠.高职专业群:高职教育发展新突破的着力点[J].职教通讯,2018(14):22-26.

谭任绩,王悠.高职专业群建设的五个环节及其特质[J].职教通讯,2018(22):22-26.

檀祝平.高职实践导向项目化课程的开发和实施[J].中国成人教育,2014(6):15-21.

汤晓艳.浅谈高职院校质量文化的建构[J].西南农业大学学报,2012(6):225-227.

唐文忠.我国高等职业教育投入产出的经济学分析与对策思考[J].福建师范大学学报(哲学社会科学版),2015(2):15-21.

唐燕,丁建庆.中职酒店专业引入现代学徒制的实践探索[J].中国职业技术教育,2014(11):25-29.

唐智彬,石伟平.国际视野下我国职教师资队伍建设的问题与思路[J].教师教育研究,2012(2):57-62.

陶济东."双师"结构专业教学团队内涵新解[J].职业技术教育,2011(22):49-52.

滕业方.基于专业群的高职专业人才培养方案构建[J].职业技术教育,2013(17):21-29.

田芳.TQM理念下高职专业群实践教学质量保证体系探究[J].职业教育研究,2020(8):47-52.

田静,兰金林,石伟平.台湾地区职业教育群集课程的经验与启示[J].中国职业技术教育,2019(20):45-52.

田静,石伟平.走向共生:高职专业群课程体系的问题反思与重构路径[J].职业技术教育,2020(20):45-49.

童卫军,任占营.发展混合所有制职业院校的问题对策与实现形式[J].高等工程教育研究,2016(5):183-188.

屠立峰,李晶.高职院校办学经费多元化与地方产业发展的关联度研究——基于30个省市面板数据[J].职业技术教育,2015(1):35-40.

万军,胡宁.专业群建设视角下实训教学体系的构建[J].职业技术教育,2013(11):11-15.

汪静.德国职业教育法律体系保障下的校企合作长效机制研究[J].当代职业教育,2014(5):109-111.

汪燕,田党瑞,刘选,谭明杰.教育信息化研究十个重点问题——基于"与主编面对面"沙龙记录和相关文献[J].现代远程教育研究,2020(1):12-22＋32.

汪长明.关于职业教育专业和课程标准体系建设的思考[J].教育与职业,2019(22):14-19.

王波.高职院校专业文化研究国内期刊文献综述[J].深圳职业技术学院学报,2020(2):28.

王波.构建高职院校专业文化育人体系的思考与实践[J].教育与职业,2016(16)12-16.

王成方.高等职业院校人才培养工作评估十年回顾与展望[J].江苏教育,2014(48):26-29.

王丹利.高职院校构建多功能社会服务平台的探讨[J].辽宁高职学报,2008(3):1-2,6.

王丹中,赵佩华.产教融合视阈下高职院校协同育人机制探索[J].中国高等教育,2014(21):47-49.

王丹中.基点·形态·本质:产教融合的内涵分析[J].职教论坛,2014(35):79-82.

王东红.建构高校教师创新团队运行的三维模式[J].中国成人教育,2013(5):48-59.

王凤华,王海丽,范国渠,刘国宁.高职院校科技社会服务能力的实证研究与案例分析[J].中国职业技术教育,2017(32):92-96.

王国光,孙长远.基于建构主义学习观的高职院校微课开发研究[J].职教论坛,2014(27):67-70.

王国康.信息化视角下职业教育质量保障机制研究[J].湖北开放职业学院学报,2019(7):53-54.

王海.职业院校MOOC建设及应用初探[J].中国职业技术教育,2016(14):56-63.

王海峰,张进.基于本科职业教育视角的新建本科院校人才培养质量研究[J].教育与职业,2015(34):23-25.

王红艳,吴全华.高职教育内化企业文化的依据和途径研究[J].职教论坛,2015(5):35.

王辉.校企协作助推产教融合:美国社区学院校企协作"项目群"的兴起[J].高等教育研究,2015(3):102-109.

王继平."双师型"教师与职业教育教师专业化[J].职业技术教育,2008(9):50-55.

王江涛,张丽娟.高职院校社会服务体制机制研究——以北京劳动保障职业学院为例[J].中国职业技术教育,2013(33):55-60.

王军,黄玲青.我国本科职业教育人才培养的应然方向、目标特征与路径[J].教育与职业,2020(16):4-10.

王俊杰.高等职业教育混合所有制改革的基本定位及其实践路径[J].中国高教研究,2017(6):104-110.

王雷,金祥海.本科层次职业教育专业文化建设研究[J].陕西教育(高教),2019(12):6-12.

王丽红.教育信息化绩效评价模型的制定[J].学理论,2013(24):253-254.

王丽婷.高职院校质量文化的内涵与建构[J].济南职业技术学院学报,2013(5):15-16.

王觅,贺斌,祝智庭.微视频课程:演变、定位与应用领域[J].中国电化教育,2013(4):88-94.

王木林.高职院校专业文化建设路径探析[J].继续教育研究,2014(12):33.

王平.新中国成立以来我国学徒制政策的演变,问题与调适[J].教育与职业,2015(22):13-17.

王琦,陈正江.高职教育教学文化研究[M].杭州:浙江工商大学出版社,2016.

王清连.职业教育师资培养的"双岗实习、置换培训"实习模式的理论与探索[J].河南科技学院学报(自然科学版),2008(3):1-5.

王世斌.以系统创新驱动内涵建设和质量提升[N].中国教育报,2015-11-19.

王寿斌,刘慧平.混合所有制:高职改革"市场化"探索[J].教育与职业,2015(2):22-28.

王淑涨,吕一军.产教融合市场化背景下的现代高职教育体系建设[J].高等工程教育研究,2016(4):155-159.

王文涛."以学生为中心"的高职教育课程建设新范式[J].中国高教研究,2014(12):93-96.

王雯,韩锡斌.工作过程导向的职业教育课程混合教学设计[J].中国职业技术教育,2020(5):11-14.

王晓萍,刘志峰.高职院校双师教学团队建设研究[J].教育与职业,2015(14):17-20.

王效杰.现代产业要素嵌入式专业群实践教学体系重构[J].教育与职业，2016(19):102-105.

王星,技能形成的社会建构中国工厂师徒制变迁历程的社会学分析[M].北京:社会科学文献出版社,2014.

王兴,王丹霞.1＋X证书制度的若干关键问题研究[J].职业技术教育,2019(12):7-12.

王亚南.本科层次职业教育发展的价值审视、学理逻辑及制度建构[J].中国职业技术教育,2020(22):59-66.

王炎斌.现代学徒制的几个基本关系辨析与献疑[J].职教论坛,2017(22):71-74.

王艳,邵悦.产教融合背景下高职院校课程开发问题研究[J].黑龙江教育（高教研究与评估),2016(1):29-31.

王一群.基于地方高职院校校园文化与区域文化融合的研究[J].四川省干部函授学院学报,2011(1):93.

王永红.高职教育校企合作运行机制存在的问题和对策[J].中国教育技术装备,2011(18):86-87.

王悠.文化生态建设:高职人才培养能力提升的基石[J].教育教学论坛,2020(44):35-36.

王玉龙,刘晓.以院建群还是以群建院？——兼论高职院校高水平专业群建设的基层治理模式[J].职教论坛,2020(7):34-39.

王泽华.区域经济视角下高职院校专业群建设探析[J].中国成人教育,2013(14):87-89.

王忠昌.改革开放40年我国职业教育国际化政策的变迁及展望——基于42份国家层面政策文本的分析[J].职业技术教育,2018(21):15-21.

王忠孝,林泉.对高职院校专业及专业群建设的思考[J].北方经贸,2011(12):151-152.

翁伟斌.内部治理结构创新:职教集团化办学可持续发展的内驱力[J].高等工程教育研究,2017(4):198-202.

翁伟斌.职业教育集团化办学的内部治理机制:框架与推进路径[J].中国高教研究,2016(5):86-91.

邬小撑,阎亚军.高职院校与研究型大学合作探索[J].中国高教研究,2013(8):85-88.

吴翠娟,李冬.高职教育专业群的内涵分析和建设思考[J].教育与职业,2014(23):11-15.

吴砥,尉小荣,卢春,石映辉.教育信息化发展指标体系研究[J].开放教育研究,2014(1):92-99.

吴海燕,蒋东兴,袁芳,付小龙,戚丽,杜炤,苗春雨.教育信息化绩效评价指标体系研究[J].武汉大学学报(理学版),2012(S1):48-52.

吴吉东.高职院校专业群建设视域下的教师发展研究[J].职教论坛,2014(5):6-15.

吴建洪.高职专业群实践教学体系构建的探索与研究[J].黑龙江教育学院学报,2013(11):83-84.

吴建设.高职教育推行现代学徒制亟待解决的五大难题[J].高等教育研究,2014(7):41-45.

吴建新,许军.高教学刊四度时空文化育人生态构建[J].现代教育研究,2020(27):80.

吴旻瑜,刘欢,任友群"互联网+"校园:高校智慧校园建设的新阶段[J].远程教育杂志,2015(4):8-13.

吴强.基于教师专业化的高职院校教师培训现状及策略[J].教育与职业,2010(21):48-49.

吴全全.职业教育"双师型"教师内涵及能力结构解读[J].中国职业技术教育,2014(21):211-215.

吴升刚,郭庆志.高职专业群建设的基本内涵与重点任务[J].现代教育管理,2019(6):24-29.

吴挺立.云南大学本科职业教育专业培养问题研究[D].昆明:云南大学,2015.

吴雪萍,郝人缘.欧盟职业教育和培训机构内部质量管理工具解析[J].职教论坛,2016(16):125-131.

吴雪萍,张义民.欧盟推进职业教育与培训质量保障的举措探析[J].外国教育研究,2015(6):100-108.

吴亚丽,胡克瑾.基于模糊综合方法的高校信息化评价研究[J].教育理论与实践,2010(21):7-9.

吴岳军.地市高职院校服务区域经济社会发展的"差异化"战略研究[J].教育理论与实践,2015(21):20-22.

武芳.企业分担高等职业教育成本研究[D].杨凌:西北农林科技大学,2014.

武智.高职校企文化融合下的专业文化建设[J].中国成人教育,2012(23):14-18.

习近平.习近平谈治国理政（第一卷）[M].北京：外文出版社，2018.

习近平在全国教育大会上强调 坚持中国特色社会主义教育发展道路 培养德智体美劳全面发展的社会主义建设者和接班人[N].人民日报，2018-9-11(1).

席东梅，刘亚荣.混合所有制：职业教育活力所在——齐齐哈尔工程学院多元化办学探索之路[J].中国职业技术教育，2014(28)：44-52.

夏建国.基于人才分类理论审视技术本科教育人才培养目标[J].中国高教研究，2007(5)：5-8.

向丽，陶济东，宋会林.高职院校探索产教融合人才培养模式的成就、问题与对策——以湖北地区高职院校为例[J].武汉职业技术学院学报，2018(4)：9-13.

向延平.应用型高校商科课程思政教学实践研究[J].遵义师范学院学报，2022(1)：110-113.

肖称萍.职业教育校企合作多元治理理念与策略探究——基于互联网思维的视角[J].职教论坛，2016(25)：60-64.

肖凤翔，董显辉.职业教育与专业学位教育同质性的思考[J].西南交通大学学报（社会科学版），2012(6)：79-84.

肖凤翔，殷航.职业教育国际化信息不对称治理的现实逻辑[J].中国高教研究，2018(11)：102-108.

肖凤翔，张荣.德国职业教育国际化：动因、改革与启示[J].高校教育管理，2017(4)：9-15.

肖凤翔，赵懿璇.合作开展本科层次职业教育的经验与困惑[J].中国职业技术教育，2019(31)：12-16.

肖毅.美国高等职业教育质量保障体系改革新政探究[J].黑龙江高教研究，2016(6)：41-44.

谢红辉，程达军.高职院校混合所有制办学研究综述[J].职业教育研究，2018(8)：17-22.

谢俐.中国特色高职教育发展的方位、方向与方略[J].现代教育管理，2019(4)：1-5.

谢笑天，王坤.职业教育混合所有制改革的产权保护研究[J].职教论坛，2016(22)：26-29.

谢幼如，常亚洁.绩效导向的教育信息化评价模型的构建[J].中国电化教育，2015(1)：56-61＋92.

邢赛鹏，陶梅生.应用技术型本科高校师资队伍体系构建研究——基于"产教融合和校企合作"的视角[J].职教论坛，2014(29)：4-8.

邢炜.混合所有制实施中若干问题的探索[J].财政监督，2014(20)：64-65.

邢悦,马莹.多元主体定位下的现代职业教育质量保障体系构建[J].现代教育管理,2017(9):91-94.

熊和平.课程与教学的关系:七十年的回顾与展望[J].高等教育研究,2019(6):40-48.

宿莉,吕红.高职院校国际影响力:特征与对策——基于近三年"国际影响力50强"高职院校的质量年报数据可视化分析[J].中国职业技术教育,2020(30):48-54.

胥秋.我国本科职业教育的发展路径选择[J].高教发展与评估,2012(1):20-26.

徐畅,解旭东.产教融合视角下职业教育政校行企协同育人机制构建[J].教育与职业,2018(19):25-30.

徐春林.CDIO与工作过程导向的课程比较研究[J].职业技术教育,2012(20):33-37.

徐丹阳."双师型"教师的内涵辨析和培训策略初探[J].职教论坛,2011(1):64-66.

徐旦.职业院校教学团队组织结构的构建——基于团队生命周期理论的视角[J].教育发展研究,2015(9):78-84.

徐国庆,陆素菊,匡瑛,等.职业本科教育的内涵、国际状况与发展策略[J].机械职业教育,2020(3):1-6,24.

徐国庆.从项目化到制度化:我国职业教育教师培养体系的设计[J].教育发展研究,2014(5):19-25.

徐国庆.高职教育发展现代学徒制的策略:基于现代性的分析[J].江苏高教,2017(1):79-84.

徐国庆.高职教育课程建设中的几对重要关系[J].江苏高教,2012(2):15-21.

徐国庆.基于知识关系的高职学校专业群建设策略探究[J].现代教育管理,2019(7):47-53.

徐国庆.我国职业教育现代学徒制构建中的关键问题[J].华东师范大学学报(教育科学版),2017(1):30-38.

徐国庆.诊改与评估的区别[J].职教论坛,2017(6):1-6.

徐国庆.职业教育课程的学科话语与实践话语[J].教育研究,2007(1):7-15.

徐国庆.职业教育课程论(第2版)[M].上海:华东师范大学出版社,2015.

徐国庆.职业教育课程论[M].上海:华东师范大学出版社,2008.

徐国庆.智能化时代职业教育人才培养模式的根本转型[J].教育研究,2016(3):72-78.

徐涵,梁丹.德国能力本位学习领域与澳大利亚能力本位培训比较研究[J].职业技术教育,2015(25):69-73.

徐涵.关于建设中国特色的现代职业教育体系的思考[J].中国职业技术教育,2012(12):18-23.

徐涵.为什么要建立现代职业教育体系[J].职业技术教育,2012(24):23.

徐涵.职业教育人才培养模式创新[J].中国职业技术教育,2010(3):8-11,16.

徐恒亮,杨志刚.高职院校专业群建设的创新价值和战略定位[J].中国职业技术教育,2010(7):41-45.

徐华,黄华."一带一路"战略背景下高职教育国际化路径研究[J].江苏高教,2016(4):143-145.

徐辉.发展本科层次高等职业教育有效途径初探[J].中国成人教育,2009(23):93-94.

徐金林,龙凤秀.现代学徒制人才培养"新余模式"及其特征[J].当代职业教育,2018(2):93-97.

徐瑾劼,适应下的理想:工作场所学习在职业教育中的价值及策略[D].上海:华东师范大学,2011.

徐显龙,钱冬明,吴永和,苏小兵,祝智庭.职业教育智慧学习环境的设计及应用情景研究[J].华东师范大学学报(自然科学版),2014(2):60-69,145.

薛云,郑丽.基于SPOC翻转课堂教学模式的探索与反思[J].中国电化教育,2016(5):132-137.

闫玉玲.项目驱动教学法在高职高专课堂教学中的应用[J].教育与职业,2015(5):48-56.

闫运珍,贾利娴,康艳珍.教育教学理论[M].上海:华东师范大学出版社,2008.

闫智勇,原爱丽.英国QAA改革动向及其对构建中国职业教育质量保障机制的启示[J].教育与职业,2015(4):18-21.

严萍.高等职业院校人才培养工作评估的反思与改进——基于安徽省两轮高职评估大数据分析[J].职业技术教育,2016(18):30-34.

严中华,林海,张燕,等.国外社会创业研究述评与展望[J].技术经济与管理研究,2013(4):31-35.

杨公安,米靖,周俊利.新时代职业教育国家标准体系建构的背景及路径

[J].中国职业技术教育,2020(25):145-151.

杨公安,宁锐.混合所有制——大力发展现代职业教育的有效选择[J].中国职业技术教育,2014(24):7-12.

杨广俊.职业教育集团化办学成效的实证分析[J].职业技术教育,2012(16):26-29.

杨红玲.协同创新视角下促进教师知识共享的专业群建设[J].教育与职业,2014(35):87-88.

杨建国.论高校党委在现代大学制度建设中的地位和作用[J].决策咨询,2012(5):38-41,59.

杨洁.高职院校专业群建设的研究现状与展望——基于CNKI中国期刊全文数据库的文献计量分析(2001-2014)[J].职业技术教育,2016(2):6-17.

杨金土.我国本科教育层次的职业教育问题[J].职教论坛,2003(1):20-24.

杨昆蓉.高校内部质量保障体系的内核:自评管理与监控[J].中国高等教育评估,2010(2):59-61.

杨明.高职教育微课开发综合讨论[J].职教论坛,2014(6):65-70.

杨萍,姚宇翔,史贝贝,王运武.智慧校园建设研究综述[J].现代教育技术,2019(1):18-24.

杨善江.高职院校教师专业发展的阶段特征及模式选择[J].中国职业技术教育,2013(18):87-91,95.

杨善江."产教融合"的院校、企业、政府角色新探——基于"三重螺旋"理论框架[J].高等农业教育,2014(12):117-119.

杨善江.高职院校专业群对接区域产业群的适应性分析[J].职业技术教育,2013(5):14-20.

杨现民,刘雍潜,钟晓流,等.我国智慧教育发展战略与路径选择[J].现代教育技术,2014(1):12-19.

杨现民.信息时代智慧教育的内涵与特征[J].中国电化教育,2014(1):29-34.

杨英.以信息化推动职业教育教学现代化的中国探索研究[D].徐州:江苏师范大学,2018.

杨应崧,袁洪志,何锡涛.回顾与期望:奏响高职教育质量保障"三重奏"[J].中国职业技术教育,2019(17):54-58

杨应崧,宗美娟.诊断与改进需要多一点豪气、勇气和真气[J].上海教育评估研究,2017(6):41-45.

杨应崧.教学质量要"医院体检",更要"自我保健"[N].中国教育报,2015-

10-29(9).

杨勇.现代信息技术条件下职业教育课程建设与教学改革研究[J].职教论坛,2018(7):15-21.

杨玉春.高职院校社会服务能力的分析与思考[J].中国职业技术教育,2013(3):36-39,67.

杨育英,徐国庆.改革开放40年职业教育课程的改革与发展[J].当代职业教育,2017(6):52-62.

杨云.高职教育专业群建设研究[J].教育与职业,2016(21):3-9.

杨运鑫,罗频频,陈鹏.职业教育产教深度融合机制创新研究[J].职业技术教育,2014(4):39-43.

姚芬.文化自信对"双高"院校建设的价值分析[J].黄河职业技术学院学报,2020(2):60.

姚继琴,陈新文.混合所有制:高职院校办学的新路径[J].襄阳职业技术学院学报,2016(4):84-87.

姚奇富.产业集群视角下高职人才培养模式研究[M].杭州:浙江大学出版社,2012.

姚翔,刘亚荣.混合所有制高等院校发展的宏观治理结构探索[J].中国高教研究,2016(7):37-42.

叶宏权.面向东盟的天津高职教育国际化招生对策研究[J].中国职业技术教育,2017(19):47-50.

叶松令.对应用性本科教育几个问题的认识[J].吉林工商学院学报,2009(2):77-82.

殷航.我国职业教育国际化的系统结构探析[J].现代教育管理,2019(4):6-10.

殷利华,刘志兵.高职院校"双师型"师资培养的国际比较及启示[J].成人教育,2011(6):126-128.

尹华丁.国外经验对我国政府主导职教集团化办学的启示[J].职教论坛,2011(7):88-91.

于国庆.从经济学的角度探析高职院校的专业群建设[J].辽宁高职学报,2009(5):19-20.

余杰.高职教师教学能力培养对策与评价指标[J].职教论坛,2017(21):39-43.

余亮,陈时见,吴迪.多元、共创与精准推送:数字教育资源的新发展[J].中国电化教育,2016(4):52-57＋63.

余亮,陈时见,赵彤.大数据背景下数字教育资源服务的内涵、特征和模式[J].电化教育研究,2017(4):66-71.

余秀琴.职业教育集团化办学的内涵和发展历程[J].中国职业技术教育,2008(17):15-16.

俞林,崔景贵.现代职业教育混合所有制办学属性、样态及其治理架构[J].职业技术教育,2017(10):35-39.

俞林,周桂瑾.现代职业教育混合所有制办学模式的理论探索[J].中国职业技术教育,2016(7):41-44.

俞启定."双师型"教师的定位与培养问题辨析[J].教师教育研究,2018(4):30-36.

俞仲文.试论完整版职业技术教育的打造[J].江苏教育,2016(44):19-22.

郁振华,人类知识的默会维度[M].北京:北京大学出版社,2012.

袁洪志,陈向平.文化育人:高等职业教育质量提升的新视角[J].高职教育,2016(1):135-151.

袁洪志.高职院校专业群建设探析[J].中国高教研究,2007(4):52-54.

袁靖宇.江苏职教集团发展的基本经验、主要挑战与关键问题[J].中国大学教学,2015(4):65-69.

袁李兰,陈悦.欧盟职业教育和培训国际化举措分析[J].职业技术教育,2019(22):56-61.

曾茂林,曾丽颖.STEAM教育理念下卓越职教师资"三维"培养模式[J].职业技术教育,2020(5):54-58.

曾明星,周清平,蔡国民,等.基于MOOC的翻转课堂教学模式研究[J].中国电化教育,2015(4):102-108.

曾宪文,张舒.论高等职业院校专业群建设——关于质的探讨[J].当代教育科学,2010(13):15-18.

曾小亮.高职院校数字化教学资源库建设研究[J].计算机光盘软件与应用,2013(17):187-188.

翟志华.我国职教集团的总体规划与发展途径探析[J].教育与职业,2014(15):28-30.

张丹,朱德全.从单一到多元:新时代职业教育师资队伍建设的改革设想[J].职教论坛,2020(10):80-89.

张栋科,闫广芬.高职专业群建设:政策、框架与展望[J].职业技术教育,2017(28):1-9.

张栋科.高职院校专业群建设的行动逻辑反思与重构——基于功能结构主

义的视角[J].教育发展研究,2019(1):13-18.

张更庆,孙晓范.本科层次职业教育"人工智能＋"人才培养探索[J].当代职业教育,2020(3):65-77.

张国民.从四个评价视角审视高职院校外部质量评价[J],职教论坛,2020(9):12-18.

张国荣.基于深度学习的翻转课堂教学模式实践[J].高教探索,2016(3):87-92.

张海燕,郑亚莉."一带一路"倡议与高职国际化应用人才培养模式创新——以"专业＋语言＋国别"模式为例[J].中国高教研究,2019(12):72-75.

张红,杜宏静.试论复杂性科学视域下的高职专业群意蕴[J].职业技术教育,2016(34):25-29.

张红.高职院校高水平专业群建设路径选择[J].中国高教研究,2019(6):1-6.

张欢.高职院校专业群课程体系构建方法探讨[J].中国职业技术教育,2014(5):31-34.

张慧波,叶伟巍,刘春朝.援非项目下高职教育国际化协同路径研究——以宁波职业技术学院为例[J].高等工程教育研究,2016(2):148-152.

张慧波."双高"建设背景下高职学校国际化发展策略[J].教育与职业,2019(21):47-51.

张家军.新时代课程与教学研究的主要议题[J].天津师范大学学报(基础教育版),2021(2):15-21.

张建鲲.高等职业教育专业课程群论[D].天津:天津大学,2010.

张建新.多元一体基因:高等教育质量保障区域方法[J].北京大学教育评论,2014(4):101-115.

张健.应用技术型本科与本科职业教育的内涵及关系分析[J].职教论坛,2015(19):141-149.

张锦春.独立学院向本科职业教育转型的对策研究[D].南昌:南昌大学,2015.

张菊霞,王琪.高职院校社会服务的实践样态、存在问题及提升策略——基于浙江省47所高职院校质量报告的分析[J].职教论坛,2017(4):39-44.

张俊竹.基于产教融合的应用型艺术设计人才培养模式研究[J].教育与职业,2015(28):88-91.

张骏.职业胜任力导向下高职学生综合实践能力培养探析[J].教育与职业,2017(18):152-159.

张利.高等职业教育内部质量保障体系建设的现状及对策建议[J].就业与保障,2020(19):95-96.

张良.职业素质本位的高职教育课程建构研究[D].长沙:湖南师范大学,2012.

张灵芝.微课在高职教学改革中的应用研究[J].中国职业技术教育,2014(26):70-72.

张萍,DINGLin,张文硕.翻转课堂的理念、演变与有效性研究[J].教育学报,2017(1):46-55.

张伟,张芳,李玲俐."1＋X"证书制度下职业院校教师专业发展研究[J].职教论坛,2020(1):94-97.

张文杰,秦登峰.基于产教融合的定向班人才培养模式研究[J].职教论坛,2015(5):66-69.

张晞.高职院校人才培养工作状态数据采集与管理策略分析[J].中国教育信息化,2016(1):25-28

张喜艳,解月光,魏俊杰,等.教育信息化绩效特征结构解析[J].中国电化教育,2011(8):24-27.

张小林.江苏:组建职教集团[J].职教论坛,1999(3):23-24.

张新科,邓虹.论高职教育专业文化[J].教育发展研究,2013(21).

张新民,罗志.高职专业群建设的机理、理论、动力和机制[J].职教论坛,2016(27):17-24.

张秀霞.基于校企深度合作的财经类专业群建设与课程体系改革实践研究[J].长春教育学院学报,2013(24):170-171.

张学.新媒体环境下高职高职教育文化育人模式研究[J].南通职业大学学报,2019(4):40

张雅非.我国高等职业教育专业认证研究——基于工程教育专业认证的思考[D].曲阜师范大学,2016.

张艳辉.高职文秘专业课程编制的价值取向探究[J].教育探索,2014(7):121-126.

张义民,任胜洪.欧盟职业教育质量指标体系探析[J].中国职业技术教育,2018(15):72-76.

张玉臣.职业教育"三环节"教学模式探索[J].中国职业技术教育,2008(16):25-26.

张元宝,沈宗根.本科职业教育视角下的应用型人才培养[J].教育与职业,2018(13):154-160.

张元宝,宋瑾瑜,黄晓赟.本科职业教育人才培养的实施路径研究[J].职教论坛,2018(4):45-56.

张振飞,张艳芳.高职院校产教融合教学模式的构建与实施[J].职教论坛,2015(20):54-57.

张正、陈欢.关于高职院校核心文化内涵的探索与研究[J].文史资料,2011(3):38.

章建新.职业联系视角下高职专业群建设的效应分析与提升对策[J].职教论坛,2016(12):5-9.

赵东明,赵景晖.高职校企混合所有制二级产业学院建设研究[J].教育探索,2016(6):42-46.

赵国栋,王冰一,刘京鲁.微课在高校之应用:从概念到制作技术[J].北京大学教育评论,2016(3):175-187.

赵建华,李铭,王雷岩.抓住数字机遇,实现联合国第四个可持续发展目标——2018年联合国教科文组织亚太地区高等教育慕课研讨会综述[J].现代远程教育研究,2018(4):3-14.

赵克理,于东君.从职业技术生存到职业文化生存的转向研究[J].中国职业技术教育,2013(27):18.

赵立莹,黄婷婷.现代职业教育质量保障体系建设:政策目标、问题反思、实施路[J].2017(3):135-139.

赵蒙成.高职院校专业群建设的偏误及其纠正:微观组织变革的视角[J].教育发展研究,2020(9):63-70.

赵明亮,贾生超.技术理性的反拨——论高职教育专业文化建构[J].芜湖职业技术学院学报,2014(4):20-21.

赵鹏飞,陈秀虎."现代学徒制"的实践与思考[J].中国职业技术教育,2013(12):38-44.

赵鹏飞,苏成柏.浅谈高职院校的专业群建设[J].国家教育行政学院学报,2007(1):46-47.

赵鹏飞.现代学徒制人才培养的实践与认识[J].中国职业技术教育,2014(21):150-154.

赵喜文.论职业本科教育的课程建构原则[J].西北成人教育学院学报,2015(2):18-23.

赵昕.职教集团发展的制度困境与对策[J].职教论坛,2013(1):12-14.

赵志强,林琅藩.发挥各校优势依托企业经济——北京市西城区组建职教集团初探[J].职教论坛,1995(7):44-45.

赵志群.现代职业教育质量保障体系研究:现状与展望[J].西南大学学报（社会科学版）,2014(7):64-70.

赵志群.职教创新应有方法层面的思考.[N].社会科学报,2019(6).

赵志群.职业教育的工学结合与现代学徒制[J].职教论坛,2009(36):1-2.

郑锋.我国高职质量保障体系改革的审视与构建[J].教育与职业,2017(14):19-25.

郑青,杨秋月.产教融合背景下本科层次职业教育人才培养模式变革:诉求、困境与路径[J].职教发展研究,2020(3):4-10.

郑卫东,毕蓉.高职院校教学质量保障体系运行机制构建刍议[J].教育发展研究,2011(11):79-81.

郑卫东.构建高职院校教学质量保障体系的研究与探索——从数据采集走向数据管理[J].中国高教研究,2011(2):76-77

郑小明.建设优质高职院校的背景、内涵与标准[J].江苏教育研究,2016(3):57-61.

郑秀英,郑秀春,姜广坤,等.论高职教育教师专业发展中存在的问题及对策[J].中国高教研究,2010,(6):71-72.

郑秀英,周志刚."双师型"教师:职教教师专业化的发展目标[J].中国职业技术教育,2010(27):75-78.

郑亚莉,刘仿强,魏吉."双高计划"背景下高职院校国际化水平提升的路径研究[J].职教论坛,2020(10):130-135.

郑娅峰,李艳燕,黄志南,蒋梦璐.基于微课程的高校翻转课堂实践研究[J].现代教育技术,2016(1):60-66.

郑玉清.现代学徒制成本分担机制研究[J].职教论坛,2017(7):15-19.

郑智伟,曹辉.高等教育第三方评估及其公信力构建[J].河北师范大学学报（教育科学版）,2018(20):104-109

中共中央、国务院,深化新时代教育评价改革总体方案[EB/OL].(2020-10-13).http://www.gov.cn/zhengce/2020-10/13/content_5551032.htm.

中共中央、国务院.国务院关于大力发展职业技术教育的决定[Z].1991-10-17.

中国人力资源市场信息监测中心.2011年第三季度部分城市公共就业服务机构市场供求状况分析[EB/OL].(2011-11-08).http://www.mohrss.gov.cn/SYrlzyhshbzb/zwgk/szrs/sjfx/201111/t20111108_66144.html.

中华人民共和国国务院.关于印发国家职业教育改革实施方案的通知[EB/OL].（2019-02-13）.http://www.gov.cn/zhengce/content/2019-02/13/

content_5365341. htm.

中华人民共和国教育部.关于进一步完善职业教育教师培养培训制度的意见［EB/OL］.（2011-11-24）. http://old. moe. gov. cn/publicfiles/business/htmlfiles/moe/s7034/201201/129037. html.

中华人民共和国教育部.关于印发《全国职业院校教师教学创新团队建设方案》的通知［EB/OL］.（2019-06-05）. http://www. moe. gov. cn/srcsite/A10/s7034/201906/t20190614_385804. html.

中华人民共和国教育部.关于印发《深化新时代职业教育"双师型"教师队伍建设改革实施方案》的通知［EB/OL］.（2019-09-23）. http://www. moe. gov. cn/srcsite/A10/s7034/201910/t20191016_403867. html.

中华人民共和国教育部.教育发展统计公报［EB/OL］.（2020-09-01）. http://www. moe. gov. cn/jyb_sjzl/sjzl_fztjgb.

中华人民共和国人力资源和社会保障部.人力资源和社会保障事业发展"十二五"规划纲要［Z］. 2011-06-02.

周达子.关于构建职教集团的思考［J］.职教通讯,1998（7）:33.

周丹.高等职业教育产教融合动力机制构建［J］.教育与职业,2016（20）:39-41.

周桂瑾.高职院校专业群建设模式的研究与实践［J］.职业技术教育,2017（29）:6-18.

周宏伟."学习领域课程"在中国:创新与局限［J］.中国职业技术教育,2017（35）:23-27.

周会青.关于我国高职院校专业建设的研究［J］.广州城市职业学院学报,2012（3）:63.

周建松,高职院校治理体系现代化:理论意涵与实现机制［J］.现代教育管理,2016（7）:6-12.

周建松,唐林伟.本科层次高等职业教育:现状、挑战与方略［J］.大学教育科学,2015（5）:102-108.

周建松,唐林伟.高职教育人才培养目标的历史演变与科学定位［J］.中国高教研究,2013（2）:94-98.

周建松,唐林伟.中国高等职业教育研究十年（2001-2010）［M］.杭州:浙江大学出版社,2012.

周建松.提高质量:高职院校师资队伍建设的着力点［J］.教育研究,2012（1）:138-140,157.

周建松.重视和加强高职院校师资队伍建设中的团队建设［J］.教育与职业,

2014(36):59-60.

　　周建松.发展本科层次高职教育:借鉴与举措[J].职业技术教育,2011(33):55-57.

　　周建松.高等职业院校文化建设理论与实践[M].北京:中国人民大学出版社,2018.

　　周建松.高职教育的文化定位与建构路径[J].高教探索,2017(12):89-91.

　　周建松.高职院校高水平专业建设政策演进、特征分析与路径选择[J].中职业技术教育,2017(25):62-68.

　　周建松.高职院校内涵发展的理念与策略[J]现代教育管理,2017(6):75-80.

　　周建松.构建以专业群为基点的多功能校企合作体[J].中国高等教育,2011(Z2)8-19.

　　周建松.关于高等职业院校校园文化建设的思考[J].中国职业技术教育,2015(13):71.

　　周建松.基于本科转型视阈的高职教育创新发展研究[J].中国高教研究,2017(2):102-105,110.

　　周建松.建设中国特色高水平高职院校需要精准施策[J].评价与管理,2019(3):73-74.

　　周建松.双高建设要把准内涵、精准施策[J].芜湖职业技术学院学报,2020(2):1-4.

　　周建松.双高建设中的文化存在及其路径研究[J].中国职业技术教育,2020(15):15-17.

　　周建松.现代职教体系建设与高职人才培养模式创新[J].高等职业教育-天津职业大学学报,2015(3):3-6.

　　周建松.现代职业教育体系构建相关问题研究——基于经济社会发展视角[J].中国高教研究,2014(12):67-70,74.

　　周建松.学校发展系统:理论建构与实践探索[J].高等工程教育研究,2015(3):58-63.

　　周建松.以教师教学发展中心建设为抓手促进教育教学质量全面提升[J].中国大学教学,2015(7):70-72.

　　周建松.以课堂建设为抓手 推动高职教学创新[J].中国大学教学,2014(12):75-78.

　　周建松.以专业群(为)单元探索建立开放合作育人机制[J].中国高等教育,2010(9):78-86.

周劲松,张晓湘.基于集约化发展理念的高职院校专业群资源要素优化配置策略[J].机械职业教育,2012(2):9-11.

周劲松.基于专业群的高职"平台＋模块＋方向"课程体系开发[J].职业技术教育,2013(8):58-65.

周晶,岳金凤.十八大以来中国特色现代职业教育深化产教融合校企合作报告[J].职业技术教育,2017(24):45-52.

周俊,耿春霞,宋金海,陈爽,於增辉.职业学校主题教学模式的实践研究[J].中国职业技术教育,2015(17):15-21.

周俊.发展混合所有制职业院校的思考[J].中国职业教育,2014(21):127-132.

周平红.我国高等教育信息化水平测评与发展预测研究[D].武汉:华中师范大学,2012.

周绍梅.产业转型升级视角下职业教育产教融合的症结与破解[J].教育与职业,2018(2):8-14.

周淑华,董显辉.专业群理念下"课程群"教学组织的运行与管理[J].南宁职业技术学院学报,2011(6):47-49.

周旺.谈高职院校治理结构的变革创新[J].大学教育,2012(10):10-12,35.

周文涛,胡斌武.职业教育集团治理:范畴、问题与策略[J].中国职业技术教育,2015(36):39-42.

周祥瑜,吕红.澳大利亚职业教育的培训包体系及其优势[J].中国职业技术教育,2006(12):14-21.

周英文,徐国庆.改革开放以来我国高职教育质量保障政策的演变[J].职教论坛,2018(3):74-80.

周应中.质量文化培育与生成:高职学校高水平建设的核心路径[J].中国高教研究,2020(3):32.

朱厚望,龚添妙.我国高职院校一流专业群建设的发展轨迹与推进策略[J].教育与职业,2018(21):11-25.

朱金兰.德国双元制与日本产学合作的比较研究[J].江苏技术师范学院学报,2004(3):44-50.

朱利平.普通工科院校举办高等职业本科教育的探索与研究[J].江苏理工大学学报(社会科学版),1999(4):62-64.

朱新生.中高等职业教育有效衔接机理阐释与机制建设[J].教育发展研究,2013(19):48-52.

祝成林,柳小芳.产教融合背景下高职教育培养技术技能人才的困境与路径

［J］.职业技术教育,2015(34):41-45.

祝智庭,贺斌.智慧教育:教育信息化的新境界［J］.电化教育研究,2012(12):5-13.

祝智庭,雷云鹤.翻转课堂2.0:走向创造驱动的智慧学习［J］.电化教育研究,2016(3):5-12.

祝智庭,许哲,刘名卓.数字化教育资源建设新动向与动力机制分析［J］.中国电化教育,2012(2):1-5.

庄西真.论"四位一体"职业教育教师培养培训模式［J］.河北师范大学学报(教育科学版),2017(2):38-44.

庄西真.职业院校与企业双主体办学的治理结构:逻辑与框架［J］.中国高教研究,2016(12):94-98.

宗诚,聂伟.试论我国本科层次职业教育发展的理路［J］.高等工程教育研究,2020(4):101-110.

宗诚.高职院校专业群:怎么建 如何评［J］.职教论坛,2020(7):40-45.

宗亚妹,刘树青,贾茜.本科层次职业教育实践教学的综合改革［J］.职教论坛,2018(11):121-125.

邹建英.澳大利亚培训包的优势及启示［J］.教育与职业,2011(31):15-21.

左彦鹏.高职院校"双师型"教师专业素质研究［D］.沈阳:辽宁师范大学,2016.

后　记

对十年来我国高等职业教育研究领域的成果进行梳理，是一项基础性工作，也是一项艰辛的工作。本书在充分占有相关文献资料的基础上，力求呈现出我国高等职业教育研究发展的现状与轨迹，既突出已有研究亮点，同时又预测未来研究方向。笔者于 2012 年主编的《中国高等职业教育研究十年（2001—2010）》，出版后得到了较好的社会反响与评价。本书的出版既是上一部《十年研究》的延续，更是对 21 世纪第二个十年中国中高等职业教育研究成果梳理的传承与创新。在编写组同仁的共同努力下，历时一年，终于完成。

本书由浙江金融职业学院党委书记周建松教授组织，编写者汇集了浙江金融职业学院一批教育学博士、硕士以及一线管理者。全书各章执笔人如下：

第一章，刘丽；第二章，王东升；第三章，王玉龙；第四章，陈悦；第五章，米高磊；第六章，潘静波；第七章，陈正江；第八章，邢运凯；第九章，潘明风；第十章，梁帅；第十一章，杨舍莉；第十二章，蒋文超；第十三章，张惠君；第十四章，张国民；第十五章，王玉龙；第十六章，陈正江。

全书最后由周建松、梁帅统稿。

对文献资料的综合把握是一个主观再加工的过程，编纂中难免有不当或疏漏之处，敬请读者批评指正！

周建松

2022 年 3 月